汽车 产业革命

在智能化和新能源浪潮中 重新定义汽车

〔日〕日本经济新闻 日经xTECH采访组◎编著

郑刘悦 田 浩◎译

人民邮电出版社

北 京

图书在版编目（CIP）数据

汽车产业革命 ： 在智能化和新能源浪潮中重新定义汽车 / 日本经济新闻，日本日经xTECH采访组编著 ；郑刘悦，田浩译. -- 北京 ：人民邮电出版社，2024.2
ISBN 978-7-115-63213-5

Ⅰ．①汽… Ⅱ．①日… ②日… ③郑… ④田… Ⅲ.①新能源－汽车工业－工业发展－研究－世界 Ⅳ.①F416.471

中国国家版本馆CIP数据核字(2023)第232940号

版权声明

内容提要

本书首先介绍了在数字化浪潮下，智能手机制造商苹果、索尼等公司为何选择进军汽车产业，它们将给现有的汽车产业带来什么影响，以及如何重新定义商业、生产和销售模式；其次介绍了特斯拉的发展现状及其下一步战略，以及新进入汽车产业的国内外企业的发展情况；再次介绍了大分工时代汽车制造商、零部件企业将发生的变化以及未来的生存策略；最后以专访的形式介绍了行业内 16 位专家对汽车产业持有的一些观点。

本书适合汽车行业的每一位管理者，以及每一位对数字化转型和汽车领域感兴趣的读者阅读。

◆ 编　　著　［日］日本经济新闻 日经 xTECH 采访组
　　译　　　郑刘悦　田　浩
　　责任编辑　苏　萌
　　责任印制　马振武

◆ 人民邮电出版社出版发行　　北京市丰台区成寿寺路 11 号
　　邮编　100164　　电子邮件　315@ptpress.com.cn
　　网址　https://www.ptpress.com.cn
　　北京市艺辉印刷有限公司印刷

◆ 开本：700×1000　1/16
　　印张：16.5　　　　　　　　　　2024 年 2 月第 1 版
　　字数：244 千字　　　　　　　2024 年 2 月北京第 1 次印刷
　　著作权合同登记号　图字：01-2022-1618 号

定价：99.80 元
读者服务热线：(010)81055493　印装质量热线：(010)81055316
反盗版热线：(010)81055315
广告经营许可证：京东市监广登字 20170147 号

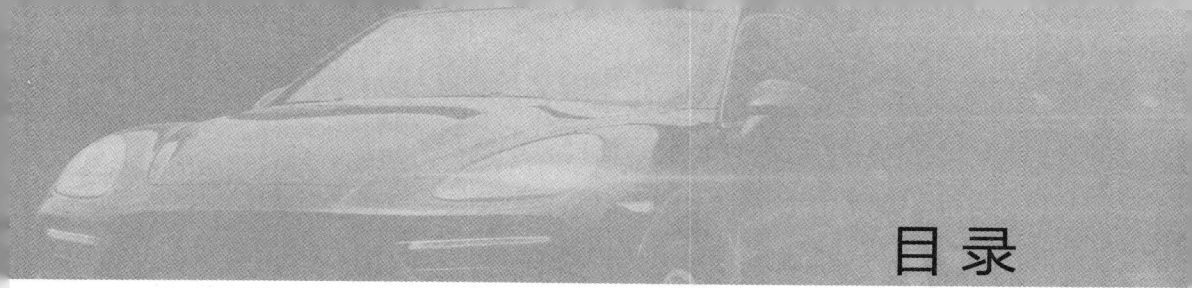

目录
CONTENTS

汽车产业"解体"的必然 ………………………………………………… 001

第 1 章　因苹果的入局而重生的汽车产业 ………………………… 017

　1.1　苹果终于进入了汽车领域 ……………………………………… 018

　1.2　汽车产业已开始向新产业转型 ………………………………… 023

　1.3　淘汰了翻盖手机的苹果再现其"破坏力" …………………… 027

　1.4　索尼令人着迷的"智能手机式汽车开发" …………………… 036

　1.5　悄悄靠近汽车生产的"水平分工"的身影 ………………… 043

　1.6　零部件制造商也必将在新秩序中迎来战略转变 ……………… 048

第 2 章　进入汽车产业的新企业 …………………………………… 057

　2.1　跑在最前面的特斯拉实现年度盈余，中国企业在同一电动汽车市场
　　　 迅速成长 ……………………………………………………… 058

　2.2　在自动驾驶领域激烈交锋的美国企业实力如何？ …………… 063

第 3 章　飞速发展的特斯拉的强大及其下一步战略 ……………… 079

　3.1　拆解特斯拉汽车而得知其强大的原因——Model 3 的主要零部件高度
　　　 集成化 ………………………………………………………… 080

　3.2　特斯拉比丰田和大众早 6 年实现理想型电子平台 …………… 084

　3.3　集成 ECU 颠覆汽车业界的常识，具有压倒性的竞争力 …… 088

　3.4　ACC 工作时的自动刹车平稳得令人惊讶 …………………… 096

　3.5　用"质朴的"配置提高动力电池能量密度 ………………… 101

　3.6　以钢板造就车身骨架，在提高生产效率的同时降低成本 …… 108

3.7 从特斯拉召开的蓄电池战略发布会中可见其强大的源泉
　　——以续航里程增加 54% 且单价降低 56% 为目标 ……………… 111

3.8 特斯拉的下一步战略——独立生产电池，有意成为电动汽车平台的
　　提供者 ……………………………………………………………… 128

第 4 章　大分工时代开幕——汽车生产将如此变化 ……………… 135

4.1 自动驾驶不可或缺的软硬件分工 ……………………………… 136

4.2 零部件制造商挑战电动汽车平台生产 ………………………… 145

4.3 自动驾驶软件和图像传感器也迈向分工 ……………………… 151

4.4 将开发智能手机及 aibo 的知识与经验运用于汽车开发 ……… 157

第 5 章　竞争舞台大转变——汽车制造商的生存战略 …………… 161

5.1 通过内化软件开发提高竞争力 ………………………………… 162

5.2 集成 ECU 的开发需要 IT 领域的方法 ………………………… 168

5.3 刻不容缓！网络安全措施势在必行 …………………………… 174

5.4 丰田通过自主开发的操作系统成为生态系统的主角 ………… 180

5.5 大众以 IT 流的智慧解决日益复杂的软件开发 ……………… 186

5.6 将丰田生产方式的思维应用于软件工厂 ……………………… 192

5.7 抓住数据！亚马逊开发的车用数据基础是什么？…………… 200

第 6 章　我这么看——汽车产业的新秩序 …………………………… 205

6.1 前刀祯明（苹果日本法人前代表）：苹果将重新定义汽车 ………… 206

6.2 中西孝树（中西汽车产业研究所代表）：苹果进入汽车市场是宿命 … 209

6.3 野边继男（名古屋大学客座副教授）：无法使用 OTA 的电动汽车将
　　失去竞争力 …………………………………………………………… 213

6.4 深尾三四郎（伊藤忠研究所高级主任研究员）：因苹果所重视的循环
　　经济而改变的事情 …………………………………………………… 216

6.5 Klaus Meder（博世日本法人董事长）：减轻新入局者在开发上的痛苦… 219

6.6 前川泰则（理研董事长）：燃油发动机将于 2030 年左右达到顶峰 … 223

6.7 泉田良辅（《智能化未来：无人驾驶技术将如何改变我们的生活》
　　作者）：雷克萨斯为什么没有电动汽车？ ……………………… 226

6.8 长岛聪（Kiduki Architect 董事长）：究竟是承包人还是合作伙伴，
　　 "姿态"很重要 …………………………………………………… 229

6.9 大口敬（东京大学教授）：用联网技术减少交通拥堵 …………… 232

6.10 历本纯一（东京大学研究生院教授）：期待出现在行驶中让人感觉
　　 不到移动的"不摇晃的汽车" ………………………………… 235

6.11 丹尼·夏皮罗（英伟达高级总监）：在汽车上安装软件以获得新
　　 收益 ……………………………………………………………… 238

6.12 多田直纯（ZF 日本董事长）：汽车将变得像手机一样 ………… 241

6.13 松本昌一（远景动力董事长）：电池是能够带来差异化的零部件 … 244

6.14 栗山年弘（阿尔卑斯阿尔派董事长）：车载 HMI 的开发速度将提高
　　 到之前的 5 倍 …………………………………………………… 247

6.15 铃木裕人（理特咨询公司日本合伙人）：不冒技术风险的苹果和
　　 冒险的特斯拉 …………………………………………………… 251

6.16 加藤真平（Tier IV 创始人）：一种车型多少钱？一辆车多少钱？
　　 搭载一个人多少钱？……………………………………………… 254

参考文献 …………………………………………………………………… 256

汽车产业"解体"的必然

2017 年 11 月，丰田汽车董事长丰田章男严肃地描绘了产业巨变迫在眉睫的局势："汽车产业已进入百年一遇的大变革时代。无人能保证汽车制造商在下一个百年中还能担当流动性社会的主角。不是'谁胜谁负'，而是'你死我活'的关键之战已经开始——"在他说出这段话 4 年后，全球汽车产业的变化在新冠疫情中突然加速。

即使只看从 2020 年到 2021 年上半年所发生的事情，与汽车产业变局相关的报道亦不胜枚举——"美国特斯拉（Tesla）超越丰田汽车，成为全球市值最高的汽车制造商""2020 年，在欧洲汽车市场，电动汽车（EV）+ 插电式混合动力汽车（PHEV）在新车销量中的占比达 10% 以上""本田将于 2040 年之前将所有新车转为 EV 或燃料电池汽车（FCV）"等。

这一颠覆全球汽车产业的巨变可用由德国戴姆勒（Daimler）公司新近倡导的关键词"CASE"进行总结。CASE 由"网络连接（Connected）""自动驾驶（Autonomous）""共享与服务（Share & Service）"和"电动化（Electric）"的首字母组成，其中含义无须赘言。如今，全球的汽车制造商已将这一关键词作为汽车产业百年一遇重大变革的代名词。

CASE "全面否定" 了从前的汽车价值

为何 CASE 是象征百年一遇的变革的关键词呢？这是由于 CASE "全面否定"了以往的汽车价值。C 所代表的 Connected 意为网络连接。以前的家用汽车是一个与外界隔绝的私人空间，即以"非连接"为价值。而与之相对，Connected 这一功能主张"连接"才是价值。A 所代表的 Autonomous 意为自动驾驶。历来的整车制造商一贯追求"驾驶的乐趣"，但在自动驾驶中，这一价值的源泉"驾驶行为"将不复存在。S 意为共享与服务。以往的汽车始终追求"拥有的喜悦和价值"，然而"Maas（出行即服务）"的兴起，揭示了无须拥有车辆也可使用车辆的模式将更为方便的可能性。而最后的 E，意为电动化，是以"消除燃油发动机"为终极目标。但一直以来，燃油发动机正是汽车的象征，燃油发动机所产生的动力、震动和声音等造就了每家整车制造商的产品特点与品牌价值。

换言之，CASE 这一"浪潮"，以实际行动否定了各整车制造商至今所追求的所有价值。正因如此，许多现有的整车制造商对于将来应追求什么样的价值感到困惑。那么，为何 CASE 这一不被现有整车制造商按照传统思维所期望的巨浪会袭来呢？原因主要有以下 3 个：（1）欧洲的期望；（2）中国的期望；（3）IT 企业的期望。以下依次讲述此 3 点。

"柴油门"是诱因

首先是欧洲的行动。如今，欧洲各整车制造商全部朝着强化 EV 阵容的方向挺进。2020 年，虽然新冠疫情导致全球范围内汽车销售低迷，但在同样处于此环境中的欧洲市场，EV 和 PHEV 的销量却达到了 133 万辆，约是前一年的 2.4 倍。据欧洲汽车工业协会（ACEA）调查，2019 年，EV 和 PHEV 在轿车中所占的份额为 3%，但 2020 年 EV 和 PHEV 的全年份额却翻了 3 倍以上，为 10.5%。

在欧洲汽车制造商中，最热衷于"消除燃油发动机"的是德国大众（VW）。该公司提出了"至 2025 年集团在全球的汽车产量的 20% 以上为 EV，至 2030 年 30% 以上为 EV"的目标。为实现这一目标，2020 年 9 月，大众发售了该公司首款基于 EV 平台化设计方案"模块化电驱动平台（MEB）"的新型汽车 ID.3，同时开始接受基于 MEB 的第二款新型 EV、运动型多用途汽车（SUV）ID.4 的订单。这种新型汽车的底盘下方铺满电池，尾部搭载驱动电机，通过加长轴距、缩短前后悬，保证了车内及后备箱的宽阔空间，如图 0-1 所示。

五六年前，欧洲的整车制造商以环境污染抑制技术为核心，并在此基础上设计改良后的柴油机或汽油机，而日本的核心技术则是以混合动力汽车（HEV）为代表的电动化技术，二者之间分界鲜明。然而这一状况如今已完全变为"要抑制环境污染就向 EV 转型"的潮流。触发此变化的事件是于 2015 年 10 月公之于众的德国大众柴油门丑闻。

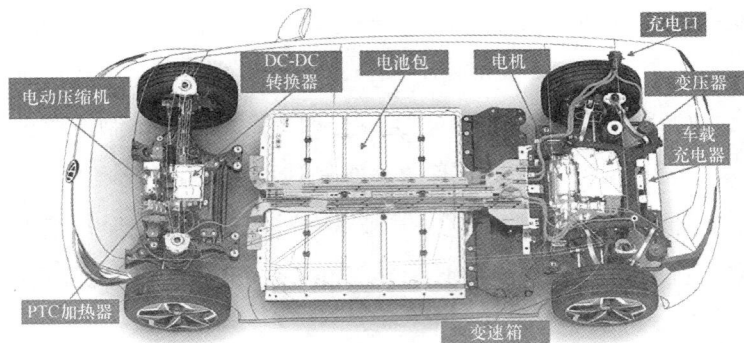

图0-1 大众的EV专用平台"MEB"

（图片来源：图片基于大众的资料，由日经Automotive制作）

　　该事件即大众在控制柴油机的电子控制单元（ECU）安装了非法"开关"一事。在汽车尾气检测装置上，ECU检测到车辆正以测试污染排放状态的测试工况运行时，就启用应对检测的造假策略，从而使车辆在进行环保性能检测时能够将尾气中所包含的有害物质的排放水平控制在标准允许值以下。但当行驶在真实的道路上时，"开关"启动，ECU切换到正常状态，减弱了在尾气净化装置中、特别用于减少氮氧化物（NOx）的催化剂的作用。

　　通过削弱这些催化剂的作用，这些采用了造假策略的ECU车辆的输出功率和燃油经济性得以提高。然而，尾气中所包含的NOx量将根据车辆行驶工况的不同，增加到标准允许值的 $10 \sim 40$ 倍。这一事实在美国环境保护局（EPA）的调查中被发现。大众为此付出了高昂的代价——当时的高层领导被迫辞职，并于2016年6月通过向美国当局支付总额高达147亿美元（约990亿元人民币）罚款的方式达成和解。

　　由于此事件，欧洲消费者对柴油发动机汽车的评价一落千丈。为了应对一年比一年严格的二氧化碳（CO_2）排放量限制，尽快找到柴油机的替代方案，欧洲各整车制造商都承受着巨大的压力。为此，EV从各种方案中脱颖而出。由于采用EV方案可使车辆排放的 CO_2 降为零，故若销量的20%为EV，则通过简单计算即可得出每家汽车制造商每生产一辆车的等效平均 CO_2 排放量即可减少20%。欧洲汽车制造商悉数转向EV便是基于此背景。

　　另外，当前EV的电池成本依然很高，与同等级的燃油车相比，车辆价格要高出 100 万日元（约 5 万元人民币）以上。此外，EV 的续航里程也短于燃油车，而且 EV 的普及还需要以增加充电桩的数量为基础。在这一点上，若换成日本汽车制造商所推行的 HEV，则电池搭载量少、价格只需高出 20 万～ 40 万日元（约 1 ～ 2 万元人民币）即可，且 HEV 的续航里程长于燃油车，也不需要充电设备。那么为何 HEV 这一比欧洲汽车制造商选择的 EV 更为现实的解决方案没有被选中呢？其原因在于日本 HEV 的竞争力过高。

自 1997 年丰田汽车发售全球首款量产 HEV "PRIUS 普锐斯"以来，日本无论在 HEV 的产量还是技术开发上都一直引领世界。当然，欧美汽车制造商也将 HEV 商品化，但却无法追上日本。考虑到这样的局面，若欧美制造商选择 EV 的技术路线，则日本制造商并未占得先机，且由于 EV 方案架构简单，故技术追赶更为容易。在欧洲汽车制造商将 EV 定位为下一代环保车的背后，可以窥见其欲在日本汽车制造商引以为豪的 HEV 之外的战场上一决胜负的意图。

以EV剑指"汽车强国"的中国

近几年，中国已成长为全球第一的 EV 大国，其产量及销量增长迅猛。2020 年，中国的新能源汽车（NEV）——EV、PHEV 加上燃料电池汽车（FCV）的销量合计约为 136.7 万辆，如图 0-2 所示。虽然 2020 年欧洲的 EV 和 PHEV 销量激增，但中国的销量超过了欧洲各国的销量总和，中国也由此成为世界上最大的 EV+PHEV 市场。

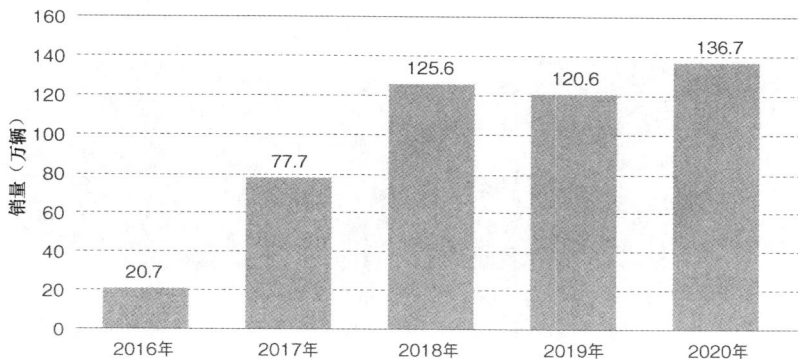

图0-2 中国的NEV销量

* 此部分内容以中国汽车工业协会的资料为基础编写而成。

毫无疑问，中国致力于 EV 普及的目的在于解决汽车尾气排放导致的大气污染问题以及应对全球气候变暖。但从有序普及这一观点看，突然切换到 EV 并非良策，推广在成本、续航里程及充电基础设施等方面不存在问题的 HEV 才是更容易被消费者接纳的解决方案。即使如此，中国也未采取以推广 HEV 为主流方向的政策。其原因与欧洲相同。

2017 年 4 月，中国发布了至 2025 年为止的汽车产业扶植计划《汽车产业中长期发展规划》。该规划提出了中国汽车产业未来 10 年的发展目标、重点任务和政策措施，核心要义是做大、做强中国汽车品牌，培育具有国际竞争力的企业集团。将新能源汽车和智能网联汽车作为主要突破口，引领整个产业转型升级；在具体措施方面，将继续优化产业发展环境，推动行业内外协同创新。中国的目标与其说是将推广 EV 作为解决环境问题的方案，倒不如说是将其作为推动中国汽车产业超越式发展的路径。

IT企业以汽车市场为目标的原因

上文说明了欧洲和中国对汽车产业的期望，而 CASE 最强大的推动力是来自位于汽车产业之外的 IT 企业的期望。众所周知，美国谷歌正在推进自动驾驶、美国亚马逊收购自动驾驶开发公司、美国苹果公司正在寻找"苹果汽车"的生产代工厂等报道曾经一度成为热门话题，如图 0-3 所示。为何这些 IT 巨头都将汽车市场作为目标呢？这是由于在这些 IT 企业看来，传统的汽车已完全无法应对新时代的消费需求了。

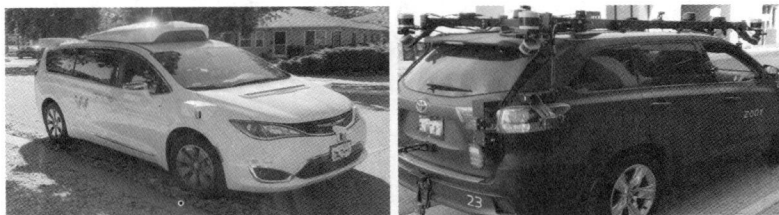

（a）美国加利福尼亚州帕洛阿　（b）美国加利福尼亚州旧金山，正
托，正在停车的"谷歌系"的美国　在停车的亚马逊旗下的美国 Zoox 的
Waymo 的自动驾驶汽车　　　　　自动驾驶汽车

图0-3　美国正在开发的自动驾驶汽车

（图片来源：日经 Automotive）

确实，如今汽车的油耗越来越低且行驶起来越来越安静、乘坐体验越来越好，同时安全气囊等装备已明显提高了驾乘汽车的安全性，即汽车正朝着"更高性能"的方向发展。然而这些优化只是传统汽车功能的延伸，完全无法满足消费者的消费升级需求。

若与其他产业进行比较，则这一点更加明显。例如，在零售领域，使用类似亚马逊的购物网站，任何人无论何时何地都可以在比实体店更为丰富的在线商品中轻松地选购。在娱乐领域，使用类似"网飞（Netflix）"的视频服务，无论何时何地都可以从海量视频中挑选并享受自己喜欢的视频。换言之，如今的各个领域的业务正朝着"无论何时""无论何地""无论是谁""触手可得""选项丰富"的方向发展。

那么回过头来分析，汽车是什么样的呢？当没有开车而出门在外时，自然无法使用位于家中的汽车。即使身在家中，若家里其他人正在用车，则自己也无法使用汽车，即汽车并非"无论何时""无论何地"都可以被使用。此外，没有驾照的人无法开车，但考取驾照需要花费时间和金钱。而且当车主步入老年、认知能力和判断力下降之后，开车将变得困难。所以，汽车并不是"无论是谁"都可以"触手可得"的。

此外，智能手机和计算机等可通过更新操作系统（OS）或下载应用程序以增加可用功能并提高使用便捷性。与此相对，汽车的性能都是购买时即是巅峰，之后随着时间的推移，性能只会逐渐下降。此外，汽车的价格虽然根据车型不同而不同，但随着体积增大、安全性提升及油耗降低，若与同类车型的畅销品价位相比，其在30年内的涨幅高达80%。考虑到同一期间消费者物价指数只上涨了约16%，只能说汽车是个"物价差生"了。

带动变化的是从外部入局的企业

正因看透了汽车无法应对时代变动，IT巨头们以"破坏"汽车产业为目标，相继挺进汽车产业。这便是"百年一遇的变革"的原动力。实际上，如今以行动实现CASE的便是生产EV的特斯拉、谷歌旗下的自动驾驶技术开发企业——美国Waymo、致力于自动驾驶技术开发的中国大型IT企业——百度及中国大型网约车平台企业——滴滴出行，这些都是从传统汽车产业之外入局的企业。

因此，这些企业所考虑的代表未来出行方式的交通工具为"自动驾驶出租车"。该服务包括在必要时使用智能手机呼叫出租车来到身边、没有驾驶员的出租车自动将乘客送往目的地、到达目的地后出租车将自动前往其他乘客所在的位置。由于目前司机的人力成本约占出租车成本的 3/4，故通过完全实现自动驾驶，理论上成本可降至如今的 1/4。若如此，则自动驾驶出租车在大多数情况下可成为比私家车成本更低的交通工具。

针对这种出行服务，最近开始使用"MaaS"这一叫法，即作为服务的汽车。这一叫法是从 IT 领域中使用的"SaaS（软件即服务）"一词而来的。

"MaaS"服务能通过智能手机"无论何时""无论何地"地呼叫出租车，即使没有驾照的人或者身有残疾的人，"无论是谁"都可以"触手可得"享受出行的自由。当只有一人出行时可呼叫小型车，当多人出行时可呼叫大型车，即可根据情况选择符合需求的汽车。换言之，在实用价值这一点上，"自动驾驶出租车"远优于私家车。

因此，自动驾驶出租车可谓 CASE 的终极形态。换言之，自动驾驶出租车并非私人拥有的汽车，而是大众使用的汽车，即作为服务用品的汽车。正如其名，自动驾驶出租车基于自动驾驶技术运行。相比采用燃油发动机的传统车型，无论是哪家企业计划将自动驾驶出租车商业化，都以可控性高、环境负荷低的 EV 为首选车型。

实现自动驾驶出租车的前提便是 CASE 中的 C，即网络连接。这是由于客户在用车时需要使用手机应用呼叫车辆，其商业模式本身是以网络的存在为前提的。实际上，以网络连接为前提的不仅仅是自动驾驶出租车。

目前，特斯拉已在自家销售的 EV 上启用了可通过网络更新车载软件的功能，如图 0-4 所示。往常需要将汽车开到门店方可实现的软件更新，如今通过连接 Wi-Fi 或移动网络便可实现。由此，特斯拉实现了"汽车在被购买之后也可持续优化"。可以说"C"是实现 CASE 中的"A""S"和"E"所不可或缺的前提条件。

图0-4 特斯拉Model 3搭载了通过空中激活（OTA）技术更新软件的功能
（图片来源：特斯拉）

"自动驾驶出租车"正式商业化

自动驾驶出租车正在逐渐成为现实。上文介绍的谷歌旗下的 Waymo 已在美国亚利桑那州的凤凰城开始推行使用自动驾驶汽车的商业出行服务 "Waymo One"。最初只有特定用户才能使用此服务，且为了确保安全，车内有一名操作员同乘。不过，从 2020 年 10 月起，此服务的服务对象不再限于特定用户，无论是谁都可以使用呼叫 Waymo 汽车的应用程序。无须操作员同乘的车辆也开始路试，预计在不远的将来，所有路试的车辆都将实现完全自动驾驶。

以自动驾驶出租车的商业化为目标的不仅有 Waymo，如今百度也在中国的北京、沧州、长沙这 3 座城市试验性地提供乘坐自动驾驶出租车的出行服务。虽然为了安全，会有一名驾驶员坐在驾驶座上，但驾驶员并不进行驾驶操作。除 Waymo 和百度之外，世界上还有很多企业正准备将自动驾驶出租车投入实际应用。

整车制造商与零部件制造商之间的界限将消失

IT 企业进入汽车产业这一现象正掀起一场翻天覆地的变化。2020 年 10 月，全球最大的 EMS（电子产品代工服务）企业——台湾鸿海集团发布了用于 EV 的平台"MIH"。鸿海以制造苹果手机（iPhone）而广为人知。早有传言说鸿海对进入汽车领域感兴趣，如今传言终于成为现实。MIH 的目标是让那些拥有出行服务的想法却缺乏车辆生产技术的 IT 企业，以及因自身实力有限缺乏 EV 开发能力的小规模整车制造商，都能借助 MIH 进入 EV 市场，如图 0-5 所示。

图0-5　鸿海开发的EV平台"MIH"大大降低了汽车开发的准入门槛
（图片来源：鸿海）

致力于 EV 平台的新入局企业不是只有鸿海。从事生产和销售用于 EV 的电机和变压器的日本电产也表示将于 2025 年加入生产开发 EV 平台的行列。这一行动显示了其欲冲击现有汽车产业的姿态。除丰田汽车偕同铃木、大发工业和斯巴鲁等相关公司共同开发 EV 平台"e-TNGA"之外，德国大众也表示将为美国福特提供 EV 平台"MEB"。特斯拉也表示"准备向其他公司提供软件、动力传动系统和电池"，正在考虑未来涉足 EV 平台供应的可能性。

换言之，抓住了从燃油车到电动汽车的大变革时机，新入局的企业、整车制造商和零部件制造商形成三足鼎立之势，在 EV 平台供应这一新赛道上开始争霸。向多家企业供应 EV 平台的企业有可能通过规模效应提升成本竞争力，从而向寡头垄断的方向发展。迄今为止，从汽车的开发生产到销售网络的构建都由整车制造商一手包办。但若出现供应 EV 平台的大型企业，则整车制造商可能会被迫"解体"，即将车型计划开发与整车生产相分离。

逐渐扩大的响应之轮

像鸿海这样没有汽车产业经验的企业，在入局汽车产业时是否有胜算呢？实际上，鸿海并不打算靠一己之力确保自身的竞争力。正如其将 MIH 称为 EV 开放平台那样，鸿海的目标是"汽车生产的开放化"。

根据鸿海 2021 年 1 月 15 日的新闻稿，已经有超过 400 家企业加入"MIH 开放平台联盟"。该名单包含美国的德纳（Dana）、美国的伊顿（Eaton）、瑞典的奥托立夫（Autoliv）等传统汽车零部件制造商，以及中国的宁德时代新能源科技（CATL）、德国的英飞凌科技（Infineon Technologies）、瑞士的意法半导体集团（STMicroelectronics）等实力强劲的电池或半导体制造商，此外还有 NTT、罗姆、爱德克斯、普利司通、日本电产等日本企业。鸿海期望集结这些联盟伙伴的技术，打造出有竞争力的 EV 平台。这种多家联合的想法在以往的汽车产业中并不存在，可谓具有 IT 行业性质的想法。

鸿海的 EV 事业已落实了一部分。2021 年 1 月，除宣布和浙江吉利控股集团各出一半资金成立 EV 新公司之外，鸿海还宣布和新兴 EV 制造商拜腾（Byton）进行战略合作，支持其从 2022 年开始量产的 EV 生产。2021 年 2 月，鸿海还和美国新兴 EV 制造商 Fiscar 达成共同开发 EV 的基本协议，按照该协议，鸿海预计从 2023 年开始以 25 万辆的规模进行量产。2021 年 3 月，鸿海宣布将在北美开设 EV 工厂。

如前所述，特斯拉也表示准备为其他公司提供软件、动力传动系统和电池，未来有可能涉足 EV 平台供应。不仅是整车制造商，德国博世（Bosch）也和生产车身和燃油发动机零部件的德国本特勒（BENTELER Automotive）联合开发了 EV 平台，如图 0-6 所示。以电动传动系统为突破口的日本电产也表示将于 2025 年入局 EV 平台开发。综上所述，说 EV 平台已进入"群雄割据"的时代也不为过。

图0-6　博世开发的EV平台，其中底盘和悬架等机械零件是和本特勒合作开发的
（图片来源：博世）

汽车产业"解体"的必然

现有整车制造商对"开发"与"生产"的分离能否取得成功深表怀疑。因为汽车要求极高的安全性，这种安全性一直以来都是通过整车制造商和零部件制造商之间的磨合实现的。他们相信正是由于车型开发和生产的一体化，才能保证高品质，并实现高效的开发和生产。

现有企业对新入局企业的这种反应令人感觉似曾相识。如果将《日经Electronics》前主编、历任早稻田大学客座教授的西村吉雄的著作《日本电子产业兴衰录》中所描绘的日本电子产业和当下的汽车产业相比，仿佛让人们看到了历史的重演。

该书中有一章名为"日本半导体产业顽固拒绝采用水平分工模式，最终走向衰落"。从20世纪80年代后期开始，没有生产车间而专事开发的公司和专事生产的公司分工合作，这种各取所长的模式逐渐席卷半导体产业。专门生产半导体的公司被称为"代工厂"。目前具有代表性的半导体研发公司分别是设计用于智能手机的半导体巨头公司美国高通（Qualcomm）、被软银收购的英国ARM、以用于智能汽车的高性能半导体而闻名的美国英伟达（NVIDIA）等。而代工厂的代表性企业有中国台湾的台积电（TSMC）等。

得益于远程办公的普及，个人计算机的销量急剧上升。同时汽车销售回暖，用于汽车的半导体芯片供不应求。再加上世界大型半导体制造商相继发生工厂纠纷等原因，从 2020 年下半年开始，全球的半导体供需关系迅速变得紧张。因此，全球尖端半导体的生产集中于台积电及三星电子等少数企业的情况，作为供应链问题而引发人们关注。换言之，在半导体行业中，如台积电这种专门从事半导体生产的企业在供应链中占据了非常重要的地位。

厌恶"开发"和"生产"分工的日本企业

在半导体行业中，开发和生产的分工是从 20 世纪 80 年代末开始普及的。但日本的半导体制造商厌恶这种分工，直到近年依然固守着开发和生产合为一体的业务形态。西村吉雄指出："我认为这是日本半导体产业衰退的原因之一。"那么为何半导体产业会出现"开发"和"生产"的分工呢？而日本半导体行业为何厌恶这种分工呢？

西村吉雄用"出版"和"印刷"的类比阐明了半导体世界中"开发"和"生产"的分工得以推进的背景。出版社的任务是探索"读者想看什么"并决定图书内容。这一过程无须大规模的设备。与之相反，印刷业是设备产业，最大的成本是印刷机的折旧。因此，印刷企业的最大问题在于"如何提高实际作业率"。

通过以上类比可知，追求"细致地应对多种用户需求"的"开发"业务和意图"尽可能大批量生产相同产品"的"生产"业务本就有很大差异。据说西村吉雄一开始是在一个学术会议上注意到这一点的，后来逐渐认识到即使同为半导体技术员，开发技术员和生产技术员的兴趣方向也大相径庭，故二者分工合作、各取所长是合理的。

在半导体世界中，伴随着技术的高端化（生产过程的精细化），半导体生产设备所需的投资越来越高。因此，仅靠自己开发半导体便能负担这些设备投资成本的制造商越来越少。虽然像美国英特尔或韩国三星电子这样的企业有可能做到，但绝大多数半导体制造商都难以独自承担这些设备的投资和维护费用。这便是半导体业界出现开发和生产相互分离局面的背景。

为何日本没能实现分工

进入 20 世纪 80 年代后期，半导体开发和生产的分工成为世界范围内的行业趋势。即使如此，日本半导体制造商仍然厌恶开发和生产的分工。几名半导体制造商的高管曾私下对西村吉雄说："你说的有道理，但在我们公司是不可能实现的。"

为何日本无法实现半导体开发和生产的分离呢？其原因之一在于最初的代工厂无法确保获得足以投资升级生产设备的纯利率，和综合制造商（一手包办从半导体的开发到生产的制造商）相比，代工厂被认为在生产技术方面落后一些。实际上，当时的代工厂还无法获得最先进的生产设备，只能以其他公司的品牌廉价生产稍过时的产品。至少日本的半导体制造商都看不起代工厂。西村吉雄推测："日本的半导体制造商大概有着不愿成为被行业看不起的企业的意识。"

然而，代工厂的生产技术不断提升，已逐渐凌驾于综合制造商的生产技术之上。其原因之一在于半导体生产设备的制造商与代工厂的合作得到加强。由于代工厂拥有来自多个设计方的订单，其生产设备实际利用率高，故设备折旧快，设备更新也快。因此代工厂的设备得以实现更快的升级换代，成为更受半导体生产设备制造商欢迎的客户。

此外，生产设备制造商逐渐开始利用代工厂的厂房进行新设备的开发。相对而言，即使半导体综合制造商愿意将自家的生产线借给设备制造商并合作开发设备，也不愿意看到自己新开发的半导体芯片的信息资料经设备制造商而传到其他综合制造商耳中。

半导体越精细化，则电子的移动距离越短，计算速度越快。反过来说，若进行相同内容的计算，则缩短电子移动距离可减少需消耗的电能。搭载了 MI 芯片的苹果 "MacBook Air" 运行时消耗的功率仅为采用 Windows 系统的最新计算机峰值功率的 1/4。如前所述，苹果的 MI 芯片由 TSMC 生产，该公司与其他公司技术实力的差距很可能源自其与生产设备制造商之间深厚的关系。英特尔表示有意参与代工厂业务也是基于此背景。

整车制造商也将成为"代工厂"?

或许有人认为汽车是重在组装的产业，和半导体的生产流程完全不同。目前的燃油发动机和变速器确实多是基于人工的组装工程，但采用电机驱动的 EV 绝大多数的生产过程都实现了自动化。而且，目前也有对组装多个冲压件来生产车身的生产线进行大胆改造的尝试。例如，特斯拉正试图引入如住房般大小的铝压铸机，将传统汽车中须由 70 多个零件组装成的总成件集成为一体化的单个铝压铸件。引入如此巨额投资的设备后，生产力将得到飞速提升，但若没有能够回收投资成本的确切预估，企业往往无法毅然做出这一决定。

如前所述，今后随着汽车向 EV 方向发展，以及使用智能汽车的出行服务的出现，其他行业的企业进入汽车产业的趋势将会加速。但其他行业的企业既没有汽车生产技术，对车辆生产也没有那么大的兴趣。这是由于在 IT 产业看来，车辆生产这一业务是低盈利率的业务，缺乏吸引力。因此，IT 企业会考虑"将车辆生产外包给有生产能力的企业"，今后对车辆生产承包的需求将越来越大。

有报道称，苹果汽车与韩国现代汽车的谈判以破裂告终。韩国现代汽车厌恶承包生产大概是由于不希望让外部企业把控车辆开发的主导权。但若现有的整车制造商中出现一家为提供出行服务的新入局企业生产车辆的制造商，则可以想象该整车制造商将进入以下循环——提高工厂的实际作业率、加快汽车生产线设备的折旧、加快引入最新设备的迭代更新，从而逐渐提高竞争力。

不仅是半导体，在电机及电子领域，在从显像管电视到液晶电视的更新换代中，也出现了开发和生产分离的趋势，而日本的家电制造商则在此过程中失去了竞争力。在汽车主流从燃油车变为电动汽车之时，其商业模式也必然会发生改变。而参照半导体行业的发展史，能够有效应对这一变化从而生存下来的方法不止一个。

一个选项是像苹果那样，将生产交给拥有先进生产设备的制造商，也可以考虑像三星电子那样，一边对开发和生产两手抓，一边承接其他企业的生产需求，从而保持设备的实际作业率。唯一可以肯定的是，在技术更新换代之时，必然伴有商业模式的变化，而无法做出改变的企业将被淘汰。自家公司的业务一旦"解体"，又无法通过符合时代潮流的模式重组，则即使是大型整车制造商，也只会消失在时代的长河中。

AutoInsight 公司

代表、技术记者、主编　鹤原吉郎

因苹果的入局而重生的
汽车产业

第 **1** 章

1.1
苹果终于进入了汽车领域

2020 年 12 月，路透社报道称美国苹果（Apple）正以生产电动汽车（EV）为目标推进相关技术的开发[1]。在此之前，业界人士已讨论过该公司进入汽车领域的倾向。虽然苹果已经在提供"CarPlay"这一车载系统及其相关功能，但最令人感兴趣的是苹果自己会不会真的将其发展成 EV 产品。假设苹果的 EV 真的成为一款产品，除了苹果品牌这一点，区别于其他汽车制造商的地方可能是什么呢？

路透社的报道称，苹果意图以其独有的电池技术实现相对于其他制造商的差异化优势。但这无法靠普通的技术方案实现。例如，英国戴森（Dyson）虽然曾表示愿以电池技术为核心挺进 EV 产业，但除在全固态电池的研究开发方面提到过一些进展外，又于 2019 年 10 月决定退出 EV 产业。考虑到此背景，苹果如果计划在包含与苹果手机（iPhone）的联动等用户体验（UX）方面与其他制造商形成差异化竞争，也是自然而然的事情。

考虑到苹果目前采用的技术，以上的可能性已存在萌芽。例如，苹果通过可连接车载信息系统和 iPhone 的 CarPlay 功能，正在积累提高 UX 的实践经验。从发布 CarPlay 的 2014 年起，该公司便在逐渐增加 CarPlay 能对接的车载信息系统与车型，如今 CarPlay 已被大多数汽车所采用。在 2020 年 6 月召开的苹果全球开发者大会（WWDC20）上，苹果表示 CarPlay 适用于全球约 80% 的新车，在美国，可运用 CarPlay 的新车比例更高达 97%。

通过使用 CarPlay 功能，车载显示器将显示"地图""电话""音乐"及"短

---

1 2021 年中旬，韩国媒体报道称"作为生产苹果汽车的制造商，韩国现代汽车已开始进行相关讨论"。

信"等苹果手机应用，用户触碰图标或按车载系统的按钮，便可使用各个应用程序，还可通过语音交互功能"Siri"进行操作。在 CarPlay 所能使用的一系列应用程序中，使用频率最高的大概便是基于地图的导航功能。因此，苹果正倾力于加强地图功能。而对于作为导航功能的基础的地图应用本身，苹果也在努力追赶处于领先地位的美国谷歌的地图应用的脚步。

此外，苹果还进入了数字汽车钥匙领域，即可将 iPhone 或 Apple Watch 作为数字钥匙使用的 Car Key，如图 1-1 所示。德国 BMW 已开始发售可使用 Car Key 的汽车。在 2020 年，已可通过近场通信（NFC）技术上锁或开锁，到了 2021 年，也可通过超宽带（UWB）技术进行操作。而 iPhone 和 Apple Watch 的最新机型都已采用 UWB 技术。

图1-1　将iPhone靠近车门来开锁的情景
（图片来源：在WWDC20的主旨演讲上捕捉到的画面）

通过将 UWB 技术应用于数字汽车钥匙，可使汽车的安全性与便利性再提高一个等级。因为 UWB 技术可实现高精度的位置与距离测定，利用此特点，可轻松防止采用"轮番攻击"手段的汽车盗窃。由于只需要靠近汽车便可自动打开驾驶门、后备箱或车库的锁，故车主只需带着有 UWB 的数字汽车钥匙靠近汽车，驾驶座的车门便会自动打开。车主落座后，汽车启动，然后自动运行符合驾驶者喜好的导航功能和车内照明调节等"个性化设置"。虽然使用基于蓝牙或 NFC 技术的数字钥匙也能实现这些功能，但若使用 UWB 技术，则可更精准和方便地进行操作，即使将智能手机放在口袋或手提包中也能进行操作。

苹果也在自动驾驶领域积累技术

先进性也是苹果产品的卖点。若对应到汽车领域，最吸引消费者的功能就是自动驾驶。实际上，苹果正致力于自动驾驶技术的研发。美国加利福尼亚州车辆管理局（DMV）同意在有测试驾驶员同乘的条件下颁发自动驾驶汽车的公路测试许可。苹果便是得到了许可的 60 家公司之一。虽然苹果几乎不对外公布自家的自动驾驶技术开发进展，但从 DWV 总结各公司公路测试结果的年度报告中可窥见其实力的端倪。

在 2018 年的测试中，苹果的自动驾驶汽车的测试结果十分惨淡，总行驶里程约 128 300km，但与之形成对比的是人工驾驶介入次数高达约 69 500 次，自动行驶平均持续里程仅约 1.8km。或许正因如此，美国消费者新闻与商业频道（CNBC）等报道称苹果的自动驾驶开发部门于 2019 年 1 月进行了 200 人规模的裁员。同年 6 月，苹果收购了自动驾驶技术新兴企业——美国 Drive.ai，计划重整旗鼓，如图 1-2 所示。

图1-2　苹果收购的Drive.ai的自动驾驶汽车

（图片来源：Drive.ai）

2019 年的测试报告如实体现了这些变化带来的效果。由于苹果于 2019 年 6 月才重新开始公路测试，故 2018 年 12 月至 2019 年 5 月的行驶里程为 0km。测试结果显示，虽然 2019 年报告上的总行驶里程约为 12 100km，小于上次测试的 1/10，但自动行驶平均持续里程约为 190km，相较于上次测试提升了 100 倍以上。

与之相对的是，Drive.ai 在被苹果收购之前的 2018 年 12 月至 2019 年 5 月进行了公路测试。截至 2019 年 5 月，Drive.ai 的总行驶里程约为 6400km，自动行驶平均持续里程约为 85.3km，相较于之前的测试，成绩有所下降。

若以苹果加 Drive.ai 作为苹果的"新生自动驾驶开发部门"进行计算，则总行驶里程约为 8500km，人工驾驶介入次数为 139 次，自动行驶平均持续里程约为 133km。可以说自动行驶平均持续里程与 2018 年度的 Drive.ai 持平。

虽然成绩有所提升，但苹果与竞争对手的背影依然相距甚远。只要看 DMV 的年度报告，便可知苹果的成绩尚不如美国 Waymo、美国通用旗下的 Cruise、美国亚马逊旗下的 Zoox 和中国的小马智行、百度与安途。

强大的半导体设计能力将成为关键

为了追上这些竞争对手，能成为有力武器的核心技术大概便是半导体了。苹果一直致力于开发用于移动设备的应用处理器"A 系列"，并于 2020 年发售了搭载自家处理器"M1"的 Mac，甚至计算机中所用的处理器也开始更换为自家开发的产品。作为上述方案的延伸，不能排除以后会出现用于自动驾驶的车载计算机所搭载的处理器也采用苹果产品的可能性。

若参考美国特斯拉（Tesla）的做法，便可知此事完全有可能。特斯拉于 2019 年 4 月发布的用于自动驾驶的车载计算机"FSD"便采用了自家开发的独立处理器，还搭载了神经网络加速器（NNA）线路、图形处理器（GPU）核心、中央处理器（CPU）核心、图像信号处理器（ISP）线路及各种交互线路。当工作频率为 2GHz 时，NNA 线路的处理性能为 36TOPS（平均每秒可进行 36 兆次运算）。若有两条线路，则处理性能共计 72TOPS（平均每秒可进行 72 兆次运算）。

除了如此之高的处理性能，功耗小——即用电效率高，也是其特点。FSD 搭载了 2 个处理器，功耗为 75W，低于特斯拉所定的 100W 限值。

苹果的 A 系列和 M1 都以用电效率高为卖点。搭载 M1 的 Mac 的高运算处理性能与功耗低的特点为用户所接受，并大受欢迎。降低自动驾驶汽车的车载计算机的功耗是业内普遍重视的课题。因此，可以说有能力设计高性能且拥有高用电效率的处理器的苹果处于优势地位。

实际上，苹果的 A 系列处理器和特斯拉的处理器的开发都有同一位著名的半导体工程师吉姆·凯勒（Jim keller）深度参与。苹果最初的 A 系列处理器"A4"的开发便由其主导。之后，吉姆·凯勒加入了特斯拉，也主导了该公司自主的处理器的开发。

以半导体技术等为核心，苹果能否在自动驾驶技术上取得领先呢？——或许我们从 2021 年发布的 DMV 年度报告中就可以初见端倪。

1.2 汽车产业已开始向新产业转型

　　美国苹果（Apple）进入汽车产业一事终于有了一种即将成为现实的感觉。继2020年12月的报道之后，2021年1月，苹果和韩国现代汽车商议合作的新闻传遍全球，汽车业界一片哗然。当时汽车产业正处于被称为百年一遇的变革期的高潮。"如果出现了苹果汽车"会怎么样呢？就此，我们采访了曾在日产汽车担任首席运营官（COO）的INCJ会长志贺俊之（见图1-3）。

图1-3　前日产汽车COO志贺俊之
（图片来源：日本经济新闻社）

　　——坦白而言，听到有关苹果汽车的新闻后有什么感想？

　　几年前，人们便知道苹果开发自动驾驶技术的"泰坦项目"。有人猜测苹果是否会向汽车制造商出售自动驾驶软件。到了2021年，有报道称苹果正围绕汽车生产与世界大型汽车企业进行协商，人们便感觉"苹果果然还是要造车啊"。

　　在汽车生产方面，除车身代工制造商——奥地利麦格纳斯太尔（Magna Steyr）等部分企业之外，汽车制造商一直都是自己开发并生产汽车。而数码家电领域则采用电子产品代工服务（EMS）的方式，正在推进设计和生产的分工。汽车产业也终于出现了设计开发企业和生产制造企业的分工趋势，开始向被称为ODM（根据合作品牌进行设计与生产）的新产业转换。

——汽车生产存在很高的进入市场的壁垒吗？

若问为何车企自行制造汽车的业态长期存在，答案是汽车产业以机械硬件的磨合为核心价值，无法像数码家电的EMS那样委托外部企业进行生产。虽然制造工程——即生产方式之前一直由企业自己掌控，但如今从硬件到软件的主次关系发生了反转。在驱动系统操控等方面变为以软件为主、硬件为辅。美国特斯拉（Tesla）便是一个很好的例子。特斯拉采用空中激活（OTA）技术这一远程操作更新软件，并提供了能够提升性能的功能选项。

——德国大众和丰田汽车也开始致力于OTA。

和特斯拉相比，传统汽车企业的行动晚了大约10年——在没有意识到软件方面处于落后的情况下，一直埋头于硬件。这便是传统汽车企业的问题所在——传统的硬件厂家无法提升企业价值。以软件为中心的企业在扩大规模时发现了潜在的发展可能，从而吸引了一批投资者。

若OTA得以普及，则从购买汽车的那一刻起，汽车性能就可以不断得到提升。以往的汽车销售方式发生了变化，二手车的估值方式也将改变。汽车业界的各种习惯将被迫发生变化。因此，汽车经营者必须从顾客的角度观察位于CASE（网络连接、自动驾驶、共享与服务、电动化）发展方向上的移动生活的变化方式与汽车形态的变化方式。

——特斯拉灵活地增加资本，有效利用资本市场。

特斯拉计划在德国柏林建设面向电动汽车（EV）的电池工厂，并利用股价上涨，只需增加少量资本便可筹集到资金，从而建起电池工厂。由于资本向IT而非传统制造商汇集，故也易于投资。CASE不仅改变了汽车的形态，也改变了产业结构。

——若苹果造车，将会提出什么价值观呢？

苹果汽车大概不会以让人乘坐出行为最终目标，而是会将汽车定位为iPhone设备之一。例如，在Apple Watch中可以用传感器收集人体数据。那么在苹果汽车中，也能在人落座后用传感器收集人体数据，并用这些收集到的数据产生新的附加价值。

通过 iPhone 和 Apple Watch，加上汽车，可构建完整的连通性。因此可能会产生与汽车驾驶乐趣及移动价值维度不同的价值观。那将是和传统的汽车价值完全不同的形态。曾经的价值观或许将化为乌有。

——据说苹果创始人史蒂夫·乔布斯（Steve Jobs）生前便在描绘开发汽车的构想。

21 世纪 20 年代大概会迎来一波与 2007 年的 iPhone 诞生相同的冲击。冲击的程度与创造者的身份无关，重要的是其构想和价值的内涵。仅靠自动驾驶和 EV，顾客无法得到满足。若乔布斯健在，大概会造出这样的汽车：不同于为人们提供兴奋和激动的驾乘体验的传统汽车，苹果汽车具有完全不同的价值——并非让人感到兴奋，而是让人感觉不到压力。

既然 iPhone 曾经带给我们取消实体数字按键这一冲击，那么汽车驾驶座也可能没有启动按钮。凭直觉按下的位置将变为启动按钮，也能匹配人机工程学。传统的汽车制造商无法减少驾驶座上的按钮，而直到现在大概也没几个人会看的用户手册的厚度却可达 5cm。

——苹果可能引入自产自销模式。

有人认为汽车制造商用自己的销售网络违反了反垄断法。传统汽车制造商通过提供二手车、保险和车检等系列服务积累顾客以提高复购率，并以此为基础进一步积累顾客。这一传统销售方式历经百年而不倒。然而，现在的人们不再愿意去汽车专卖店，而希望在家中下单购买汽车或希望在智能手机上买车。这一倾向必将扩大。对此，汽车产业需认真地做出改变。

——正如被称为智能运输系统一样，汽车产业也一直致力于通信及软件的开发。

汽车产业当然也在研究 OTA。但由于汽车一直以机械控制为强项，故在汽车企业的岗位金字塔中，机械方面的人才处于上层，而软件方面的人才缺乏上升渠道。若推动汽车软件化，便会出现"若被黑客攻击怎么办"之类的议论。特斯拉拥有世界顶尖的网络安全人才以应对攻击，但汽车企业中少有此类人才。

——目前特斯拉在汽车开发领域已经领先于苹果，特斯拉的成功给汽车产业带来了巨大的影响。

特斯拉改变了汽车形态，并提出了未来的汽车形态。即使是特斯拉 EV 采用动力电池的放置方式也与以往燃油车改装的 EV 完全不同，并未采用汽车制造商设计的电池放置方式。汽车制造商重视被动安全性，希望无论从侧方还是前方遭受撞击都能保证车内人员安全，故将电池放置在底盘正中间。

特斯拉则在整个底盘中铺满了电池。其想法是即使因事故而起火，只要驾乘人员能够得救便无妨。同时引入水冷系统延缓起火的时间，让驾乘人员能利用这段时间逃到车外。就算是车用软件开发，特斯拉也采用 IT 的做法——允许出现错误，只要能在下载更新后继续运行即可。汽车制造商希望将汽车交付顾客时便达到完美，但 IT 企业有着不一样的想法。

——日本的汽车产业需要如何应对这些变化？

从现在起召集工程师，和美国谷歌、苹果及特斯拉同场竞争是不可能的。在手表领域，当石英表出现时，人们对机械表的未来感到担忧。但机械表最终作为高级手表得以幸存。因此，贯彻汽车制造商原本的制胜方法也是一种应对方式。硬件的磨合或许将造就一个细分市场，但不可半途而废。

追求驾驶乐趣的想法也未尝不可。对于内燃机的价值，只要考虑到能补偿燃油车二氧化碳排放的销售方式，就可以朝这样的方向努力。日产汽车也开发了将"轩逸·电驱版（e-POWER）"发动机的热效率提高到 50%、能够对碳中和作出贡献的技术。新型 EV "Ariya" 依靠相当出色的驾驶性能，以能带来驾驶乐趣的 EV 为目标。这也被称为"两端书档"策略——以 EV 和"GT-R"为两端，向顾客宣传其价值。

——欧美的汽车制造商正推进朝 EV 的转变。

日本汽车产业有着乐观的看法，认为自己"还能赢"——认为将有一段混合动力汽车被认定为新能源汽车而获得市场认可的时期。但既然竞争将使新价值常态化，那么若还认为"维持现状也无妨"则会令人堪忧。现在的汽车企业需要描绘出如何让自己生存下去的蓝图并为之奋斗。若没有蓝图则可能变成"被温水煮的青蛙"。

1.3
淘汰了翻盖手机的苹果再现其"破坏力"

若美国苹果（Apple）入局电动汽车（EV）产业，则可能会破坏汽车产业现有的秩序。这是因为苹果是淘汰了传统功能手机的公司，人们高度期待它能重现创造智能手机的辉煌，重新定义无趣的汽车。因此，人们对其商业模式、生产及销售所产生的影响都颇为关注。本节以各界业内之士的看法为基础，推测据说将于2025年左右实现量产的苹果汽车的"破坏力"。

"传统的汽车价值将化为乌有。"

如1.2节所述，日产汽车前COO（首席运营官）、INCJ会长志贺俊之表露出对苹果汽车进入汽车市场的危机感。因为他认为汽车将和iPhone一样，将作为连接苹果在线服务的一个终端而成为"从属"性质的存在，如图1-4所示。日本汽车工业会会长丰田章男则警告："车在出厂之后可用30～40年。（苹果）有这个思想准备吗？"

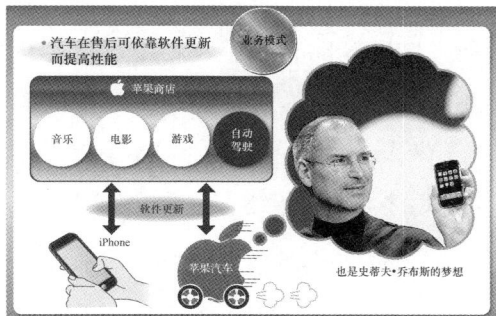

图1-4　苹果汽车的商业模式

＊苹果汽车将和iPhone一样，成为连接苹果商店的一个终端。由此可见，在售后依靠软件更新而提高性能的新商业模式也许将正式拉开序幕。

（图片来源：日本经济新闻社）

苹果秉承了一贯的保密风格，没有对外公布任何信息。但是韩国现代汽车于 2021 年 1 月公布了与苹果的磋商，之后又撤回了该消息。此事件使苹果汽车成了"公开的秘密"。在全世界对苹果汽车的期待不断高涨的同时，现有汽车制造商对苹果这一计划感到瑟瑟发抖。

以美国 Alphabet 为首的 IT 企业意图进入汽车产业已不足为奇。随着自动驾驶技术的发展，汽车的附加价值从硬件移向软件也必然会给擅长软件开发的 IT 企业带来良机。

不过苹果和多数 IT 企业的不同之处在于其硬件开发能力卓尔不群。大多数新入局的企业都会在车辆这种由多达数万个零部件拼装而成的硬件的开发上栽跟头。最近成功跨越这一障碍的新入局企业只有美国特斯拉。

若入局者是苹果，则可轻松跨越车辆开发这一高墙，而且还有让人相信"能提供远超现有汽车制造商所造车辆的价值"（志贺俊之）的"某种东西"。因为苹果发明了智能手机这一颠覆了人们生活方式的产品，且对于"生产"有着从铝合金块中削出 iPhone 机身这样强烈的执着。

无影无形的苹果汽车之所以如此受关注，也可以说是对现有汽车的不满和发泄。从汽车被发明出来已经过去了 100 多年，虽然业界一直在减小其负面因素，如提高安全性、减轻环境负担等，但人们使用汽车的本质并未发生任何改变——握住方向盘，一路踩油门或刹车就能行驶到目的地。因此，人们期待苹果能"重新定义无聊的汽车"。

对于苹果汽车，研究体现 iPhone 革新性的用户交互（UI）的泰斗、东京大学信息研究系教授历本纯一期待其可以表现为一个"魔法"——"旨在解决汽车的根本问题"。以"不晕车的汽车"为例，让人能抱有这样的梦想，大概才是苹果的真本领。毕竟我们无法对始终在开发已有产品的延伸物的汽车制造商抱有此类期待。

特斯拉的成功是否使苹果着迷？

多名业内之士指出，在苹果探索 EV 开发的过程中，特斯拉的飞速发展占了很大比重。尤其使苹果着迷的是采用 OTA 技术——在产品售出后通过无线通信技术进行软件更新来提高性能，并取得了一定的成功。这意味着将iPhone的"生态系统"植入汽车具有现实意义。

在销售iPhone这一硬件的同时，苹果还通过用于发布应用程序的基础软件"苹果商店"，从用户向开发者支付的费用中抽取一部分作为佣金。这两者相辅相成以提高收益。通过OTA从苹果商店中更新苹果汽车的应用程序，iPhone的"胜利方程式"便可在EV上得以实现。近来出现一种看法，随着苹果汽车的问世，无法提供OTA的EV将失去竞争力。

苹果探索EV开发的背后，似乎也有智能手机正临近市场规模上限这一原因，如图1-5所示。为了继续发展，苹果虽然不缺新市场，但其销售额已超过30万亿日元（约1.5万亿人民币），即使进入小市场也无法希冀有所发展。

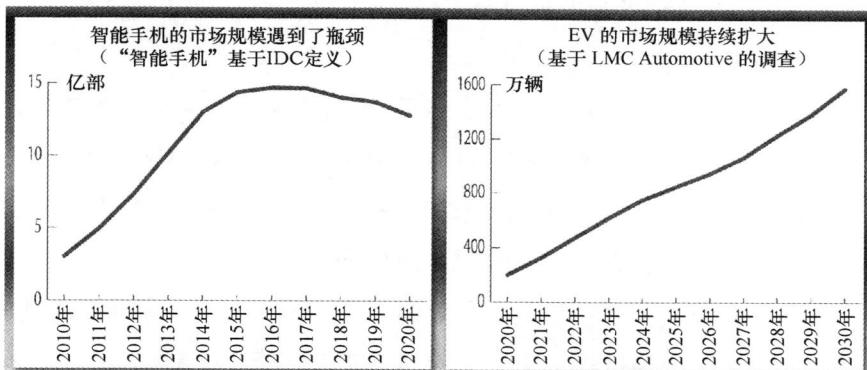

图1-5 智能手机的发展笼罩着阴影

* 业界普遍认为，在智能手机的全球市场到达顶点的同时，EV的全球市场正在扩大。

（图片来源：日本经济新闻社基于IDC和LMC Automotive的数据绘制而成）

著有《智能化未来：无人驾驶技术将如何改变我们的生活》的Navigator Platform董事泉田良认为，符合巨头预期的市场规模的产业不多，只有汽车、医疗和能源等，因此入局EV产业是自然而然的趋势。苹果手头资金充裕，投资者股东返利的压力很大。开发EV也是"手头资金用途的一个方向"。

而苹果意图入局EV产业的2025年是可能成为汽车产业转折点的绝好时机。现状是曾经被大多数企业抱怨利润太少的EV的纯利率已与燃油车持平，EV有可能被一口气推进普及。反过来说，若未能在2025年进入EV市场，则可能落后于先入局的企业。

高盛证券总经理汤泽康太预测，到 2025 年，占 EV 成本大部分的锂离子电池的价格将降低到每千瓦时 100 美元，故若以 2000 美元的补贴为前提，则选择 EV 可达到和燃油车相同的利润水平。他分析道："虽然日本制造商通常厌恶以津贴为前提的业务构想，但在以零排放为目标的全球产业趋势中，难以推行减少 EV 津贴的政策，"并认为 EV 销售将持续增多。

苹果看透了苦于EV开发的汽车制造商

借鉴使用苹果商店的新商业模式，苹果汽车的问世具有使汽车的生产和销售形态发生剧变的"破坏力"。尤其受业内人士关注的是，其可能加快在汽车 EV 化中多次被设想的生产水平分工。汽车产业最大的入市壁垒将消失，这可能成为促进更多企业入局的契机。

苹果虽然独立设计 iPhone 等产品，但通过将生产委托给鸿海等外部企业而提高利润。多名业内人士都指出苹果在 EV 的生产上采用相同思路的可能性，如图 1-6 所示。相比之下，业内常被拿来和苹果进行比较的特斯拉则致力于自己生产 EV，故是否外包可能成为两家公司最大的不同。

在汽车产业中，车辆生产是竞争力的源泉。如果没有足够丰富的生产经验，以一分钟一辆的速度低成本且无差错地组装汽车的工程是无法在朝夕间实现的。除了超过 1000 亿日元（约 50 亿元人民币）的产线建设投资，产线的维护费也数额巨大。在燃油车时代，几乎没有接受其他企业生产委托的汽车制造商。

但人们认为，汽车电动化的趋势将推进生产外包。这是因为尽管短期内 EV 的市场规模不大，但由于严格的环保法规要求，传统汽车企业不得不销售一定数量的 EV。根据汽车制造商的不同，作为加快投资回收的方法，生产外包的方式也会变成可行的选项。苹果向全球汽车制造商探询生产外包的传言四处流传，大概也是因为苹果看透了目前苦于 EV 产量低的汽车制造商的实情。

中西汽车产业研究所首席分析师中西孝树认为，苹果入局汽车产业"需要携手汽车制造商或奥地利麦格纳斯太尔（Magna Steyr）等在汽车开发和生产两方面都具有实践经验的企业"，并提出了大胆的看法——收购在开发数字钥匙时合作的德国 BMW 也是一种直截了当的入局方案。

从中长期看，像鸿海那样支撑电机产业的承包生产的企业也存在崛起的可能性。鸿海于 2020 年宣布将开发 EV 平台，于 2021 年 3 月明确在北美开设 EV 工厂的计划。虽然鸿海没有开发汽车的经验，其实力也还是未知数，但对苹果而言，正因为与鸿海在 iPhone 生产上关系紧密，故也是容易达成合作的对象。

在销售方面，多人指出苹果将参考特斯拉的模式，通过网络加快直销的步伐，如图 1-7 所示。或许这将打破以品牌汽车专卖店为主流的现有秩序。

图1-6　汽车产业是否将开始水平分工

＊多名业内人士将自行生产还是委托其他企业生产视为特斯拉和苹果的最大不同。

（图片来源：日本经济新闻社）

图1-7　直销将成为主流？

＊若苹果汽车引入 iPhone 的销售形式，则直销和卖场将成为主流。

（图片来源：日本经济新闻社）

苹果早已通过提高 iPhone 的直销比例提高利润。此外，苹果在直销的同时还灵活利用了家电卖场和手机专卖店等渠道。故有业内人士认为，苹果也会同时利用直销和卖场来增加 EV 的销量。

而前苹果日本法人代表董事前刀祯明预测苹果不会利用卖场而会集中于直销。他认为，在实现了"最佳体验"的苹果直营店中放置 EV，将销售限定在直营店和线上销售才是苹果的行事风格。他分析道："相比 iPhone，EV 的销量很小。其销量将处于直营店所能处理的范围之内。"

能否搭载Level 4自动驾驶?

苹果汽车将增加什么功能或技术呢？多名业内人士设想的是可以无压力地连接如今已成为生活必需品的 iPhone 和汽车。虽然看上去简单，但即使只实现这一点，也能与不涉足智能手机的特斯拉或现有汽车制造商形成巨大的差异。

实际上，苹果长年都在推进实现连接 iPhone 或手表型终端 Apple Watch 等设备与汽车的布局。具有代表性的例子是车载信息系统 CarPlay、数字钥匙 Car Key 和超宽带（UWB）无线通信技术。苹果已基本建立了将 iPhone 用户的使用环境无缝衔接地转移到苹果汽车上的机制。可以看出，苹果极为重视自然的体验。

将 iPhone 放入手提包，在走近汽车的同时，车门已通过 Car Key 自动开锁，坐上车后，车辆和 Car Play 将自然启动，如图 1-8 所示。同时 Apple Music 中的歌曲将在车内播放。

像这样将汽车和 iPhone 自然连接的关键技术之一是苹果从 2019 年发售的 iPhone11 开始采用的 UWB。UWB 能够以约 10cm 的高精度分辨率测量汽车和智能手机的距离[2]。由于目前的 Car Key 使用近场通信（NFC）技术，故汽车开锁时需把 iPhone 从口袋或手提包中取出。而如果使用 UWB 技术，则由于可以准确掌握汽车和智能手机之间的距离，因此，无须从口袋中拿出 iPhone 便可开锁。

2　采用 UWB 可提高测量距离的精度是由于其带宽达 500MHz。使用越宽的频带，越能发送尖锐的短脉冲信号。在采用飞行时间（ToF）方法——利用反射波从发射出去到反射回来为止所需的时间测算距离时，脉冲信号越尖锐，反射波越难被周围的杂音掩盖，距离测算的精度越高。

图1-8 BMW和苹果共同开发的数字钥匙
（图片来源：BMW）

苹果设计独立处理器也有助于加快以 iPhone 为中心的生态系统与汽车的连接，如图 1-9 所示。iPhone 或 iPad、Apple Watch 等都使用基于相同架构的处理器，由此可实现终端之间不易中断、低时延的数据交互。

图1-9 用于Mac的M1芯片
* 由苹果设计，用 TSMC 最先进的 5nm 制程生产。

（图片来源：日经Cross Tech）

英国调研机构 Omdia 的南川明分析道："自家设计的处理器是苹果所提供的用户体验的关键。"若苹果汽车也采用自家设计的处理器，则可更自然地实现苹果产品与汽车的连接。

采用自家设计的处理器还可消除 EV 的弱点。例如，在 Mac 中采用处理器 M1，可以在提高运算性能的同时大大降低功耗。如果能将其应用于 EV，则可以延长作为产品性能基础的续航里程。

关于苹果汽车的自动驾驶功能，很多人认为其一开始无法达到可以无人驾驶的 Level 4 水平。苹果一直致力于自动驾驶技术的开发，采取了类似于 2019 年收购拥有自动驾驶技术的美国 Drive.ai 等一系列行动。但有专业人士指出，在自动驾驶开发方面，苹果与在 Level 4 开发上领先的 Alphabet 旗下的 Waymo 之间"相距甚远"，如图 1-10 所示。就算是有着 10 年以上开发经验的 Waymo，也尚未能实现 Level 4 真正意义上的量产。而苹果更难以在短时间达到这种水平。

图1-10　Waymo在自动驾驶开发上处于领先地位
（图片来源：Waymo）

也有看法认为，在 Level 4 自动驾驶汽车上，苹果难以发挥其品牌优势。因为 Level 4 车辆目前主要用于约车服务等 B2B 业务。理特咨询公司日本合伙人铃木裕人指出，"苹果品牌只能在 B2C 中闪耀，在 B2B 中无法发挥其优势"。

铃木裕人认为"苹果并非以技术取胜的企业"，这也是其对苹果汽车是否会具备 Level 4 自动驾驶功能持否定看法的原因之一。他将苹果评价为不执着于最先进的技术而擅长完美组合现有设施和技术的企业。Level 4 是最先进的技术，尚未被任何人掌握。若观察苹果开发迄今为止的前进方向，可知其优先采用 Level 4 的可能性很小。

苹果的保密风格是否会成为枷锁

不同的人对苹果汽车有不同的看法。有人认为，实现苹果汽车的壁垒一方面在于技术和生产等问题；另一方面则在于苹果本身的姿态。其始终贯彻的保密风格与汽车开发并不契合。

在汽车开发中，与多家零部件制造商合作进行公路测试必不可少。汽车的供应链比智能手机的供应链庞大，信息管控也远比智能手机困难。若贯彻保密风格，则开发有可能迟迟无法取得进展。反过来说，若苹果真要进入汽车产业，则早晚要公布苹果汽车的存在。那时日本的汽车产业该如何面对呢？

"不同凡想吧（Think Different）……"

这是苹果创始人史蒂夫·乔布斯于 1997 年重回苹果领导层后打出的著名广告语，象征着苹果复活故事的开始。据说会以不同于现有汽车的构想开发的苹果汽车也是乔布斯的梦想。而汽车制造商将被迫做出决断——是正面迎战世界一流的技术企业并一决胜负，还是寻找不同的竞争领域。

索尼令人着迷的"智能手机式汽车开发"

进入汽车产业的智能手机制造商不仅有美国苹果（Apple）。索尼早已开始了电动汽车（EV）"Vision-S"的公路测试。索尼充分利用了其在智能手机上培养起来的开发方式和软件资产，并未止步于传感器开发的环节，而是一路奋斗至车辆整体的综合操控。从中可以解读出索尼超越零部件制造商的定位并踏足汽车制造领域的目标。

2020年12月，索尼的汽车在奥地利开始了公路测试，如图1-11所示。令人惊讶的是，从计划开始后只用了两年时间，索尼便到达了这一水平。由于领导开发的索尼执行董事、管理 AI 机器人业务的川西泉曾说"索尼花费了相当长的时间确定车辆构想"，故实际的开发周期比两年更短。

没有汽车开发经验的索尼为何能如此迅速地推进汽车开发呢？除其开发的是没有燃油发动机的 EV 之外，还有一个原因是汽车的附加价值从硬件移向了软件。索尼运用了通过智能手机开发等积累起来的、在短时间内反复检验并完善产品的"敏捷开发"经验。相比在汽车开发上通常使用的"瀑布式开发"——一开始确定好方法后再着手开发，"敏捷开发"更有益于缩短开发周期。

索尼以汽车仪表盘周围的人机界面（HMI）及第五代移动通信（5G）等与IT 融合性高的技术领域为中心，引进"敏捷开发"模式，并挪用了很多来自智能手机等电子产品的开发资产。

此外，在有关"行驶、转向、刹车"等汽车基本功能，但索尼却缺乏经验的自动驾驶技术开发方面，川西泉描述了其感受："敏捷开发更加通用。""智能手机开发模式"比想象中的更适合汽车开发。

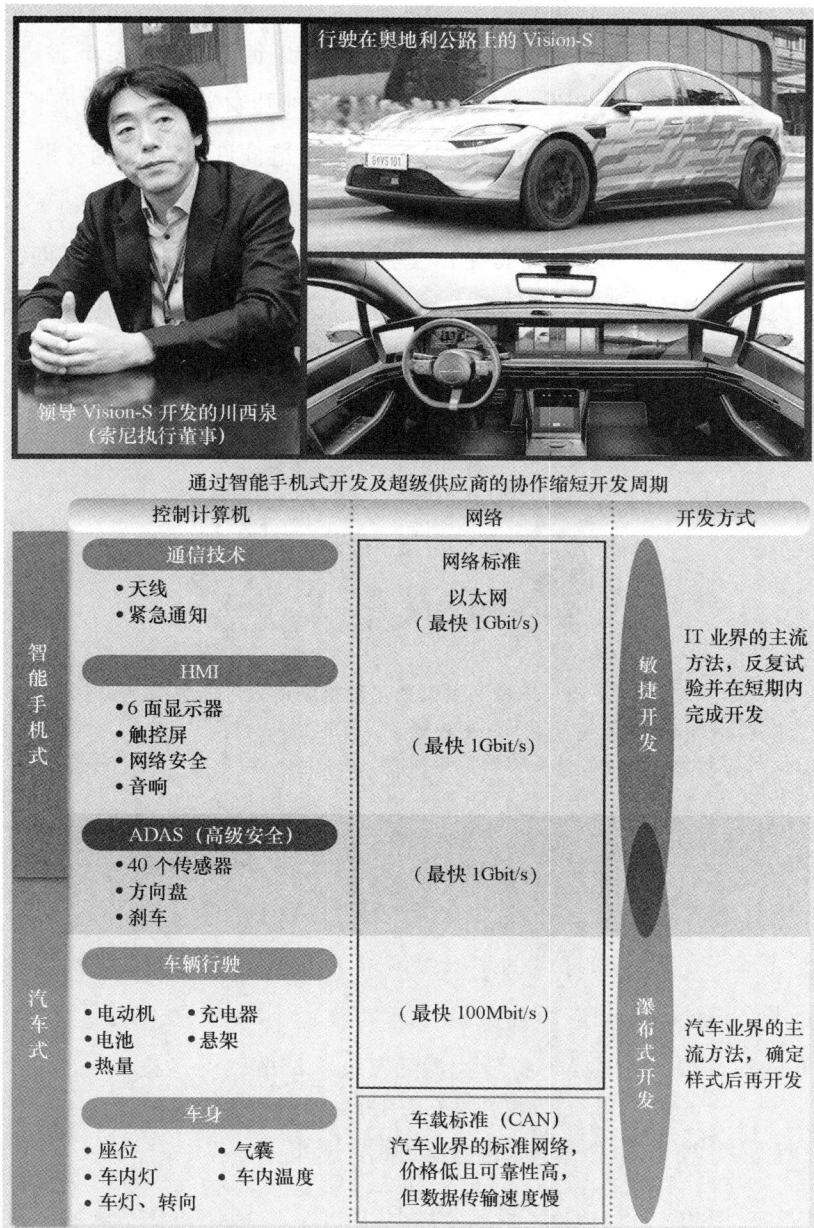

行驶在奥地利公路上的 Vision-S

领导 Vision-S 开发的川西泉
（索尼执行董事）

通过智能手机式开发及超级供应商的协作缩短开发周期

控制计算机	网络	开发方式
通信技术 • 天线 • 紧急通知	**网络标准** 以太网 （最快 1Gbit/s）	**敏捷开发** IT 业界的主流方法，反复试验并在短期内完成开发
HMI • 6 面显示器 • 触控屏 • 网络安全 • 音响	（最快 1Gbit/s）	
ADAS（高级安全） • 40 个传感器 • 方向盘 • 刹车	（最快 1Gbit/s）	
车辆行驶 • 电动机 • 充电器 • 电池 • 悬架 • 热量	（最快 100Mbit/s）	**瀑布式开发** 汽车业界的主流方法，确定样式后再开发
车身 • 座位 • 气囊 • 车内灯 • 车内温度 • 车灯、转向	**车载标准（CAN）** 汽车业界的标准网络，价格低且可靠性高，但数据传输速度慢	

智能手机式 / 汽车式

图1-11 索尼汽车仅用两年便驶向公路

* 索尼在通信及 HMI 控制计算机的开发中灵活运用了很多过去的研究成果，且在车辆行驶及车身上借助了超级供应商的力量。

（图片来源：日本经济新闻社）

另外，索尼也明白"敏捷开发"难以适用于驱动电机及方向盘等传统汽车控制零部件的开发。这些零部件既关乎安全，也难以通过反复试验进行开发，故采用"瀑布式"进行开发。索尼倾力于对两种开发方式"各取所长"。

超级供应商的实力已提升到足以和汽车制造商匹敌，这也有助于缩短开发周期。和索尼合作的德国博世（Bosch）、德国大陆（Continental）与德国采埃孚（ZF）等企业，几乎都具备生产整辆车的实力。在车身开发方面，索尼所依靠的奥地利麦格纳斯太尔（Magna Steyr）是一家历史悠久的企业，拥有多年的实战成绩，如图 1-12 所示。

图1-12　车身开发借助了麦格纳斯太尔的力量

　　* 总长度 4895mm × 总高度 1450mm × 总宽度 1900mm，前后轮距长达 3030mm。用相当于 E-Class 的总长度实现了可媲美德国戴姆勒的"S-Class"的车内空间。虽是 EV，但最高速度可达 240km/h。

（图片来源：索尼）

当然，开发车型是 EV，这也是索尼开发周期短的一大原因。若开发的是传统燃油车，则无论怎样借助超级供应商的力量，也难以实现短期开发。燃油发动机是传统汽车制造商独占鳌头的领域。正因为开发的是 EV，所以如索尼这样的新入局者可轻松筹备替代燃油发动机的驱动电动机和动力电池。

在自动驾驶方面以积极的分工重视速度

索尼开发汽车的目标之一是发展其主力业务——图像传感器。自动驾驶技术正处于发展阶段，各家汽车企业正在摸索对传感器性能的要求。索尼希望通过亲自参与从传感器到车辆的开发，早日确认对图像传感器的性能要求，从而领先于其他竞争企业实现汽车量产。

此外，索尼最近还着力于红外激光雷达（LiDAR）的开发，意欲扩大自动驾驶传感器的业务范围，并希望研究明白如何针对不同需求而使用图像传感器和 LiDAR。

在索尼汽车上，作为核心的电子平台（架构基础）大致分为 5 个功能域，每个功能域都搭载有控制计算机。在搭载了自动驾驶功能的高级驾驶辅助系统（ADAS）功能域，索尼积极利用其他公司的技术并重视开发速度，以强化与传感器有关的技术为优先考虑项。索尼本身也致力于传感器的"识别"技术，而关于"判断"车辆如何行驶的控制软件则多委托给其他公司开发。

具体而言，索尼运用了美国英伟达（NVIDIA）的处理器及自动驾驶软件，以及致力于人工智能（AI）芯片的匈牙利 AImotive 的技术。川西泉表示，"自动驾驶技术是多个细分功能的积累，我们没有考虑全部靠自己的力量开发"，并认为该领域中各取所长的分工才是关键。

索尼汽车的另一个目标是确认和现有自动驾驶汽车业务的融合性。HMI 领域和通信领域便是很好的例子，如图 1-13 所示。在 HMI 领域，索尼使用的处理器是在智能手机领域中广泛使用的、美国高通（Qualcomm）生产的"骁龙"，而操作系统（OS）是安卓。通信领域使用高通生产的 5G 芯片组。这是和索尼的智能手机"Xperia"相似的构成，与现有业务的融合性相当高。

图1-13 以开发智能手机的方式开发HMI

*并列多个显示器，专注于直观的操作。例如，开发了若在界面上迅速划一个 L 形手势，便可将当前显示的画面传给旁边的屏幕等功能。

（图片来源：索尼）

由于 HMI 与通信领域支持敏捷开发，故采用数据传输速度最高可达 1Gbit/s 的车载以太网（Ethernet）也是一大特点[3]。与一般止步于几百 kbit/s 的车载网络不同，车载以太网实现了史无前例的高速通信。索尼没有考虑数据传输速度的限制，而是在软件开发上倾尽全力。

索尼将汽车定位为"网络终端之一"。采用以太网有助于将索尼强大的网络服务和汽车结合起来，因为这样便于使用网络标准协议 TCP/IP。

例如将拥有超过 4700 万付费会员的"PlayStation Plus"和索尼汽车连接起来，便容易诞生新的服务——如现实版"GT 赛车"等想法，扩展人们的梦想空间。汽车业界几乎没有如此大规模的网络服务，因此索尼将能够发挥其优势。

作为网络终端的索尼汽车也可能成为行驶的结算终端。伊藤忠研究所高级主任研究员深尾三四郎认为："索尼开发出了 FeliCa（非接触式 IC 卡技术）的密码技术，可在 EV 上充分发挥其优势。"新的出行服务——根据行驶距离及充电量等收费将变得更容易实现。

综合控制悬架和电机

索尼汽车充分运用了智能手机的开发经验。即使在控制车身运动的传统技术领域——车辆行驶领域，索尼也果敢地发起了发挥自家技术优势的挑战。具有代表性的例子是驾乘体验。

"想打造一款不颠簸、不晕车的汽车。"

除在自动驾驶汽车上配置重要的功能之外，川西泉还希望索尼的技术能应用于驾乘体验控制，即"主动降噪车"。主动降噪技术是通过放置于耳机中的麦克探测周围的噪声，并产生反相位的声波以抵消噪声的技术，是索尼的拿手好戏。驾乘体验控制理应相同——控制悬架以抵消道路凹凸所造成的震动。

索尼汽车搭载了控制弹簧常数的空气弹簧和阻尼力可变的减震器，如图 1–14 所示。为了探测路面凹凸，索尼汽车还充分利用了索尼的传感器技术。

3　ADAS 和车辆行驶领域也使用以太网，但数据传输速度最高不超过 100MBit/s。而车身领域使用车载用途的标准控制器域网（CAN）。

若能抑制晕车，则可让人们坐在自动驾驶汽车上看视频或办公，有希望构建一个充分享受索尼影像内容的环境。

除悬架之外，索尼还着手于包含驱动电机和电池在内的综合控制。为了实现不颠簸、不会让人晕车的汽车，除用悬架抑制震动之外，还需要同时用驱动电机控制前后方向的加速度等。

图1-14 索尼汽车的平台采用空气弹簧和阻尼力可变的减震器
（图片来源：索尼）

索尼甚至进一步对车身领域的控制表现出了热情——通过控制座椅、车内温度、车内灯光等打造令人愉悦的车内空间，意图发挥索尼在家电上的强大实力。

虽说如此，涉足车辆行驶和车身控制的技术已超出了传感器制造商的范畴，几乎是汽车制造商的开发领域了。虽然看似着眼于 EV 量产，但川西泉表示"索尼终究是以获得汽车相关的知识经验为目的，希望通过自己打造 EV 以正确理解汽车构造，并未考虑量产"。

确实，索尼刚开始公路测试，此时判断是否可以量产还为时尚早。此外，也需要考虑影响其主力业务——传感器的可能性。如果进行量产，则有可能和传感器业务的车企客户形成竞争关系。

而且 EV 量产存在巨大的风险。汽车生产通常需要花费超过 1000 亿日元（约 50 亿元人民币）的投资。汽车设计或组装的错误往往人命关天。一个地方出现失误，索尼品牌就有可能崩塌。

不过今后此类风险将越来越小。现在已出现了生产的水平分工正在扩大的征兆。例如从事 iPhone 生产代工的鸿海已挺进 EV 平台开发。若"苹果汽车"问世，则可能推动和 iPhone 一样的 EV 水平分工化的进程。

关于 EV 生产外包，川西泉预测："虽然实现起来不简单，但具体实施只是时间问题，可能性非常大。"索尼在电视业务等方面有和鸿海打交道的经验。虽然关于 EV，川西泉表示和鸿海"未进行商谈"，但若有水平分工的选项，则更容易决定是否量产。

关于对品牌崩塌这一风险的对策，有人认为索尼从 2021 年 4 月起将公司更名为索尼集团，并将总公司功能和业务组织分离的做法能够发挥作用。三井住友银行（SMBC）日兴证券的桂龟辅分析道："若将 EV 业务作为一个单独的品牌，则更容易以子公司的形式进行管理。"

例如德国大众集团给人的印象便是区分使用普通汽车 VW 和高级跑车保时捷等品牌。即使 VW 品牌发生了大规模召回，保时捷受到的波及也可以被控制在最小范围内。若索尼更名为索尼集团，则更容易采取类似于此的多品牌战略。

川西泉认为"这和索尼一开始的设想没有太大差距"。

索尼汽车的开发进行得比相关人士的判断顺利得多。从中也可以看到，索尼的技术资产能发挥作用的领域确实不少。2025 年左右，有津贴的 EV 和燃油车的盈利将处于同等水平，EV 市场规模将进一步扩大。若能推进生产的水平分工化，则 EV 市场的进入壁垒将大幅降低。以索尼汽车挑战苹果汽车的条件正逐渐变得成熟。

1.5
悄悄靠近汽车生产的"水平分工"的身影

以智能手机制造商为代表，不同行业相继进入汽车领域。由此，以往的产业结构开始崩塌。尤其出现了专注于设计而不参与生产的无生产线企业崛起的可能性。很多人认为，以汽车制造商为顶点的垂直统合型产业结构今后将向如智能手机产业般的水平分工型转变。

2020 年年初，自动驾驶新兴公司 Tier Ⅳ 的创始人加藤真平前往中国台湾与鸿海精密工业股份有限公司董事长刘扬伟进行面谈。刘扬伟表示，"今后也将倾力于生产电动汽车（EV）或机器人"。与其相对，加藤真平说明了 Tier Ⅳ 想要普及的自动驾驶操作系统"Autoware"的功能潜力。

Autoware 是可被称为"头脑"的系统，包揽了自动驾驶所不可或缺的"探测、判断、操作"。自 2015 年公布以来，其采取免费开放的开源战略，不仅在日本的自动驾驶实证试验中被多次采用，在全球范围内也被广泛采用，如图 1–15 所示。2018 年 12 月，为普及 Autoware 成立了业界团体，丰田汽车集团公司、韩国 LG 电子（LG Electronics）和英国 ARM 等 60 家企业联名加入。

图1–15　搭载了Autoware的实验车
（图片来源：Tier Ⅳ）

Tier IV 与鸿海进行会谈后过了一年多，2021 年 3 月下旬，Autoware 的推广团队决定携手由鸿海主导的 EV 平台 MIH 的推广团队。MIH 也采用开放式的模式，有着使用标准化零部件及软件、中小型或新兴制造商比较容易策划进入 EV 产业等优点。该推广团队已有美国亚马逊云科技（Amazon Web Services）、中国宁德时代新能源科技（CATL）和日本电产等 1000 家以上的企业参与策划。

通过两个团队的合作，灵活运用 MIH 的 EV 将更容易搭载采用 Autoware 的自动驾驶系统。通过自动驾驶和 EV 提高存在感的开源阵营中的各企业携手共进。由此，曾经只有屈指可数的大型汽车制造商或 IT 企业才能进入的自动驾驶 EV 领域的"门槛"有可能大幅降低。

汽车开发的目标发生了变化

迄今为止的汽车产业高度依赖于垂直统合模式，位于产业中心的整车制造商总揽从计划到设计、再到生产的全过程。然而，在 EV 及自动驾驶等 CASE（网络连接、自动驾驶、共享与服务、电动化）的世界中，入局企业追求的目标将从优秀的汽车生产逐渐走向多样化——利用行驶数据的出行服务、能源管理及城市建设等。

加藤真平说道："若目标不同，则'自己做到哪一步为止'这一企业需求将发生变化。在金字塔型的产业结构与平面结构并存的世界里，应推进让自己处于生态系统中心的机制建设。"

Tier IV 一边推进 Autoware 的普及，一边将目标指向以承包自动驾驶汽车开发或提供服务等获取收益的商业模式。鸿海也在以其他汽车制造商为目标，推进承包新兴厂家的 EV 生产的准备。

像这样的"水平分工"行动正在逐渐扩大。没有工厂的新兴 EV 制造商相继诞生，并和汽车产业现有企业相结合的情形正在出现。美国新兴高级汽车公司菲斯克（Fisker）计划将 SUV 型 EV 的生产委托给大型汽车开发及生产承包公司——奥地利麦格纳斯太尔（Magna Steyr）。中国的新兴 EV 制造商——上海蔚来汽车（NIO）也将生产委托给传统汽车制造商——安徽江淮汽车集团

（JAC），如图1-16所示。

图1-16 中国新兴EV厂商NIO将EV的生产委托给汽车制造商JAC
（图片来源：NIO）

除"行驶、转向、刹车"等基本功能之外，汽车也需要有应对通信、IT及电动化等的新功能。开发领域逐渐扩大，投资也越来越多。在此变局中，怎么做才能获利呢？为了有效分配有限的经营资源，能够让资源集中于优势领域、筛选出可外包领域的水平分工模式逐渐扩大，可谓自然而然的过程。

汽车产业正迎来向以服务为主体的出行产业转变的过渡期。在此背景下，以新加入出行产业为目标的新兴企业为了迅速回收投资，将生产外包给其他企业，这样的做法不失为一条捷径。在英国埃信华迈（IHS Markit）预测汽车生产的西本真敏推测："从今往后，制造商间灵活共享EV平台的行动将越来越多。"

看准了基于水平分工的汽车产业结构转换趋势后，各家企业纷纷采取行动。从事比赛用车开发等业务的田岛汽车公司便是其中之一。该公司和日本出光兴产公司合作开发的超小型电动汽车于2022年问世，这是一款全长2.5m、宽1.3m的四座车型。该EV的目标是只提供最低限度的功能，如满电续航里程为120km左右，从而以150万日元（约7.3万元人民币）左右的低价出售。

田岛汽车公司旨在巧妙地利用通用零部件以实现低价。对于成本最高的车载电池，田岛汽车公司在验证其安全性的同时，也在讨论如何实现EV废电池的再利用等。目前田岛汽车公司通过出光兴产公司的工厂等进行生产，但据说若生产规模扩大则考虑将生产外包。

在此基础上进一步形成差异的主要原因是出光兴产所开展的将全日本约

6400 座加油站变为共享或销售汽车的据点的行动。其计划是通过宣传精心的维护及发挥便捷性的地区出行服务以提高销售额。

"目标是和汽车制造商没什么竞争的、处于二轮车和小型汽车之间的市场。"田岛汽车公司会长兼董事长田嶋伸博表示将从这方面着手开拓市场。在缺乏公共交通的地方，出行方式有限。因此他认为在此情况下，相比自购汽车，人们对使用方便的出行服务的需求将会扩大。

日本电产的宣言

在比赛用车开发领域，岛田汽车公司虽然并非广为人知，但也小有名气。而田嶋伸博则是以绰号"怪物"而为人所知的著名赛车手。在 EV 领域，岛田汽车公司也从 21 世纪开始推进比赛用车的开发，2017 年吸纳了推动"轮毂电机（在车轮上安装电机）"的 EV 开发的新兴公司 SIM-Drive，并强化了开发体制。该公司一边推进比赛用车的开发，一边进攻超小型 EV 的市场。

由于 CASE 的发展，传统汽车制造商独立开发一切的业务模式已难以持续。注意到这一点的是住友商事。该公司于 2020 年成立了承包汽车设计开发的子公司，开始从事汽车工程业务，并于 2021 年与印度 IT 服务巨头马恒达科技（Tech Mahindra）成立了承包开发的技术合作公司。

近年来，各家汽车企业出现了在电动化及自动驾驶上分配更多人力而导致在现有的内燃机等方面开发人力不足的情况。在此情况下，出现了委托其他公司承包驱动系统单元的开发或支持市场开拓的例子。

开发分工是欧美汽车制造商广泛采用的方法。迄今为止，日本汽车制造商的开发是综合型——从外部接受工程师派遣并以自家公司的文化完成开发。住友商事汽车制造事业一部部长樱木彻认为："从今往后，将一部分开发外包并进行分工的欧洲式需求将逐渐增多。"

马恒达科技有着承包欧洲汽车制造商的各种零部件开发的实战成绩。由于在日本一气呵成地推广欧洲式分工有较高的门槛，故通过将大型汽车刹车企业桐生有限公司纳入合作对象等举措，通晓日本汽车制造商作风的住友商事开始处于欧洲模式和日本模式的中间状态，计划在日本阶段性地渗透发展欧洲式分工模式。

住友商事认为，目前日本汽车制造商的开发投资成本一年约为3万亿日元（约1500亿元人民币），而到2024年将增长至5万亿日元（约2500亿元人民币）。其中，据说用于委托其他公司进行开发的投资约占10%，而住友商事的目标是于2025年在该领域达到100亿日元（约5亿元人民币）的销售规模。

不同行业的入局与针对下一代技术的应对措施等多个原因相互重叠，汽车产业结构迎来了变革期。在位于变革前沿的新市场中，该如何建立竞争优势呢？

看准了EV普及的日本电产并没有止步于以电机为首的电动动力转向装置与摄像模块等零部件，而是着手开发搭载了这些零部件的EV平台，如图1-17所示。这是将新兴汽车制造商的崛起和从硬件为主变为软件为主的汽车开发附加价值转移考虑在内的布局，也可谓承担了EV时代水平分工的部分任务的战略。

"日本电产并不满足于传统的汽车产业框架，它将作为创造性的'破坏者'牵引EV时代。"——日本电产在介绍自家EV平台的网页上如是说。曾经，供应商要避免做出刺激汽车制造商的言行是一个常识。而日本电产的'破坏者'宣言象征着产业结构确实已进入过渡期。

图1-17 日本电产的永守重信会长（右）和关润董事长（左）

（图片来源：日本经济新闻社）

1.6 零部件制造商也必将在新秩序中迎来战略转变

对于争夺用户的汽车制造商而言，如前文所述的智能手机制造商的入局是一大威胁。然而，从供应商的角度看，这可谓增加供应零部件的绝好机会。不过接受订单的方式大概会发生改变。能否提供以苹果汽车为代表的下一代汽车所要求的"价值"？——零部件制造商也需要转变战略。

"和德国戴姆勒（Daimler）签订了收入分成合约。该合约将给汽车业界带来变革。"美国英伟达（NVIDIA）汽车部门的高级总监丹尼·夏皮罗（Danny Shapiro）表示，他们已开始了超出以往零部件制造商框架的交易。

戴姆勒和英伟达于2020年6月宣布，将在车用车载计算机及操作系统领域展开合作。合作的目的是构建一个平台，该平台通过利用无线通信技术更新软件的空中激活（OTA）技术，让自动驾驶等功能总处于最新的状态。从中可窥见两家公司此次签订的合约的一部分内容，如图1-18所示。

图1-18　戴姆勒和英伟达共同开发平台

＊英伟达提供多种零部件——从车载半导体到开发环境及云基础。作为回报，合约规定其可获得从自动驾驶软件等OTA服务中所获得的收益的一部分。

（图片来源：戴姆勒）

两家公司决定分享在汽车用户购买或更新自动驾驶软件后所得的收益。"有可能和其他汽车制造商也达成同样的协议。"夏皮罗表现出了自信。

半导体制造商英伟达赢得这份在汽车卖出后依然能获得收益的革命性合约是汽车业界变化的象征，极大地颠覆了卖出硬件便完事的供应商传统模式。

制造商正处于成为承包人还是合作者的分岔点

以美国苹果为首，日本索尼及中国的IT巨头等各个企业计划从汽车业界"之外"入局。而迎击的现有汽车制造商也每天都在为可以在哪里展现自己的个性而绞尽脑汁。

多数人预测，新入局企业开发的下一代汽车将是通过使用OTA的软件更新逐渐添加功能的电动汽车（EV）。由于与添加智能手机应用的用法相近，故被英伟达称为"智能手机汽车"或"带车轮的数据中心"。

若汽车价值和构成汽车的主要技术发生变化，则供应零部件的供应商的势力格局也将发生变化，如图1-19所示。苹果汽车即将出现的当下是难得的获得新顾客的机会。

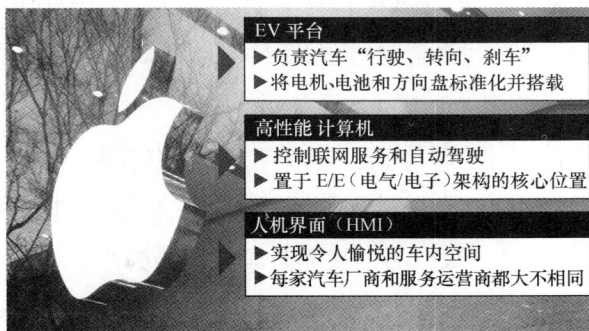

图1-19　构成下一代汽车的3个主要部分
*EV平台和高性能计算机正在被商品化。汽车制造商计划在人机界面（HMI）领域形成差异。

（图片来源：日经Automotive）

德国罗兰·贝格（Roland Berger）前全球联合代表，目前从事各种新业务的Kiduki Architect董事长长岛聪解读道："仍然做汽车制造商的承包商还是成为其合作者，零部件制造商正站在一个分岔路口。"考虑到零部件制造商的态度是重点，故长岛聪鼓励道："若能积极宣传'如果选择我们公司，便能实现这样的苹果汽车'，让对方觉得有意思，便会开启合作之路。"

那么，零部件制造商应如何赢得向以苹果汽车为代表的下一代汽车提供零部件的机会呢？在水平分工得以推广而无法发挥"体系"威力的情况下，以往通过和汽车制造商"磋商"而获得订单的做法并不适用。此时浮现出了3种苹果汽车时代承接订单的新方法。

以3种新方法推进

面向新供应链的各家零部件制造商的战略大致可分为：（1）尽早投入对方企业的怀抱；（2）将所有硬件作为一个整体承包；（3）支持软件发展。

投入业界领先企业的怀抱的零部件制造商的代表企业为村田制作所。在手机市场，村田制作所灵活应对手机业务霸主地位从芬兰诺基亚（Nokia）向苹果转移这一变化，在积层陶瓷电容器及消除电磁干扰（EMI）过滤器等领域一直保持着很高的世界占有率。

村田制作所执行董事岩坪浩表示："持续加入胜利一方的秘诀是：胜利者一定会变，故基本态度是避免孤注一掷。此外，不论和哪一家整机制造商合作，都要真诚地交往，若对方提出要求，便派遣技术人员等强化双方的关系。"

虽然看似很简单，但实际做起来却是出人意料的难。持续相信诺基亚而冷淡对待苹果等新兴手机势力的零部件制造商不在少数。村田制作所一早便构建了和苹果的关系，努力从产品的初期阶段起便能为对方提供零部件。

当然，接到一次订单后也不能就此放松。苹果等智能手机制造商会定期将正在使用的零部件换成价格更低的零部件。即使在这种"替换操作"中也能幸存的策略便是提供绝对无法被替换的零部件。另一个重要的点是供给稳定性，跟随供应商需求进行产能扩充及风险管理，与整车制造商的信赖息息相关。

在下一代汽车中，零部件的替换操作大概也会频繁发生。普华永道咨询公司合伙人川原英可指出："汽车业界已开始发生以软件为起点的产业结构变化。"如图1-20所示，这是手机、建筑设备、FA机器、机器人等多个制造业都走过的道路。

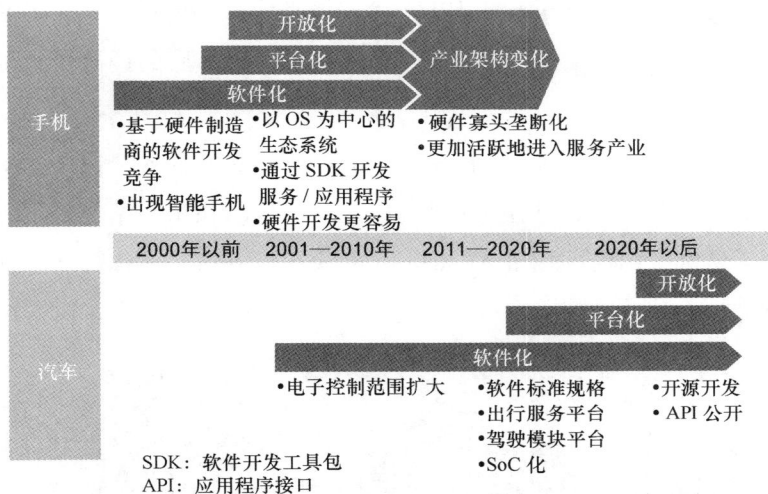

图1-20 产业结构变化的波涛也冲进了汽车产业

*普通手机被替换为智能手机，竞争中心从硬件转为软件。汽车产业也渐渐进入有许多新企业入局、竞争的阶段。

（图片来源：由日经Automotive基于普华永道咨询公司的资料绘制而成）

由于在产业结构变化过程中发生的"开放化"，"如果从开发的上游到下游，各种方法都被广泛公开，那么入局将变得更容易，竞争将更加激烈"（川原英可）。换言之，替换操作的竞争对手将增多。大概很多民生领域的零部件制造商将进入车载市场。

德国博世（Bosch）日本法人董事长克劳斯·梅德尔（Klaus Meder）说道："由于软件的作用将变大，故硬件将进一步商品（通用品）化，难以形成差异。"即使如此，他也在系统化方面展现出自信："将驱动系统、转向系统、刹车系统等多个零部件或系统高度、可靠地组合在一起并不容易。"

以整体硬件为目标的博世和日本电产

博世强势的姿态没有崩塌，是由于其发现了新的商机。相比行驶性能，苹果等新入局汽车产业的很多企业都更加重视服务和车内空间体验。这一倾向和新接单方式中的第二种——"将所有硬件作为一个整体承包"紧密相关。

　　将所有硬件作为一个整体进行供应的代表例子为承担汽车的基本功能——"行驶、转向、刹车"的 EV 平台。该平台由将电机、变压器和减速机等一体化化形成的电动驱动模组"e-Axle"、排列于车底的锂离子电池、方向盘及刹车系统构成。

　　博世开发了被称为"滚动式底盘（Rolling Chassis）"的 EV 平台，如图 1-21 所示。作为"提供零部件或服务的新机会"，博世准备了一站式的平台，并通过和德国本特勒（BENTELER Automotive）合作以获得车身底板和悬架等自己缺少的零部件。

图1-21　博世开发的EV平台

　　＊博世与本特勒合作开发了底盘与悬架等机械零部件。博世设想将其卖给汽车制造商，强调自己"不会成为汽车制造商"（博世日本法人董事长梅德尔）。

（图片来源：博世）

　　和博世同为德国超级供应商的 ZF 也以扩大面向 EV 的零部件销售为目标。ZF 日本董事长多田直纯一边以"尚未决定是否涉足 EV 平台"为开场白，一边解读道："能够一站式地向世界各地提供零部件将成为企业的价值。"擅长机械零部件的 ZF 通过开发汇集底盘零部件信息以进行中央控制的"cubiX"等，加快了对软件的强化。

　　以用于 EV 的驱动电机发动攻势的日本电产也计划在 2025 年之前开发出 EV 平台。该公司会长兼首席执行官（CEO）永守重信干劲十足："我们有将硬件部分委托给专业制造商的流程，我们取得市场份额的时代正在到来。"

日本电产的战略是自己生产主要零部件，这样便能在产能和成本方面取得优势。通过于 2021 年 2 月宣布收购用于制作齿轮的机床的三菱重工机床公司等行动，日本电产正在逐步完善在提供 EV 平台方面存在不足的环节。

考虑到汽车价值正从硬件向软件转移，EV 平台的种类将朝着集成化方向发展。由于多个车型将共用一个平台，故若能拿到订单则能一鼓作气扩大业绩，若失去订单则将陷入困境。

"无法避免和中韩企业的竞争"——从事车载锂离子电池的远景动力集团 CEO 松本昌一已做好了心理准备。由于要和中韩等国的电池制造商在同一赛场一决胜负，故从 2021 年开始，该公司改变了在中国量产的第五代电池的电芯形状。

远景动力集团将电芯改为欧洲及中国的汽车制造商所采用的德国汽车工业协会（VDA）规格的标准形状。"汽车制造商从多家公司采购零部件。其中的第二家、第三家公司也有能力入局"（松本昌一）。由于之前拘泥于自己独特的电芯形状，故无法扩大顾客群体。在改变电芯形状的同时，该公司还新开发了低成本的磷酸铁锂电池。

HMI也将把所有硬件作为一个整体进行采购

和 EV 平台并列，新入局者还希望将车内空间的人机界面（HMI）也作为一个整体采购的硬件。对于意图在车内设计及个人出行体验等方面形成差异的企业而言，这是作为其生命线的领域。

Kiduki Architect 的长岛聪预测："苹果汽车大概会设置诸如五感的装置。"如果要无缝组合显示器、音响及各种传感器等多个零部件，并提供新的 HMI，需要多种技术与专业知识。

站在德国、日本及美国等多国的高级汽车制造商及一级零部件制造商的立场，开发 HMI 的阿尔卑斯阿尔派董事长栗山年弘推测："HMI 不会商品化。即使在当前的情况下，每家汽车制造商的 HMI 也全都不一样。这是个彰显个性的领域。"作为世界高级汽车制造商及一级零部件制造商，阿尔卑斯阿尔派与其他公司展开长期合作、为不同品牌分别打造 HMI 的实战成绩将会成为优势。

为了提高作为一级零部件制造商的主动性，阿尔卑斯阿尔派通过与车载仪表巨头日本精机开展资本业务合作等举措，加快与其他公司的合作。这也是为了集合各家公司的技术以推进"综合驾驶舱"的开发，如图 1-22 所示。

图1-22　阿尔卑斯阿尔派开发的综合驾驶舱的形象图

＊将开关、触控传感器及音响系统等自己公司的强项与合作企业日本精机的平视显示器（HUD）及车载仪表等零部件组合起来。

（图片来源：阿尔卑斯阿尔派）

对待OTA的姿态将左右汽车制造商

在第三种接受订单的新方式——"支持软件发展"方面领先的是英伟达。该公司提供了支持戴姆勒等汽车制造商的开发环境，这些公司正在推进重视软件的开发策略。英伟达不仅有半导体，还有用于自动驾驶的人工智能（AI）进行学习的数据中心和验证算法性能的模拟环境等，涉猎范围十分广阔。

瑞萨电子的思路也与此十分接近。该公司董事长兼 CEO 柴田英利说道："希望从半导体制造企业变为让人们的生活更加快乐的技术公司。"很多人认为瑞萨的产品"性能优良但使用不便"。今后，瑞萨的方针为扩充模拟装置与编译器等软件群、整理出一个（汽车制造商等）不用为选择半导体种类而操心、可以集中于软件开发的环境。

从一个关键点可以看出汽车制造商对软件重视到什么程度。这便是以高性能计算机为核心的电气 / 电子（E/E）架构，而高性能计算机是联网服务与自动驾驶的指挥部。

对于汽车业界的变化，虽说对软件的重视容易成为以苹果为首的新兴势力与原有汽车制造商的对立点，但这种比较未必准确。在看清今后发展趋势的基础上，博世和英伟达等欧美零部件制造商的关注点在于是否以中央集中式 E/E 架构为方向。

对于 OTA 来说，难点在于发生故障。为了能用无线技术顺利更新软件，必须检验系统整体的运行情况，包括多个电子控制单元（ECU）间的兼容性。因此，根据车型的不同，可能有 100 个以上 ECU 复杂纠缠的传统的分布式架构无法迈向 OTA。

以高性能计算机为指挥部的中央集中式 E/E 架构可减少 ECU 数量，只需少量时间和精力便可确认其运行情况。迅速采用了中央集中式 E/E 架构的美国特斯拉（Tesla）可通过 OTA 源源不断地提供新功能。这便是最具说服力的证据。英伟达的夏皮罗认为："对待 OTA 的不同姿态将成为汽车制造商的竞争力差异。"其开发合作者戴姆勒计划从 2024 年开始量产搭载了以 OTA 为特色的新 E/E 架构的汽车。

瞄准剩余者利益也是生存之道

各家零部件制造商都以在汽车业界中的成长为目标而采取行动。除加紧应对零部件构成突然发生变化的下一代汽车之外，还有一条生存之道是瞄准燃油车市场的剩余者利益，即当竞争对手退出后，在燃油车市场中幸存下来的企业独占市场所获得的利益。

燃油发动机零部件巨头理研的董事长兼首席运营官（COO）前川泰则预测："燃油车的巅峰在 2030 年左右。"当然，过了巅峰之后，燃油车并不会马上消失。前川泰则表示："该公司在 2025 年之前，为了扩大开发及生产，将积极进行投资，在之后的 5 年中将推进对合理化及人力方面的投资，以'骨肉丰满'的体制为目标。"

其他燃油发动机零部件制造商的高层管理者也提到，"今后 3 ～ 5 年的开发十分重要。这段时间开发出来的零部件将继续用于之后的 10 ～ 20 年"。普华永道咨询公司的川原英可预测"为获取剩余者利益的业界重组或将加快"。因为保证规模十分重要。

在苹果汽车的轮廓一点点浮出水面的过程中，零部件制造商迎来了需要决定进攻方向的局面。那么抓住苹果汽车特殊需求的企业会是谁呢？

进入汽车产业的
新企业

第 2 章

跑在最前面的特斯拉实现年度盈余，中国企业在同一电动汽车市场迅速成长

新兴势力陆续进入汽车产业。在电动汽车（EV）领域打头阵的是美国特斯拉（Tesla）。2020 年，特斯拉自入局以来首次实现全年基本盈余。同年的 EV 年销量也刷新了历史最高纪录。在同一 EV 领域快速成长的还有中国的企业。互联网巨头腾讯控股和中国领先的汽车制造商吉利汽车集团在驾驶座和自动驾驶技术的开发上展开合作，电子商务巨头阿里巴巴集团和国有汽车巨头上海汽车集团成立技术合作公司，开发竞争呈现白热化的趋势。

美国的电动汽车巨头特斯拉发展顺利。特斯拉于 2021 年 1 月 27 日宣称：该公司预期在今后数年间，其 EV 销售将以平均 50% 的增长率发展。同一天公布的 2020 年第四季度财务决算显示，特斯拉销售额同比增长 46%，达 107.44 亿美元，净收入为去年同期的 2.6 倍，达 2.7 亿美元，实现了连续 6 个季度盈余。而 2020 年全年的净损益为盈余 7.21 亿美元，为入局 EV 产业以来的首次全年基本盈余。

2020 年，特斯拉的 EV 年销量为 49.96 万辆，如图 2-1 所示。虽然略低于其年初所定的目标——"超过 50 万辆"，但实现了 36% 的同比增长，刷新了历史最高销售纪录。

特斯拉不断取得巨大成功的原因是其在中国的产能扩大以及中国对 EV 需求量的陡然增加。据美国《华尔街日报》所引用的中国乘用车市场信息联席会（CPCA）的统计，2020 年特斯拉在中国销售了超过 13.8 万辆 EV。2020 年中国国内销售的 EV 为 111 万辆，故特斯拉市场份额约占 12.5%，可谓销售情况良好。

万辆

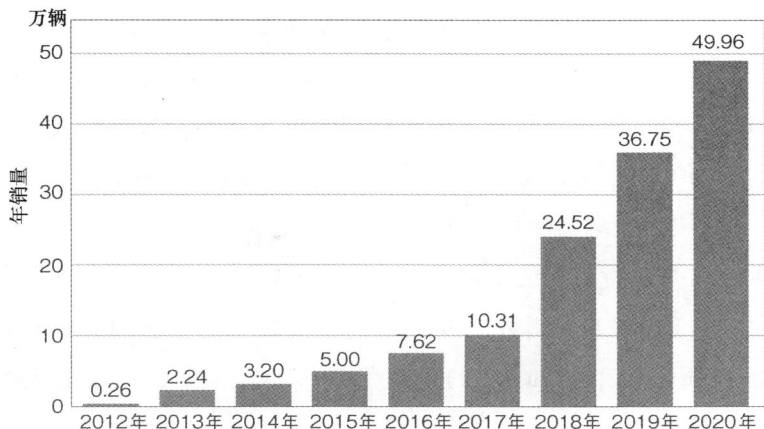

图2-1　特斯拉EV年销量变化
（图片来源：以德国Statista的资料为基础制成）

　　2019年1月，特斯拉在中国上海动工建设工厂。该工厂生产的主力小型轿车"Model 3"于2020年1月开始面向普通民众交付使用。之后，在提高Model 3产能的同时，特斯拉还建立了小型SUV"Model Y"的生产线。2021年1月1日，国产特斯拉Model Y正式上市。Model Y是继Model 3之后第二种在中国生产的特斯拉车型。

特斯拉扩大在中国的业务

　　上海超级工厂是特斯拉在美国国外设立的第一家"超级工厂"。特斯拉2022年第四季度及全年财报数据显示，2022年，特斯拉交付131万辆汽车，相比2021年增长40%。其中，上海超级工厂全年交付量达71万辆，超过特斯拉全年交付量的一半。财报还提到，上海超级工厂"在数月内近乎满负荷运转"，依然是特斯拉主要出口中心，向北美以外的大多数市场供应车辆。

　　特斯拉围绕中国的业务，已开始生产用于EV的充电桩。此前，面向中国的充电桩需从美国进口。2021年2月3日，特斯拉在上海的超级工厂附近投资4200万元的充电桩工厂正式建成投产。

　　在此情况下，2021年1月8日，特斯拉的股价比前一天上涨7%，市值达到了8200亿美元。这是超过了脸书（Facebook）的市值规模，在美国企业中仅次于苹果（Apple）、微软（Microsoft）、亚马逊（Amazon）和 Alphabet，位列第五。

在 2020 年这一年中，特斯拉股价急剧上涨。首先，2020 年 1 月，特斯拉第一次成为市值超过 1000 亿美元大关的美国汽车制造商。2020 年 7 月，特斯拉超过丰田，成为全球市值最高的汽车制造商。

2020 年 11 月，特斯拉的市值进一步突破 5000 亿美元大关，次月，特斯拉股价被纳入标准普尔 500 指数。美国媒体于 2021 年 1 月 8 日报道称，该公司 CEO 埃隆·马斯克（Elon Musk）的净资产约 1950 亿美元，超过亚马逊 CEO 杰夫·贝索斯（Jeff Bezos）成为世界首富。

特斯拉表示，位于美国得克萨斯州奥斯汀和德国柏林郊外建设的两座 EV 工厂已开始运转，除高级轿车"Model S"和高级 SUV"Model X"的生产外，大型 EV 卡车"Semi"也开始交付，面向完全自动驾驶的车载系统（FSD）预计将取得巨大的技术进步。

苹果 EV 是否与韩国起亚合作？

据说苹果也在开发搭载自动驾驶技术的 EV。2020 年 2 月 3 日，美国媒体 CNBC 报道称，关于苹果正在推进的 EV 生产计划，将生产委托给韩国现代汽车的制造商韩国起亚汽车的谈判正在逐步达成一致。在此之前的 2020 年 1 月上旬，当地媒体报道称，苹果与现代汽车正在就 EV 及用于 EV 的电池进行协商。

2020 年 12 月，路透社进一步报道称，以在 2024 年之前开始生产轿车为目标，苹果正在推进自动驾驶技术的开发。苹果置于开发战略中心位置的是用于下一代 EV 的电池技术，希望在大幅降低汽车价格的同时，延长一次充电后可行驶的续航里程。

正在开发自动驾驶汽车的企业还有美国的 Waymo。该公司的产品是被称为"自动驾驶出租车"的用于约车服务的汽车。相关人士称，苹果也正在开发面向普通消费者的轿车。

此外有报道称，中国互联网巨头腾讯控股和中国领先的汽车制造商吉利汽车集团已在智能驾驶舱（驾驶座）和自动驾驶技术方面的开发上展开合作。中国电子商务巨头阿里巴巴集团和国有汽车巨头上海汽车集团成立了技术合作公司。中国大型网约车平台公司滴滴出行和大型 EV 公司比亚迪合作，开发专用的出行汽车。

2020 年 1 月 4 日，路透社及 CNBC 等报道称，承包苹果智能手机 iPhone 生产的鸿海将和新兴 EV 制造商拜腾（BYTON）展开合作。这两家公司和南京经济技术开发区就 2022 年第一季度开始生产 SUV 型 EV 一事达成一致。

据说 EV 因为不需要采用历经多年而发展起来的内燃机技术，将会降低汽车生产的壁垒。另外，由于 EV 可使用与其兼容性较好的自动驾驶技术，传感器、软件和通信技术正变得越来越重要。尤其是被称为边缘计算、可低时延地在离使用者更近的计算机或存储器中处理数据的技术广受关注。自特斯拉在 EV 市场获得成功以来，大型技术公司相继入局，此类技术的开发竞争越来越激烈。

中国百度和吉利就EV展开战略合作

据 CNBC 报道，中国的 EV 制造商正迅速成长。2020 年上海蔚来汽车（NIO）的销量为 43 728 辆，为前一年的两倍。广州小鹏汽车科技（小鹏汽车）的销量为 27 041 辆，同样为前一年的两倍。2019 年 12 月，理想汽车开始销售第一款量产 EV，到 2021 年卖出了 32 624 辆车。该公司 2020 年 12 月的销量为 6126 辆，刷新了单月销售的历史最高纪录。

在此情况下，大型技术公司和大型汽车公司携手、开发搭载自动驾驶技术的 EV 的行动正在扩大。2017 年，百度成立了自动驾驶技术开发部门"阿波罗（Apollo）"，和吉利、丰田汽车、德国大众及美国福特等有着合作关系。2021 年 1 月 11 日，中国网络搜索巨头百度（Baidu）宣布与中国大型民营汽车公司浙江吉利控股集团合作，成立 EV 生产公司。

换言之，百度正在开发的自动驾驶技术将与吉利的汽车生产技术相结合。报道称百度对新公司出资过半，并倾力于软件等技术开发，而吉利则作为战略投资企业，负责生产百度品牌的 EV。另据报道，百度正使用搭载了自动驾驶软件的汽车在北京进行出租车服务公路行驶测试，该服务被称为"Apollo Go Robotaxi"。该公司也在开发被称为"DuerOS"的人工智能助手和地图应用等。这些也将被搭载在百度的 EV 上。

2.2
在自动驾驶领域激烈交锋的美国企业实力如何？

在自动驾驶领域，美国企业不断取得突破。首先是由谷歌的母公司Alphabet成立的、专事自动驾驶的子公司Waymo。其无人干预的自动驾驶平均持续里程目前相当于在洛杉矶和纽约之间往返5次。本节以美国加利福尼亚州交通管理局（DMV）于2021年2月发布的、2020年在该州进行公路测试的自动驾驶汽车的结果报告为基础，论证Waymo、Cruise和Nuro等美国企业的实力。

以硅谷为舞台，自动驾驶开发的竞争日益激烈。各家公司的技术能力也随之提高。其真实情况在2021年2月美国加利福尼亚州交通管理局（DMV）公布的公路测试结果报告（下称2020年报告）中得到了充分体现，如表2-1所示。多家企业的无人干预、靠自动驾驶功能持续行驶的里程都超过了上一次的结果。其中有一家企业的自动驾驶功能持续的行驶里程达到能在洛杉矶和纽约之间往返5次而不发生人为干预事件。

表2-1　2021年2月美国加利福尼亚州DMV公布的2020年（2019年12月至2020年11月）各家企业进行的公路测试结果

公司名称/团体名称/组织名称（数字为排名）	自动驾驶平均持续里程/km*[1]			总行驶里程/km			测试车辆数/辆	
	2020年	2019年	增长率（倍）	2020年	2019年	增长率（倍）	2020年（登记数）	2019年
1 Waymo	48 200	21 300	2.27	1 012 000	2 340 000	0.43	145（230）	110
2 Cruise	45 900	19 700	2.33	1 239 000	1 337 000	0.93	137	226
3（安途）AutoX	32 800	17 200	1.91	65 550	51 590	1.27	6（8）	7

公司名称/团体名称/组织名称（数字为排名）	自动驾驶平均持续里程/km*[1]			总行驶里程/km			测试车辆数/辆	
	2020年	2019年	增长率（倍）	2020年	2019年	增长率（倍）	2020年（登记数）	2019年
4 小马智行（Pony.ai）	17 300	10 400	1.66	362 900	281 400	1.29	24（29）	22
5 Argo AI *[2]	15 300	无脱离	–	30 640	3220	9.5	5（14）	5
6 文远知行（WeRide）	10 500	244	42.9	20 940	9520	2.2	7（9）	7
7 滴滴出行（Didi）*[3]	8370	2360	3.55	16 740	18 880	0.89	12	12
8 Nuro	8100	3250	2.49	89 110	110 700	0.81	20	33
9 元戎启行(DEEPROUTE.Ai)	4880	无脱离	–	14 640	1490	9.85	2	1
10 Zoox	2620	2570	1.02	165 000	107 800	1.53	45	32
11 轻舟智航（QCraft）*[2]	698	813	0.86	4880	7320	0.67	1	1
12 Aurora Innovation	531	153	3.46	19 640	21 610	0.91	12	6
13 Lyft	428	41.4	10.3	52 680	69 090	0.76	19	19
14 Gatik	344	190	1.82	3790	3790	1	1（3）	1
15 苹果（Apple）	233	190	1.23	30 260	12 140	2.49	29（69）	23
16 北美日产	159	78	2.04	635	3670	0.17	2（4）	4
17 北美BMW	65.4	4.3	15.2	196	34.4	5.71	1（5）	2
18 ai Motive	42.5	375	0.11	4810	9750	0.49	3	3
19 梅赛德斯奔驰北美R&D	41.3	11.2	3.71	48 250	22 910	2.11	10	15
20 英伟达（NVIDIA）	39	17.7	2.2	4880	11 620	0.42	7	10
21 高通（Qualcomm）	30.9	94.1	0.33	2780	3480	0.8	3	3
22 赛力斯（原SF Motors）	23.1	40.2	0.57	1410	5620	0.25	2	2
23 EasyMile	5.33	无成绩	–	682	无成绩	–	1	无成绩
24 丰田研究院	3.81	0.99	3.84	4630	2920	1.58	7	6
25 Atlas Robotics *[2]	3.54	8.08	0.44	3.54	72.7	0.05	1	1
26 TeleNav	3.22	11.8	0.27	6.44	35.4	0.18	1	1
27 Udelv	2.17	2.56	0.85	106	140	0.09	1（2）	1
28 Ridecell	1.26	2.32	0.54	238	13.9	17.1	1	1
29 北美法雷奥	0.8	1.74	0.46	78.9	160	0.49	1（2）	1

*1 自动驾驶平均持续里程为将单位由英里转换为 km 后，将左起第四位四舍五入后的数值，其增长率保留小数点后两位。总行驶里程为将单位从英里转换为 km 后，若大于 10 000km 则对左起第五位、若小于 10 000km 则对左起第四位四舍五入后的数值，其增长率保留小数点后两位。

*2 在 DMV 报告中，2019 年的成绩为 2020 年 1 月至 11 月的数据，无 2019 年 12 月相关的记录。

*3 在 DMV 报告中，名为 "DiDi Research America"。

（数据来源：由日经 Cross Tech 以 DMV 的数据为基础制成）

DMV 报告汇总了在加利福尼亚州开展自动驾驶公路测试的公司提供的测试结果，于每年 2 月左右发布，公示各公司从两年前的 12 月至前一年 11 月的测试结果。2020 年度的报告公示了从 2019 年 12 月至 2020 年 11 月的结果。

2020 年测试成绩出众的企业是美国 Waymo 和美国通用的子公司美国 Cruise。这两家公司很久以来一直是竞争首位的对手。和 2019 年相比，二者的自动驾驶平均持续里程都增长了两倍以上，超过了 45 000km[4]。其中，Waymo 的自动驾驶平均持续里程比 Cruise 长少许，为 48 200km。该距离相当于在洛杉矶和纽约之间往返 5 次的长度。

Cruise 超越 Waymo

处于第二位的 Cruise 的自动驾驶平均持续里程虽然逼近 Waymo，但终究略逊一筹。然而，Cruise 在总行驶里程上首次超过了 Waymo。相比 Cruise 的 1 239 000km 的总行驶里程，Waymo 的总行驶里程为 1 012 000km。虽然相比 2019 年，两家公司都受新冠疫情影响而导致总行驶里程有所缩短，但 Cruise 的降幅较小，故总行驶里程超过了 Waymo。

关于实际路试的测试车数量，2019 年 Cruise 有 226 辆，在 2020 年有 137 辆，约减少了 40%。与之相对，Waymo 在 2020 年有 145 辆，比起 2019 年的 110 辆有所增加，超过了 Cruise。路试的车辆超过 100 辆的公司仅此两家。

---

4 在报告中，评估各家公司汽车技术的指标之一为在无 "脱离（Disengagement）" 的情况下仅靠自动驾驶功能行驶的平均里程，本文称之为 "自动行驶平均持续里程"。脱离指根据坐在自动驾驶汽车的驾驶位上的测试驾驶员的判断关闭自动驾驶功能，或者自动驾驶功能难以做出判断而将驾驶权移交给测试驾驶员。自动行驶平均持续里程为过去 1 年中各测试车辆靠自动驾驶行驶的总里程除以总脱离次数得到的数值。

如此，Waymo 和 Cruise 在自动驾驶平均持续里程、总行驶里程和测试车辆数各方面都交出了不相伯仲的好成绩。对于两家自动驾驶技术如此出众的公司的自动驾驶汽车，测试驾驶员是出于什么原因进行干预，从而造成"脱离"的呢？虽然篇幅很短，但 DMV 的报告还是记录了其脱离的原因，这在一定程度上可推测出驾驶员进行干预的原因。

例如 Waymo 的脱离次数共计 21 次。其中，测试驾驶员出于"自动驾驶系统对障碍物识别错误"和"在出乎意料的状况下，无须自动驾驶系统操作"这两项原因干预的次数最多，各有 8 次。

Cruise 的脱离次数共计 27 次。其中次数最多的是测试驾驶员出于"其他道路使用者的不良行为"这一原因进行干预，共计 17 次。此外，出于"第三方进入车道或妨碍车辆行驶"这一原因的干预也不少，共计 5 次。不过，"其他道路使用者"和"第三方"的定义并不明确，一般指其他人驾驶的汽车、自行车和行人其中之一或所有。不过共同点是，由于汽车、自行车或行人等出于某种想法而行动的第三方行为，测试驾驶员才进行人为干预。因此可以推断出 Cruise 的脱离多是由于其在旧金山这一道路较狭窄、来往行人较多的城市进行公路测试。换言之，Cruise 的汽车在正常的行驶中几乎不会出现问题，问题在于对突然出现的车辆或车道变更等即使是人类驾驶员也需要谨慎应对的场面的处理。

接近交出如此好成绩的"美国 Top2"的企业来自中国。在自动驾驶平均持续里程排名前十的公司中，5 家为中国企业，占到了一半——即排名第三的安途（AutoX）、第四的小马智行（Pony.ai）、第六的文远知行（WeRide）、第七的滴滴出行（Didi）和第九的元戎启行（DEEPROUTE.Ai）。虽然在 2019 年的报告中位列第一的百度（Baidu）的名字未出现在 2020 年的报告中，但依然可从中窥见中国企业在自动驾驶领域中的底蕴。

不景气的大型汽车制造商

在自动驾驶平均持续里程中占据高位的除通用旗下的 Cruise 和福特旗下的 Argo AI 之外，都以新兴企业为主，而大型汽车制造商的存在感却很低。在此类汽车制造商中，自动驾驶平均持续里程最长的是北美日产，为 159km，仅为 Waymo 的 1/300。丰田汽车旗下的丰田研究院，其自动驾驶平均持续里程不足 4km。

从中可推断造成这一惨状大致有两个原因。一个原因是大型汽车制造商目前致力于搭载 Level 2 ～ 3 自动驾驶功能的汽车的开发。例如在美国，到达目的地之前的行驶路程的 70% ～ 80% 为高速公路。Level 2 ～ 3 可在一定程度上将在高速公路上的驾驶操控交给汽车自身。由此便可减轻驾驶员的负担，故作为汽车的商品价值能得到提升 [5]。

另一个原因是，对于 Level 4 以上的自动驾驶，传统汽车制造商有时会认为引进自己所投资的新兴企业的技术即可，如图 2-2 所示。例如丰田汽车投资小马智行和滴滴出行，并于 2021 年 2 月和美国 Aurora Innovation 就自动驾驶展开进一步合作，后者于 2020 年 12 月收购了和电装一起投资的美国优步（Uber Technologies）的自动驾驶子公司。

欧洲 Stellantis［原菲亚特克莱斯勒（FCA）］和 Waymo 关系匪浅。在 2020 年的自动驾驶平均持续里程中位列第五的 Argo AI 虽属美国福特旗下，但德国大众也对其有所投资。

接下来将结合美国加利福尼亚州的 DMV 报告，介绍广受关注的美国企业的动向。列举的例子为在自动驾驶技术中领先的 Waymo 和 Cruise、致力于自动配送的 Nuro、亚马逊旗下的 Zoox 以及苹果。

5　日本汽车制造商驻美人员表示，当你拥有一辆具备相当于 Level 2 的自动驾驶功能"Autopilot"的美国特斯拉的电动汽车（EV）后，想要行驶 1000km 以上的里程时，将多数行程的驾驶交给 Autopilot 就行了，几乎不会感到疲惫。在美国，到达目的地之前的行驶路程的 70% ～ 80% 为高速公路，需要自己驾驶的普通道路占 20% ～ 30%。这么想的话，靠 Level2 ～ 3 自动驾驶便足以提升汽车的商品价值。

第一汽车 — 合作 — 小马智行 — 合作 — 现代汽车
莫奈 — 投资
GM Cruise — 投资、合作 — 本田
软银集团 SVF
丰田汽车 Woven
现代汽车 — 投资、合作
雷诺·日产汽车·三菱汽车 联盟企业
Stellantis（原FCA）
微软
福特 Argo AI
宴途 滴滴出行 Nuro Aurora
Alphabet Waymo
文远知行（WeRide）
投资、合作
VW
阿里巴巴 BYD
亚马逊 Zoox
宇通客车（Yutong Bus）
东风汽车 — 合作 — 元戎启动（DEEPROUTE.Ai）
沃尔沃 吉利汽车 曹操出行 吉利控股 — 合作 — 腾讯 百度

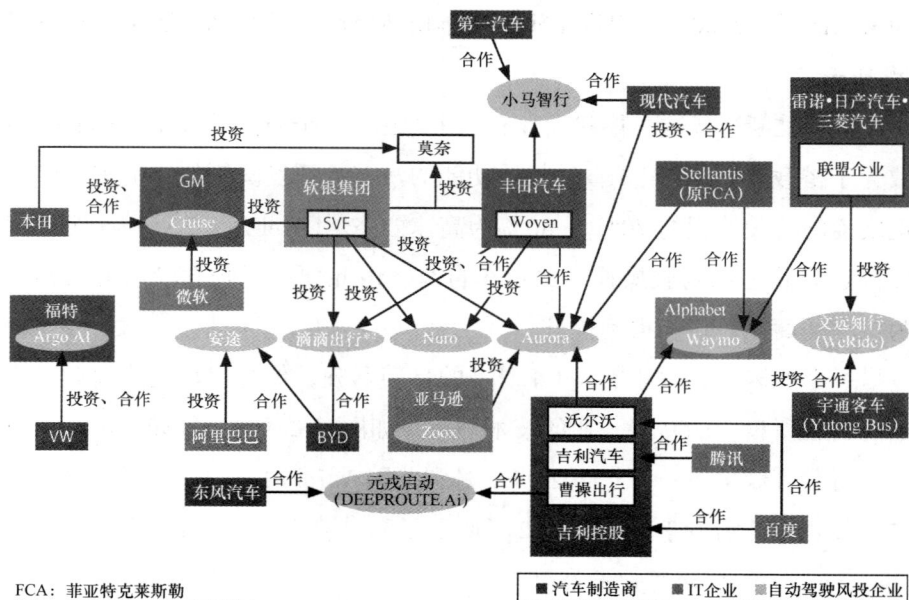

FCA：菲亚特克莱斯勒
福特：福特汽车 GM：通用汽车
莫奈：莫奈科技 SVF：Softbank Vision Fund
VW：大众集团
Woven：Woven Planet集团

■ 汽车制造商 ■ IT企业 ■ 自动驾驶风投企业

*1 丰田投资Aurora收购的优步的自动驾驶子公司并与之合作。
　对Aurora的投资不详。
*2 滴滴于2019年8月将其自动驾驶部门独立为子公司。

图2-2　汽车制造商和IT企业围绕自动驾驶风投企业展开争夺战（2021年4月1日的状况）
（图片来源：由日经Cross Tech基于公开信息等制作而成）

Waymo：技术资金皆无死角

Waymo 是从事自动驾驶的企业中实战成绩最好的企业，从 2018 年开始，Waymo 便在亚利桑那州凤凰城开始了使用自动驾驶汽车的出行服务 "Waymo One"，如图 2-3 所示。2020 年 10 月，该公司开始在 Waymo One 中向普通民众提供无测试驾驶员同乘的自动驾驶服务。可见其方针为在不远的将来，所有车辆都不再需要驾驶员。

Waymo 在美国加利福尼亚州也展开了积极的行动。例如 2021 年 2 月，Waymo 表示将对在旧金山的公路行驶倾注更多精力。旧金山的路况对于自动驾驶汽车而言难度很大——道路狭窄，路面上停了很多车；单行道多，难以辨别能通行的方向；时常能看到不文明的驾驶者，且行人多，常有过马路时无视信号灯的情况；路上还有很多自行车和摩托车，公共汽车和有轨电车也

行驶在同一条道路上。因此，不熟悉此地的驾驶员会感觉困难重重。通过克服旧金山的交通问题，Waymo 的自动驾驶技术便可正式朝商用启航。例如，Waymo 将在 360°红外激光雷达（LiDAR）的开发上投入更多精力，力图能完全掌握车辆周围的状况。

图2-3　美国加利福尼亚州帕洛阿托，正在停车的Waymo汽车
（图片来源：日经Cross Tech）

在资金方面，Waymo 也构筑起了坚如磐石的体制。2020 年 5 月，Waymo 表示已从外部筹集了 30 亿美元。这是 Waymo 首次从外部融资。30 亿美元这一金额超过了同年 3 月预计的 22.5 亿美元，可见业界对该公司的评价有多高。2021 年 4 月，融资金额进一步提高，达到了 32.5 亿美元。

Waymo 也在强化和汽车制造商之间的关系。2020 年 6 月，Waymo 宣布将和瑞典沃尔沃（Volvo Cars）缔结战略合作，即在沃尔沃用于约车服务的电动汽车（EV）平台上，整合 Waymo 的自动驾驶技术"Waymo Driver"，并以此实现相当于美国汽车工程师学会（SAE）定义的"Level 4"自动驾驶功能的 EV。

2020 年 7 月，Waymo 宣布将加强和 Stellantis（原 FCA）的合作。在 Waymo One 及在加利福尼亚州的公路测试中，Waymo 使用了在箱型小汽车"Chrysler Pacifica Hybrid"上搭载 Waymo Driver 的方案。通过此次合作关系的强化，搭载 Waymo Driver 的汽车种类将得以增加。

在与沃尔沃及 Stellantis 的合作中，Waymo 强调的是在负责配送的汽车上使用 Waymo 的自动驾驶技术这一点[6]。例如在和 Stellantis 的深化合作中，用于配送的厢式货车"RAM ProMaster"上便搭载了该技术，实现了相当于 Level 4 的自动配送汽车。Waymo 原本致力于配送服务"Waymo Via"，该服务以具备了相当于 Level 4 的自动驾驶功能的大型卡车为基础，如图 2-4 所示。之后，Waymo 于 2020 年 10 月宣布和德国戴姆勒卡车（Daimler Trucks 缔结战略伙伴关系，以在大型卡车领域推广 Level 4 自动驾驶技术[7]。

图2-4　"Waymo Via"的大型卡车具备相当于Level 4的自动驾驶功能
（图片来源：Waymo）

Cruise：得到本田和MS支持的GM子公司

和新兴企业就 Level 4 以上的自动驾驶技术进行合作的大型汽车制造商不在少数。在此浪潮中，GM 采用依靠自身资源和技术的方针，与 Cruise 达成战略合作，如图 2-5 所示。该公司以垂直统合模式推进研发，从事有关自动驾驶的软硬件的开发及面向用户的出行服务等。

6　在美国，受新冠疫情影响，对食品、药品等生活必需品及餐厅饭菜的上门配送服务的需求急剧增多。大概由于自动驾驶汽车可大大降低感染风险，Waymo 采取行动，加强了对用于配送的自动驾驶汽车的开发。

7　在正式开始商用化之前，Waymo 还致力于提高社会对自动驾驶汽车的接受程度，尤其倾注精力的是有关自动驾驶技术安全性的信息公开。例如，2020 年 10 月，Waymo 公布了有关安全性的最新报告。2021 年 3 月，Waymo 展示了体现自动驾驶汽车安全程度的研究成果——在模拟环境中再现实际发生过的交通事故现场，通过使用自动驾驶系统，可避免其中大部分事故。Waymo 旨在通过这一系列活动让汽车用户了解到自动驾驶技术足够安全，从而提高社会对自动驾驶技术的接受程度。

图2-5 行驶于旧金山市内的Cruise的自动驾驶汽车
（图片来源：日经Cross Tech）

Cruise以人类驾驶员也难以驾驶的旧金山道路为中心开展公路测试。鉴于这一点，可以说Cruise拥有和Waymo同水平或超过Waymo的潜在实力。

2020年，受新冠疫情影响，Cruise不得不暂停公路测试，但还是向已晚于预期（2019年开始）的商用化迈出了一大步。例如2020年10月，Cruise从DMV处获得了无测试驾驶员的自动驾驶汽车的公路测试许可。据DMV公布，Cruise有5辆自动驾驶汽车在旧金山市的指定道路上无人干预地行驶。限速30miles/h（48.3km/h），无论昼夜皆可开展测试。不过，不允许在浓雾或暴雨的情况下行驶。

获得该许可后，Cruise公布了防止新冠病毒感染的新款车内空间。该空间设计将应用于自动驾驶EV"Cruise Origin"，而该EV将用于今后的拼车服务，如图2-6所示。例如，设置将车内空间分离为左右两部分的透明板、提高空气净化功能及采用抗病毒材料等。Cruise Origin公布于2020年1月，是与本田共同开发的。该EV以量产为目标，底盘低、容易上下车，车内空间为普通汽车的3倍之大，可乘坐4人，行驶寿命长达100万miles（约161万km）以上，成本也不高。

图2-6 用于拼车的自动驾驶EV "Cruise Origin"
（图片来源：Cruise）

2021年1月，GM和Cruise宣布与美国微软缔结了长期战略合作关系，将在各个领域推进合作——从软件及硬件工程开始，到云计算、生产及生态系统构建等。例如，Cruise考虑使用微软的云基础"Azure"，将自动驾驶技术商品化。此外，在资金方面，Cruise也得到了微软的支持。微软宣布将和GM、本田及机构投资者共同以股票形式对Cruise进行20亿美元以上的投资。

Cruise也开始积极收购同行公司。2021年3月，Cruise宣布收购创立于2016年的新兴企业——美国Voyage。在不到60家获准在加利福尼亚州开展有测试驾驶员的自动测试的公司中，该公司是其中之一。此外，Cruise还和Stellantis及提供租车服务的大型公司——美国企业租车（Enterprise）等展开合作，已开始在弗罗里达州和加利福尼亚州圣何塞的老年人居住区中提供出行服务。这是评估了Voyage的自动驾驶、碰撞缓解系统及远距离操作系统等技术之后的收购行动。这次收购完成后，约60名Voyage员工并入Cruise。

Nuro：专事丰田也关注的配送服务

Nuro是在谷歌开发自动驾驶技术的技术人员合伙于2016年创立的企业，总部位于美国加利福尼亚州山景城。在2020年的DMV报告中，Nuro也取得了好成绩——该年度的自动驾驶平均持续里程约为8100km，位列第八。

Nuro的特点在于，自动驾驶技术并非用于载人，而是将焦点放在货物配送上。该公司不仅从事软件开发，也致力于自己的小型车（配送机器人）——具备相当于Level 4的汽车技术的小型无人自动驾驶汽车R2，如图2-7所示。

图2-7　Nuro的小型自动驾驶汽车R2
（图片来源：Nuro）

Nuro 原本就是一家很有实力的新兴企业，2020 年进一步取得了许多实战成绩。例如，2020 年 4 月，该公司从加利福尼亚州 DMV 处获得了无测试驾驶员的公路测试许可。同年 12 月，Nuro 同样从加利福尼亚州 DMV 处获得了基于无人自动驾驶汽车的商用配送许可。基于该许可，Nuro 便可在位于旧金山湾区的圣克拉拉县和圣马特奥县的指定区域提供商业服务。在该地区限速 35miles/h（约 56.3km/h）的道路上，当天气晴朗时，Nuro 可让自动驾驶汽车最多行驶 25miles（约 40.2km）以提供商业配送。截至 2021 年 1 月末，虽然获得无测试驾驶员的公路测试许可的有包含 Nuro 在内的 6 家公司，但获得商用配送许可的只有 Nuro[8]。

Nuro 于 2020 年 12 月收购了同行——美国 Ike Robotics。Ike Robotics 致力于在高速公路上行驶并在物流设施间移动的大型商用车所需的汽车技术。Nuro 拥有从大型物流仓库向家庭进行配送的自动驾驶技术，也有在相关领域进一步飞跃的发展潜力。

Nuro 也在筹集资金。例如 2020 年 11 月，Nuro 表示在 C 轮融资中获得了 5 亿美元。2019 年 2 月，Nuro 曾表示从软银集团的 SVF（Softbank Vision Fund）获得了 9.4 亿美元的投资，当时融资总额已超过 10 亿美元。故在 2020 年 11 月公布融资结果时，融资额累计已达 15 亿美元。

而在 2021 年 3 月，丰田汽车集团中致力于软件和智慧城市开发的 Woven Planet Group 宣布通过丰田旗下的全球投资基金"Woven Capital"投资 Nuro。这是 Woven Capital 的第一个投资项目。该投资是 Nuro 进行的 C 轮融资的一部分。

8　2020 年 10 月，Nuro 宣布已在加利福尼亚州山景城、得克萨斯州休斯敦和亚利桑那州凤凰城完成了使用 R2 的无人配送实践测试。同月继续进行的是在山景城和休斯敦的配送。其中，已在休斯敦开始了付费服务。Nuro 在山景城的合作伙伴不详，但在休斯敦是和大型连锁药店美国 CVS Health 及大型零售企业美国克罗格（Kroger）合作，在指定区域开展配送服务。此外，Nuro 还多和大型企业进行合作，如和美国达美乐比萨（Domino's Pizza）及美国沃尔玛（Walmart）等展开合作。

Zoox：能否在亚马逊旗下加强云计算能力？

在 2020 年的 DMV 报告中，与美国 IT 企业相关且成绩优秀的是 Zoox。该公司于 2020 年 6 月被亚马逊收购。根据此次报告，Zoox 的自动驾驶平均持续里程约为 2620km，相比 2019 年增加少许，位列第十。而关于总行驶里程，尽管在测试期间遭遇带来出行限制的新冠疫情，但相比 2019 年也增长了约 50%，约为 165 000km。该长度仅次于 Cruise、Waymo 和小马智行，位列第四。从中可窥见 Zoox 不知疲倦地进行测试的样子。

2020 年 9 月，Zoox 从加利福尼亚州 DMV 处获得了无测试驾驶员的自动驾驶汽车的公路测试许可。Zoox 在被亚马逊收购后也在朝着实用化方向顺利迈进，如 2020 年 12 月，Zoox 公布了用于出行服务（无人驾驶出租车）的独立小型 EV，如图 2-8 所示。

（a）正在旧金山停车的 Zoox 的自动驾驶测试车辆　　　（b）Zoox 公布的无人驾驶出租车

图 2-8　亚马逊旗下的 Zoox 的车辆

［图片（a）来源：日经 Cross Tech，图片（b）来源：Zoox］

亚马逊投资 Aurora Innovation 已经有一段时间了，对自动驾驶技术领域给予了极大的关注[9]，因此毅然收购了 Zoox。亚马逊没有明确解释其关注自动驾驶技术的原因，故目前尚不清楚是仅将其用于配送车上以降低配送成本，还是打算真正开始提供如无人驾驶出租车一样的出行服务。

9　Aurora Innovation 是由一群出身于谷歌、特斯拉和优步的人于 2017 年创立的企业，致力于包含软硬件及数据服务等的自动驾驶平台"Aurora Driver"。除亚马逊外，著名的风投企业——美国红杉资本等也对其有所投资。

不过，若想到亚马逊是为了扩大旗下规模最大的云服务公司——美国亚马逊云科技（AWS）的业务而收购 Zoox，便可理解亚马逊此举了。一边经营 Zoox 和 Aurora Innovation，一边学习自动驾驶汽车所必需的功能并将之安装到云服务上，然后再将此云服务提供给其他公司的自动驾驶服务经营者[10]。这正是 AWS 的业务模式——首先通过将功能用于自家服务而进行锤炼，然后将其提供给外部企业。

为了搭载联网功能或自动驾驶功能，汽车业界对云服务的需求有所增加。在此过程中，AWS 加快了旨在扩张业务的行动。其结果是大型汽车制造商和一级零部件制造商相继采用 AWS 的服务。例如，2020 年 8 月，AWS 和丰田汽车展开合作，即运用 AWS 的各种服务以强化丰田汽车的服务基础"出行服务平台（MSPF）"，该平台积累了从联网汽车中获得的车辆数据并进行大数据分析。在一级零部件制造商中，德国大陆（Continental）便在使用 AWS 提供的服务。

AWS 也在稳步推进伙伴关系构建，加入"MIH EV 开放式电动汽车平台（MIH EV Open Platform）"。该平台是一个以 EV 平台构建为目标的团体，由以承包 iPhone 生产而闻名的规模最大的 EMS 企业——鸿海于 2020 年 10 月成立。除了 AWS，零部件制造商、半导体制造商和软件公司等 1000 家左右的公司也加入了 MIH。该团体正逐渐成长为让 EV 生产的水平分工成为可能的大型组织。在该组织中，AWS 是有力的云服务提供者，故将生产委托给鸿海的企业选择 AWS 作为云服务经营者的可能性很大。鸿海董事长刘扬伟宣布了其富有野心的目标——于 2027 年取得全球 EV 销售份额的 10%。若鸿海能实现这一目标，则 AWS 的销售额也将大幅增长。

此外，2021 年 2 月，AWS 宣布和致力于车载操作系统"QNX"的加拿大黑莓（BlackBerry）合作，结合包含 QNX 空中激活（OTA）技术的嵌入式系统

10　若 AWS 用于自动驾驶服务的功能得以完善，将来便可能低价或无偿地提供实现自动驾驶所必需的基本的机器学习等功能。实际上，AWS 正致力于提供不同行业所特定的服务及功能。例如，2020 年 12 月，AWS 开始提供聚焦于制造业的机器学习服务。同理，AWS 也有可能提供专用于联网或自动驾驶的机器学习服务。AWS 已就机器学习技术提供了用于学习的人工智能（AI）迷你车"DeepRacer"。将其进一步扩展以形成新的 AWS 服务是一个自然而然的过程。

和 AWS 云服务，共同开发用于汽车的数据基础 "BlackBerry IVY"。其目标是用 AWS 进行数据分析，并将所得结果通过应用程序接口（API）提供给汽车制造商和应用程序及服务的开发者。

苹果：企业收购也逊于其他公司

苹果每年都广受关注。从 2020 年年末至 2021 年年初，其开展汽车业务的报道更是吸引了无数人的目光。苹果的自动驾驶平均持续里程约为 233km，总行驶里程约为 30 260km，实际参与测试的车辆为 29 辆，各项指标均高于 2019 年（2019 年各项指标分别为约 190km、约 12 140km 和 23 辆）。不过，总行驶里程和车辆数并未达到 2018 年的水平。2018 年的总行驶里程为 128 000km 左右，参与测试的车辆有 62 辆。与之相比，2020 年的总行驶里程还达不到 2018 年的 1/4。

2020 年的自动驾驶平均持续里程相比 2018 年得到了大幅提高。2018 年的自动驾驶平均持续里程约为 1.8km，成绩比较凄惨。或许正因如此，2019 年 1 月，美国媒体 CNBC 报道，苹果的自动驾驶开发部门裁员了 200 人。

之后，苹果于 2019 年 6 月收购了自动驾驶技术新兴企业——美国 Drive.ai 并开始反攻，如图 2-9 所示。虽然 2020 年的测试结果体现了其反攻成果，但和自动驾驶平均持续里程超过 2000km 的前十家企业相比依然存在差距。若苹果当真要开展汽车业务，则很大可能是再收购拥有自动驾驶技术的新兴企业。

图2-9　苹果收购的Drive.ai的自动驾驶汽车

*即使在 2020 年的 DMV 报告中，苹果的自动驾驶平均持续里程也并不突出，约为 233km。

（图片来源：Drive.ai）

Column：用在市场上销售的汽车进行秘密训练、稳步积蓄实力的特斯拉

说到自动驾驶，想必很多人都很关注美国特斯拉（Tesla）。但在2020年的DMV报告中并没有特斯拉的名字。对于加利福尼亚州的自动驾驶汽车公路测试，特斯拉本就不积极，如图2-10所示。在2019年的DMV报告中，特斯拉虽然有测试结果记录，但总行驶里程只有20km左右。这是因为特斯拉通过在市场上销售的EV提高自动驾驶技术，并收集训练所需的数据。正因为是更为真实的数据，故其立场为即使不另外准备自动驾驶汽车参加公路测试也无妨。基于特斯拉于2019年12月向加利福尼亚州DMV提出的报告总结，该公司通过被称为"影子模式"的功能，从在市场上销售的EV中获取了用于训练自动驾驶技术的数十亿英里数据。

图2-10 正在加利福尼亚州停车的特斯拉EV
（图片来源：日经Cross Tech）

在用户驾驶特斯拉EV的过程中，特斯拉通过在后台运行的"影子模式"，比较人驾驶的场景和通过自动驾驶技术驾驶的场景，并基于比较结果优化自动驾驶技术。相比用测试车辆进行公路测试，能够以真实多样的使用情况为基准进行比较是其优点。此外，特斯拉EV的销售走势良好，可收集到的真实数据相比Waymo具有压倒性优势。特斯拉2019年全年（1月至12月）销量不足37万辆，但2022年全年销量约为131万辆，为历史最高纪录。因此，特斯拉大概会继续通过"影子模式"提高该公司的自动驾驶技术。

飞速发展的特斯拉的强大及其下一步战略

3.1
拆解特斯拉汽车而得知其强大的原因
——Model 3的主要零部件高度集成化

"零部件数量太少了。用这些真的能让汽车开起来吗？"拆解调查美国特斯拉（Tesla）的电动汽车（EV）的技术人员对其与传统燃油车的区别瞠目结舌——将电机、变压器和减速机等一体化后形成的电动驱动模组；以集成 ECU 为中心，将以往数十个之多的 ECU 集中为几个；内部设备几乎抛弃了按钮和手柄等操作零部件。零部件多为专用品，可见是由特斯拉主导开发的。

在解读特斯拉的强大之前，首先看一下特斯拉的主要零部件，如图 3-1 和图 3-2 所示。

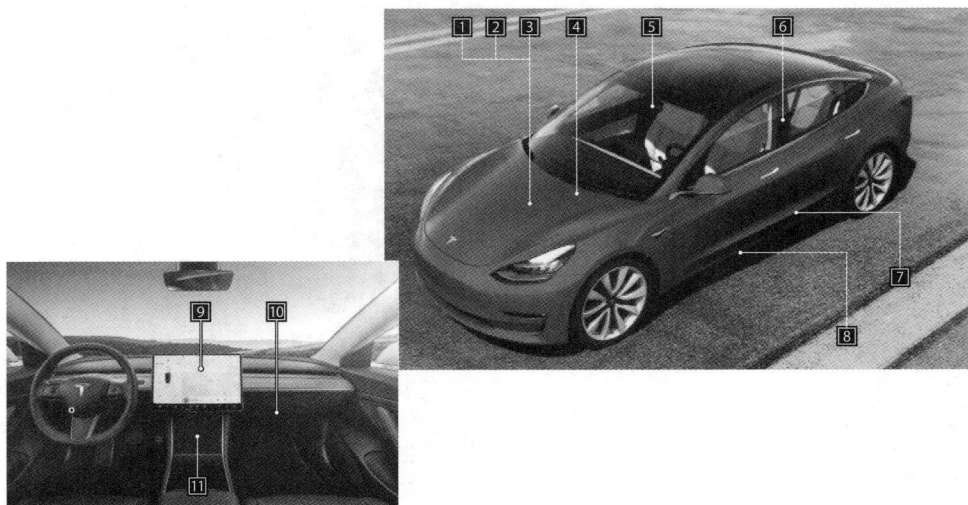

图3-1　特斯拉的主要零部件（a）
（图片来源：特斯拉）

1 电机	2 减速机
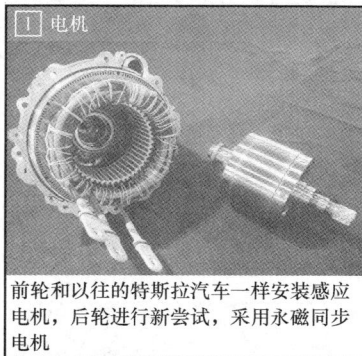	
前轮和以往的特斯拉汽车一样安装感应电机，后轮进行新尝试，采用永磁同步电机	前后轮皆为一级减速机，将电机的输出功率传递给驱动轮。减速比为9.00，为油冷式，循环和电机相同的机油
3 变压器	4 车身电子控制单元（ECU）
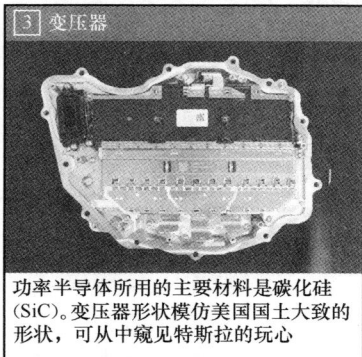	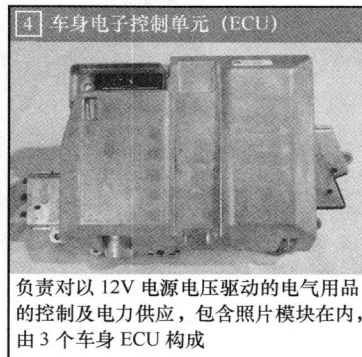
功率半导体所用的主要材料是碳化硅（SiC）。变压器形状模仿美国国土大致的形状，可从中窥见特斯拉的玩心	负责对以12V电源电压驱动的电气用品的控制及电力供应，包含照片模块在内，由3个车身ECU构成
5 三目摄像头	6 磁卡钥匙系统
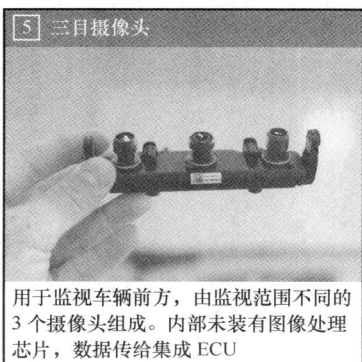	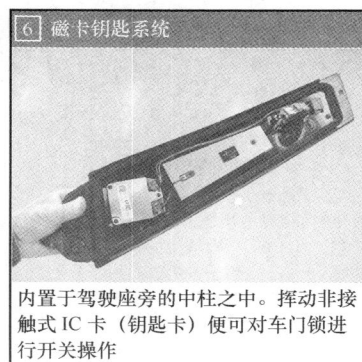
用于监视车辆前方，由监视范围不同的3个摄像头组成。内部未装有图像处理芯片，数据传给集成ECU	内置于驾驶座旁的中柱之中。挥动非接触式IC卡（钥匙卡）便可对车门锁进行开关操作

图3-2 特斯拉的主要零部件（b）

7 车载充电器	8 电池包
集合了将从外部获得的交流电转换为直流电的交直流（AC-DC）转换功能和将其变为 12V 直流电的降压型直流 - 直流（DC-DC）转换器功能	搭载超过 4400 块"2170"原电池。通过让电池包本身具备高强度，使其也发挥作为车身组成部分的作用

9 液晶显示器	10 集成电子控制单元（ECU）
车厢内几乎没有按键，驾驶之外的操作几乎由这个 15 英寸的触屏显示器完成	内置两块分别用于自动驾驶和信息娱乐的印制电路板。为了连接传感器等，备有多个连接器

11 空调
开暖气时的热源是置于供热通风与空气调节（HVAC）模块中的正温度系数（PTC）加热器。开冷气时使用蒸发器

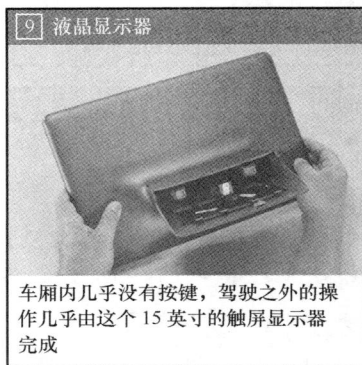

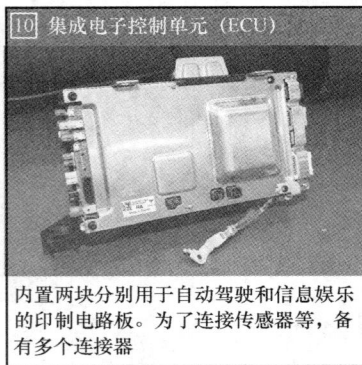

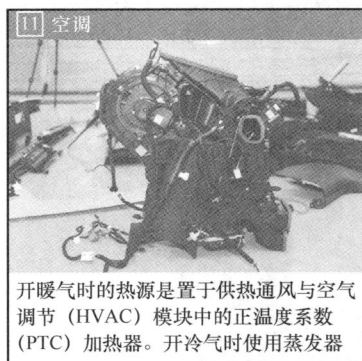

图3-2　特斯拉的主要零部件（b）续

（图片来源：日经Automotive）

拆解后的 Model 3 的主要参数如表 3-1 所示。

表3-1　拆解后的Model 3的主要参数

版本		长续航版
车辆尺寸		总长度4694mm×总宽度1849mm×总高度1443mm
车辆质量		1847kg
电池	容量	75kWh
	总电压	350V
电机	最高输出功率	307kW
	最大扭矩	510N·m
续航里程（WLTP）		560km
驱动方式		四轮驱动

3.2

特斯拉比丰田和大众早6年实现理想型电子平台

通过拆解分析美国特斯拉（Tesla）的 Model 3 可知该公司实力强大的原因。首先要提的便是车载电子控制系统。该电子控制系统采用在核心设置高性能计算机的"中央集中式"架构。实际上，这是现有汽车制造商预计于 2025 年之后引入的"理想方案"，而特斯拉领先 6 年便引入了此架构，且在中央集中式架构的实用化过程中，甚至隐藏着破坏汽车业界的旧式供应链的可能性。

"我们公司做不到……"某日本汽车制造商的技术人员在看到美国特斯拉（Tesla）的车载计算机后说出了他的感受。

特斯拉在实现量产的电动汽车 Model 3 和 Model S 上搭载了被称为"HW3.0"的车载计算机，如图 3-3 所示，并自己开发了其中的半导体芯片，委以统一控制自动驾驶和信息娱乐等功能的电子控制单元（ECU）重任。

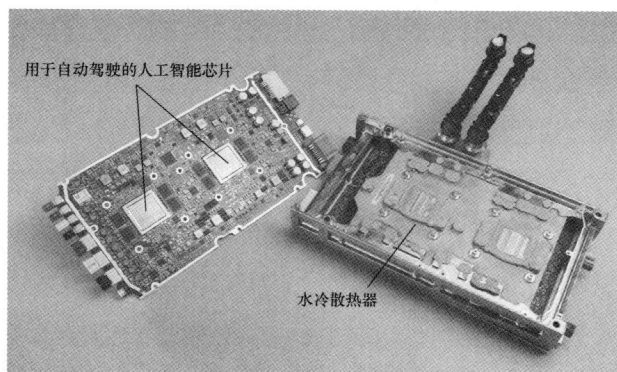

图3-3　Model 3搭载的HW3.0

＊搭载两块印制电路板。一块安装了特斯拉自己开发的人工智能（AI）芯片，用于自动驾驶；另一块是控制信息娱乐系统等的多点控制单元（MCU）。印制电路板间配置水冷散热器。

（图片来源：日经Automotive）

在车载电子控制系统的核心设置高性能计算机的架构被称为"中央集中式"。传统汽车业界相关人士异口同声地表示："这种方案的实际应用要到2025 年之后。"

然而，特斯拉于 2019 年春便引入了 HW3.0，如图 3-4 所示，比其他公司领先了 6 年以上。特斯拉在优化自动驾驶系统的同时还更新了车载电子控制系统。自 2014 年 9 月第一代控制系统投入使用以来，以 2 ～ 3 年的极短周期不断推进开发。

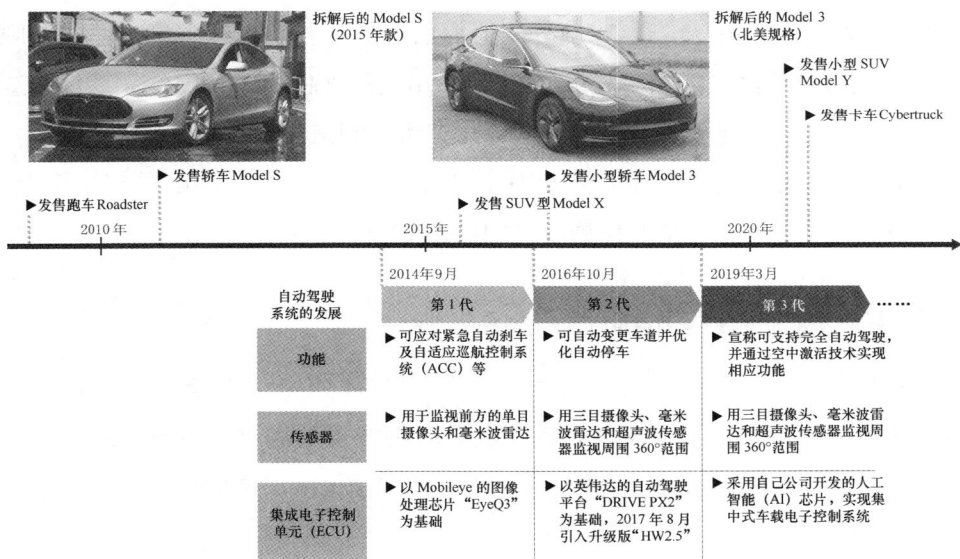

图3-4 特斯拉每2～3年便升级一次控制系统

*特斯拉目前使用第三代系统"HW3.0"。不仅是 Model 3、Model S 和 Model Y，之后投入生产的 EV 也都会搭载共通的自动驾驶系统。

（图片来源：日经Automotive）

以具有压倒性优势的速度构建起来的特斯拉的中央集中式车载电子控制系统不仅对其他汽车制造商，甚至对整个汽车业界都是威胁。因为其中隐藏着破坏经长年累月建立起来的零部件供应网络（供应链）的可能性。

现有制造商的供应链将成为负担

本节开头的技术人员说"做不到"并非由于其开发能力不足。拥有优秀人才和大额研究开发经费的大型汽车制造商并非无法实现和特斯拉一样的车载计算机。

即便如此，汽车制造商将中央集中式车载电子控制系统投入使用也会到2025年之后。最大的原因是"束缚"（前文中提到的技术人员），同时对于新兴势力特斯拉而言，这也是可发挥其长处的领域。

包括丰田汽车和德国大众在内，以往的汽车制造商无法升级车载电子控制系统是因为这可能会夺走零部件制造商的业务。若架构为中央集中式，则ECU的数量将骤减。那么对以庞大的ECU出货量确保业务规模的零部件制造商而言，这是一个生死攸关的问题。因此，汽车制造商不得不慎重。

结果，汽车制造商只能继续使用数十个ECU复杂交错的电子控制系统。一直以来，支撑汽车制造商发展的坚固的供应链反而成了负担。

特斯拉执着于自制电子控制系统

而特斯拉无此束缚，毅然选择追求理想和实现中央集中式架构。特斯拉很早便察觉到消费者所期望的自动驾驶和联网汽车的需求，并持续致力于开发满足此需求的汽车系统。实际上，拆解的特斯拉Model 3的内部，包括集成ECU在内仅有几个ECU。

据该公司CEO埃隆·马斯克所言，Model 3上搭载的集成ECU的性能已达到"可支持完全自动驾驶的水准"。虽然目前止步于Level 2辅助驾驶，但使用软件更新功能——空中激活（OTA）技术便可升级自动驾驶系统。

德国大众的目标——软硬件分离也很容易。特斯拉已逐渐将委托给供应商的、用于自动驾驶的软件的开发业务转变为自家生产。如此一来，以硬件为中心进行供货的零部件制造商的利益将大幅缩减。此外，特斯拉也没有将整个电力驱动系统委托给超级供应商[11]。

11　在拆解后的Model 3的零部件上，几乎没有刻上零部件制造商的名字。此外，特斯拉的标志出现在含ECU内部印制电路板在内的多个地方。可见特斯拉彻底掌握着开发主导权。

　　若执着于自己开发具有竞争力产品的特斯拉取得成功，则其他汽车制造商也不得不紧随其后。这意味着现有供应链下的商业模式将不再适用。以领先于丰田汽车和德国大众 6 年以上的"理想型"车载电子控制系统为武器，特斯拉意图改变汽车业界的势力格局。

3.3 集成ECU颠覆汽车业界的常识，具有压倒性的竞争力

截至目前，我们所看到的作为车载电子控制系统核心的集成电子控制单元（ECU）的处理芯片都是企业自制的。在此方面，美国特斯拉（Tesla）的 Model 3 也有完全区别于其他汽车的地方，即仅用数个 ECU 便可完成对"行驶、转向、刹车"的控制。颠覆汽车业界的常识而开发的这一集成 ECU 开始成为特斯拉竞争力提升的源泉。

拆开 Model 3 的仪表盘内侧，其中心部分露出真容，即美国特斯拉（Tesla）自己开发的集成电子控制单元（ECU），如图 3-5 所示。其计算机算力高达 144TOPS（平均每秒可进行 144 兆次计算），功耗仅为 72W，同时配备高成本的水冷机作为其散热装置。

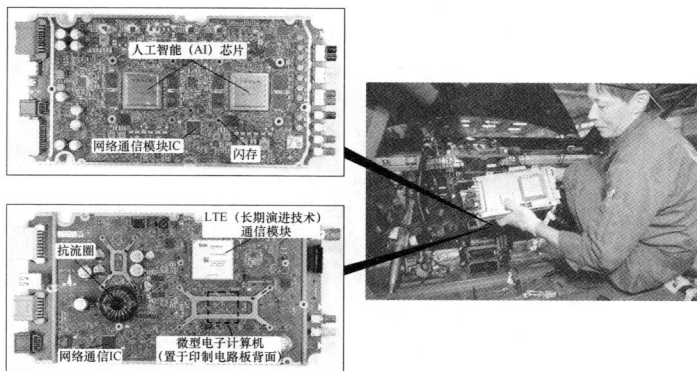

图3-5　将自动驾驶与信息娱乐功能集中于一个集成电子控制单元

*可以看到 Model 3 的集成 ECU "HW3.0" 的内部印制电路板的样子，各块印制电路板的背面也高密度地装有半导体。HW3.0 本身位于仪表盘内部的副驾驶侧。

（图片来源：日经Automotive、Fomalhaut Techno Solutions）

对比丰田汽车和美国通用等企业于 2019 年 10 月成立并定义了用于自动驾驶汽车车载计算机的推荐条件的联合体"AVCC(Autonomous Vehicle Computing Consortium)"的标准，可更容易理解特斯拉的计算机具备的不同性质[12]。

"希望以能来得及将其搭载于 2025 年的量产车为目标进行开发。为了实现低价的空气冷却系统，功耗上限为 30W。"负责 AVCC 标准制定的丰田研究院高级研发公司副总裁谷口觉这样说道。

谷口觉进一步表示："车载计算机作为非竞争领域，联合开发即可。"他认为在开发规模逐渐扩大的情况下，每家汽车制造商各自开发车载计算机并不高效。

而特斯拉完全无视了 AVCC 所宣称的如汽车业界常识般的规划蓝图与性能条件，在用于自动驾驶的车载计算机内部还搭载了用于信息娱乐的印制电路板，制成集成 ECU。

若继续拆解，则可知 Model 3 只用集成 ECU 和 3 个车身 ECU 集中管理与"行驶、转向、刹车"相关的控制。此车载电子控制系统被称为中央集中式车载电子控制系统。特斯拉采用的战略是将 ECU 的数量减少到极致，并以此作为竞争力的源泉。

用几个ECU控制车辆

据德国大众所言，目前的燃油车"用大约 70 个 ECU 控制车辆"。若将动力系统变为电动汽车(EV)的电驱系统，则零部件数量将减少，ECU 自然也会减少。即便如此，以前拆解的日产汽车的 EV "Leaf"也搭载了 30 个左右 ECU。

采用中央集中式车载电子控制系统之前的特斯拉汽车和其他汽车制造商的汽车一样，为每个功能设计了单独的 ECU。根据对 2015 年版的 Model S 的拆解，可见其搭载了超过 15 个的 ECU。虽然 ECU 数量少于其他公司的汽车，但依然采用了被称为"分布式"的车载电子控制系统。

12　截至 2019 年 12 月，加入 AVCC 的企业共 10 家——英国 ARM、德国博世（Bosch）、德国大陆（Continental）、日本电装、美国通用（GM）、美国英伟达（NVIDIA）、荷兰恩智浦半导体（NXP Semiconductors）、日本瑞萨电子、日本丰田汽车和瑞典 Veoneer。

分布式是 ECU 和各个汽车零部件一一对应的系统，也是汽车制造商长年持续使用的架构，如图3-6所示。作为下一步架构，正处于过渡阶段的是以功能相近的零部件为单位进行管理的"域（控制域）集中式"车载电子控制系统，即为每个功能域——如动力传动系统和底盘等分别设置作为其核心的 ECU（域 ECU）。

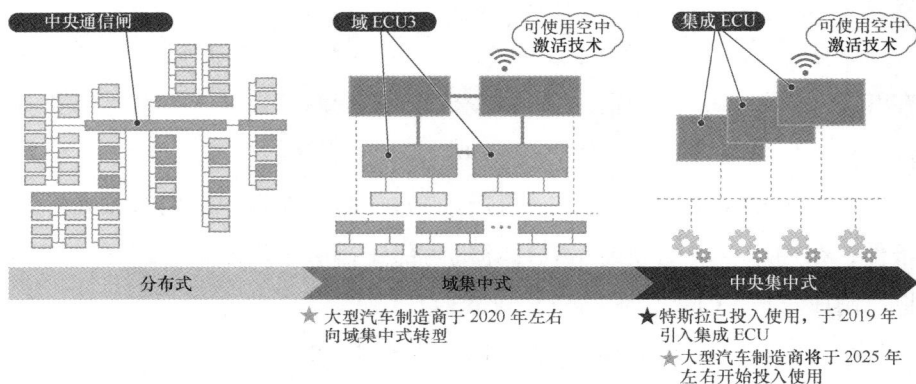

图3-6　大型汽车制造商将于2025年左右向中央集中式转型

（图片来源：日经Automotive）

而特斯拉已跨越域集中式而升级到了中央集中式，即用少数高性能集成 ECU 控制整辆汽车的架构。

集成ECU

不过，仅靠高性能集成 ECU 还无法构建中央集中式车载电子控制系统。特斯拉用3个车身ECU来作为协助控制的辅助控制器，如图3-7所示。这些被特斯拉称为"车身控制器"的 ECU 和集成 ECU 相连，承担了大部分对 12V 电气设备的控制及电源供应。在其他公司的普通汽车上，用每个零部件的 ECU 分别运行各种控制功能，而 Model 3 将其集中于车身 ECU。

仅用少数精良的 ECU 进行集中管理的车载电子控制系统有很多优点。首先便是能减少 ECU 数量。由于集中控制也可以减少 ECU 之间的线路，故有助于减少汽车重量并节省车内空间。

左 BC　　　　　　　　　　前 BC　　　　　　　　　　右 BC

控制信号

电力

- 和左侧座位及车门相关联
- 变压器（后轮侧）
- 轮胎气压传感器
- 超声波传感器等

- 集成 ECU
- 冷却泵
- 动力转向系统
- 车前灯
- 变压器（前轮侧）
- 毫米波雷达等

- 和右侧座位及车门相关联
- 安全气囊控制器
- 声频放大器
- 无线电调谐器

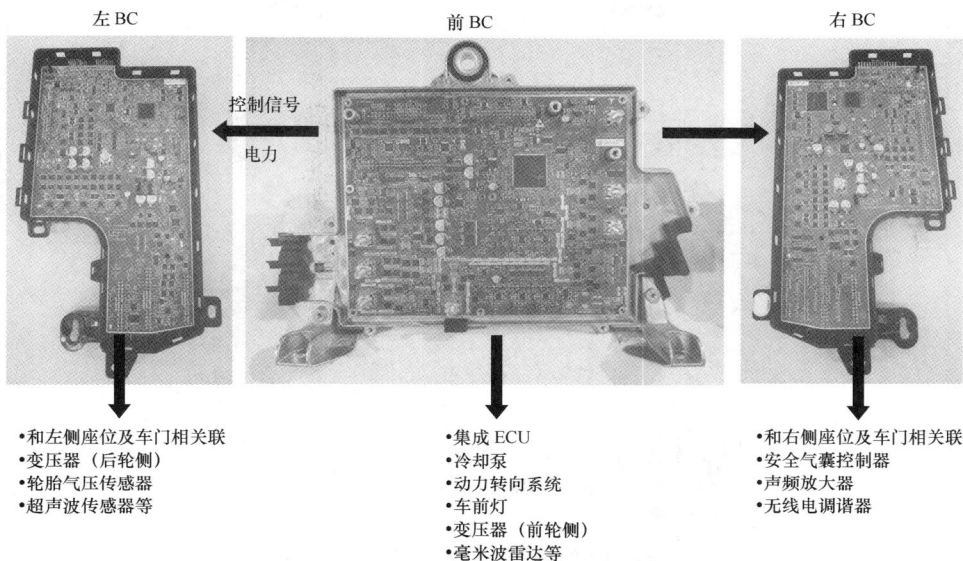

图3-7　用3个车身ECU统一控制超越域的零部件群

*Model 3 没有分别管理车身、底盘和动力传动系统等各个域的 ECU。掌管车辆控制的信号集中于"车身控制器（BC）"，以中央集中式管理。图中箭头为控制信号与电力的流向。

（图片来源：日经Automotive）

其次，在空中激活（OTA）技术方面，中央集中式也具有优势。为了用无线网络流畅地更新软件，必须检验包含多个 ECU 之间的兼容性在内的整个电子控制系统的运行情况。若 ECU 数量少，则可减少在检验上所花的工夫。这和特斯拉的方针——用 OTA 更新软件以提高汽车功能和价值，高度相符。

摄像头变为"无图像处理芯片"

Model 3 所用的中央集中式车载电子控制系统架构实现了高扩展性。三目摄像头便是其中一例。特斯拉打破了监视前方的摄像头的常规模式，将其变为"无图像处理芯片"，如图 3-8 所示。Model 3 的摄像头只有 3 组 CMOS 图像传感器和镜头。

掌握车辆前方状况的摄像头通常将 CMOS 图像传感器和图像处理芯片置于一个模组中，用模组中的芯片处理由 CMOS 图像传感器获取的数据，并将分析结果传输给外部用于高级驾驶辅助系统（ADAS）的 ECU。

外观

内部印制电路板

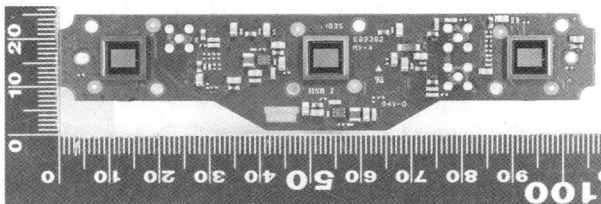

图3-8　Model 3的三目摄像头没有搭载图像处理芯片

*由最长可视距离 250m 的远距离摄像头、最长可视距离 150m 的中距离摄像头和最长可视距离 60m、可视角度 120 度的广角摄像头组成。内部印制电路板未安装图像处理芯片。

（图片来源：日经Automotive、Fomalhaut Techno Solutions）

除特斯拉之外，积极采用三目摄像头的公司有日产汽车和德国 BMW。这两家公司采用的三目摄像头由德国 ZF 制造，装有 3 个 CMOS 图像传感器和一枚图像处理芯片。图像处理芯片为以色列 Mobileye 的最新版"EyeQ4"。

目前，量产车载三目摄像头的零部件制造商只有 ZF。若做通常考量，则特斯拉也会选择装有 Mobileye EyeQ4 的 ZF 摄像头，但特斯拉和 Mobileye 之间存在旧怨。

两家公司于 2016 年取消了合作。在那之前，Mobileye 一直为特斯拉提供图像处理芯片"EyeQ3"。两者决裂的原因是于 2016 年 5 月发生的 Model S 事故。围绕装有 EyeQ3 的摄像头的识别功能，两家公司意见相左。与 Mobileye 解除合作后，特斯拉采用了美国英伟达（NVIDIA）的处理器。

不使用Mobileye和英伟达的处理器

特斯拉搭载于最新集成 ECU 上的处理器来自 Mobileye 还是英伟达（NVIDIA）呢？——由拆解后确认的结果可知，两者皆不是。令人惊讶的是，特斯拉并未采用其他公司的处理器，而是自己开发了高性能人工智能芯片。对于依靠软件附加价值而从特斯拉获得利益的半导体制造商及一级零部件制造商而言，赚钱的空间大幅缩减。

特斯拉开发的处理器搭载了神经网络加速器（NNA）线路、图形处理器（GPU）内核、中央处理器（CPU）内核、图像处理器（ISP）线路及各种交互线路等，如图 3-9 所示。当工作频率为 2GHz 时，NNA 线路的算力为 36TOPS（平均每秒可进行 36 兆次运算）。由于有两条线路，故其算力合计为 72TOPS（平均每秒可进行 72 兆次运算）。NNA 的功耗为 15W。

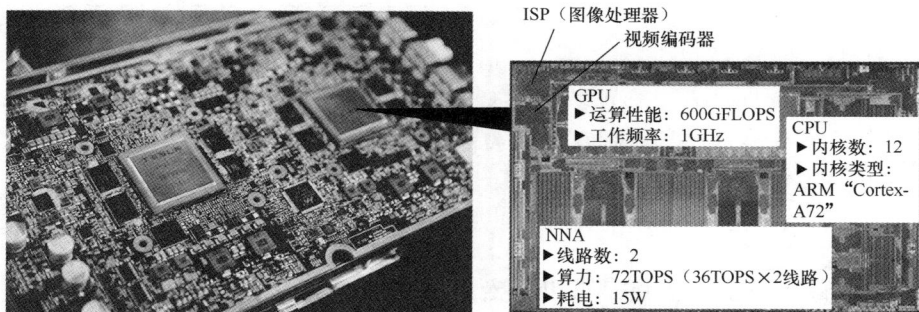

图3-9　集成ECU的处理器是特斯拉自己开发的

* 安装于图 3-5 中用于自动驾驶的印制电路板上的人工智能芯片的内部结构，具备拥有高处理能力的神经网络加速器线路。处理器的芯片面积有 260mm^2 之大。图中的 600GFLOPS 意为平均每秒可进行 6000 亿次运算。

（图片来源：日经Automotive、特斯拉）

处理器的芯片面积为 260 mm^2。关于其线路规模，若换算为逻辑门个数，则为 2.5 亿个逻辑门，晶体管个数为 60 亿个。特斯拉将其生产委托给韩国三星电子（Samsung Electronics）。

新的架构更容易增加摄像头个数

"未来的车载摄像头架构会像特斯拉所投入使用的摄像头一样，是摄像头模组'无图像处理芯片'及用中央车载计算机处理图像的系统，"BMW 的摄像头技术人员这样说道，如图 3-10 所示。

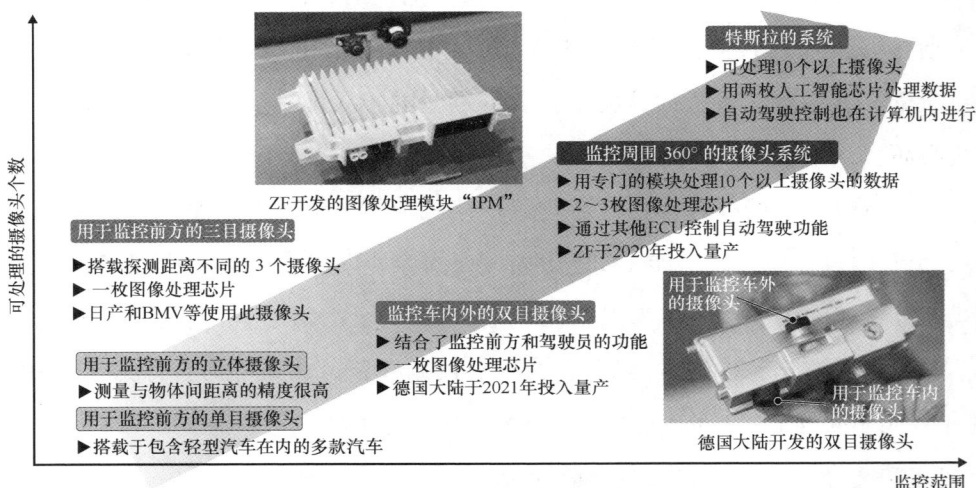

图3-10　车载摄像头以"超多目"为目标向前发展

* 车载摄像头以能用一个模块掌握更大范围内的情况为方向持续改进，即朝着不仅监控车外，还能监控驾驶员或掌握周围 360° 范围内的情况的方向发展。而特斯拉的系统还加入了自动驾驶控制功能。

（图片来源：日经Automotive）

此摄像头系统的优点是可以轻松地在车上增加摄像头数量，无须准备和 CMOS 图像传感器数量相同的图像处理芯片。由于摄像头为仅有 CMOS 图像传感器和镜头的小型模组，故搭载自由度很高。

在车上搭载多个摄像头并用一台车载计算机进行处理的系统被称为"卫星摄像头"等。包含三目摄像头在内，特斯拉的 Model 3 共搭载了 9 个摄像头。除置于中柱的摄像头之外，监控驾驶员的车内摄像头产生的数据也由集成 ECU 进行处理。

仿佛在追赶特斯拉一样，BMW、Mobileye 和美国英特尔也将推进对卫星摄像头的共同研发。美国通用也在朝着卫星摄像头的实用化方向前进。

　　在汽车零部件制造商中，ZF 量产用于卫星摄像头的图像处理模组——可最多处理12个摄像头的数据，不仅可以监控车辆前方，还可掌握周围360°的情况及驾驶员的状态等。模组上搭载了 3 个不同用途的处理器。

　　而特斯拉已走在了前面，它使用一种集合了多种功能的人工智能芯片处理所有摄像头的数据。甚至更进一步，将控制自动驾驶功能和信息娱乐功能的印制电路板也集中于一个 ECU。不同于其他公司组成联盟以实现实用化的模式，特斯拉已开始熟练使用独立开发的中央集中式车载电子控制系统。

3.4
ACC工作时的自动刹车平稳得令人惊讶

接下来看一下美国特斯拉（Tesla）开发的用于自动驾驶的计算机性能。为了检验其实力，测试驾驶员单独评估了其紧急自动刹车功能。在测试中，不仅设置了是否选择手动驾驶的功能，还设置了自动调整车速的自适应巡航控制（ACC）是否工作这一判断条件。如此，当 ACC 工作时，特斯拉汽车的减速平稳得令测试驾驶员感到非常惊讶。

"你踩刹车了吗？"特斯拉汽车自然地停了下来，其平稳程度令人几乎想向测试驾驶员提出这样的疑问。测试驾驶员的脚并未接触刹车踏板，在距离模拟行人的假人前方约 4m 处，特斯拉汽车停止了行驶。这是单独实施的特斯拉 Model 3 自动刹车测试中的一幕。

此次设置的是启用自适应巡航控制（ACC）功能的自动刹车测试。ACC 是用于维持车速，并在和前车保持一定距离的情况下跟着前车行驶的控制系统。特斯拉将 ACC 作为驾驶辅助系统"Autopilot"的功能之一。

为了进行比较，特斯拉还进行了以下测试：关闭 ACC，驾驶员操作油门 / 刹车踏板，保持一定车速朝碰撞目标前进，如表 3-2 和图 3-11 所示 [13]。

表3-2　使用模仿儿童行人的假人进行测试的结果

车速	第1次	第2次
10km/h	×	×
20km/h	△	×
30km/h	△	○（停在假人前方50m处）

行驶速度越低，自动刹车越难运行。在表 3-2 中，当运行自动刹车并避免碰撞时标记"○"，当运行自动刹车并减速，但碰到假人时标记"△"，当只发出警告时标记"×"。

（资料来源：日经Automotive）

13　和其他公司的系统相同，若碰撞可能性高，则 Model 3 的紧急自动刹车功能首先通过警告音或画面提示将危险告知驾驶员。如果驾驶员没有采取任何避免碰撞的措施，则该功能将自动进行紧急刹车以减轻碰撞伤害。

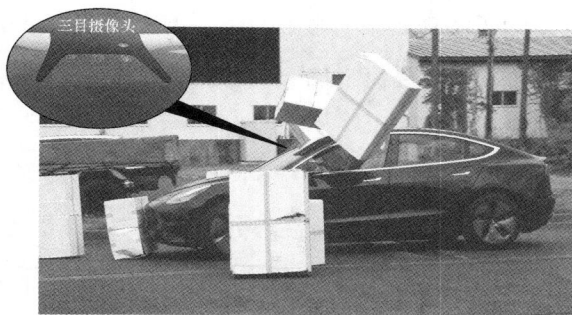

图3-11　进行以行人及墙壁等为目标的自动刹车测试

＊图片为使用模拟墙壁的瓦楞纸进行测试的情景。Model 3通过置于后视镜内侧的三目摄像头探测行人及车辆等的存在。

（图片来源：日经Automotive）

能保护粗心的驾驶员吗？

我们想要确认的是：自动刹车功能可以在避免和前方行人碰撞的同时保护驾驶员吗？若开启 Autopilot，系统将积极辅助驾驶。这里的问题在于，会出现将车辆控制权完全交给系统的驾驶员。

对过于信任系统而变得散漫的驾驶员，特斯拉汽车将发出警告并提醒驾驶员注意。但即使如此，粗心的驾驶员也难以瞬间察觉到刹那的危险并踩刹车。因驾驶员过于自信而导致的事故已发生了几起，引起了社会的高度关注。

在其背后，作为围绕驾驶辅助功能的另一个观点，保护驾驶员这一问题浮出了水面。因为若在即将碰撞之时启动紧急自动刹车，则驾驶员无法调整身体姿势，身体有可能受伤。

在向自动驾驶时代迈进的过程中，这一问题将越来越受关注。以实现完全自动驾驶为目标的特斯拉是否已认识到这一问题，并在寻求对策了呢？为了消除这一疑问，用特斯拉实车进行测试，确认在开启/关闭ACC时，为避免碰撞行人而采取的操控是否有所不同。

在欧洲新车安全评鉴协会的测试中创造了最高纪录

进行测试的 Model 3 搭载了用于驾驶辅助系统的特斯拉最新的第三代车载

计算机"HW3.0"。为了实现自动驾驶功能，特斯拉配备了两个自己开发的处理器。用车载计算机解析监视前方的三目摄像头拍摄的数据，并判断碰撞危险性。

HW3.0 以 144TOPS（平均每秒可进行 144 兆次运算）之高的算力为傲。在欧洲从事汽车评估的欧洲新车安全评鉴协会（Euro NCAP）已对 Model 3 的安全防范功能进行了评估——即"安全辅助测试"，并于 2019 年 7 月公布了结果。Model 3 获得了 94% 的高分。测试结果为 Model 3 在欧洲新车安全评鉴协会的最新测试条件下创造了最高纪录。

在此次设置的测试条件中，关闭 ACC 的状态便和欧洲新车安全评鉴协会的测试条件相近。测试驾驶员分别在约 10km/h、约 20km/h 和约 30km/h 这 3 档车速下，驾驶测试车辆驶向目标。

测试中不仅记录了自动刹车是否响应，还测量了速度和加速度。通过加速度数据可知从刹车启动到汽车停下来为止发生的减速度（以负数表示的纵向加速度）[14]。

如表 3-2 所示，当车速为 10km/h 时，两次测试的结果一样——虽然告知驾驶员碰撞危险的警报器响了，但自动刹车没有启动。当车速为 20km/h 时，第一次测试时自动刹车启动。虽然警报器响过之后，自动刹车启动了，让车辆停了下来，但还是碰到了模仿行人的假人。即使如此，依然可大幅减轻碰撞可能造成的伤害。而第二次测试时只响起了警报。

在车速为 30km/h 的测试中，自动刹车两次都启动了。其中第一次的结果和当车速为 20km/h 时的结果相同，车辆在碰到模仿行人的假人后停止，而另一次的结果为车辆在距离模仿行人的假人还有 50cm 左右时停了下来，如图 3-12 所示。

当车辆未碰到模仿行人的假人便停下时，从假人前方约 11m 处开始，减速度急剧增大，如图 3-13 所示。这是在碰撞前 2.3s。在停车位置前方约 6m

---

14　行驶数据的测量使用小野测器的小型全球定位系统（GPS）速度仪"LC-8300"。测量精度为水平速度 ±0.2km/h 以内，水平距离 ±0.2%（当水平速度达到 30km/h 以上且卫星捕捉到多于 7 个数据时）。

处，减速度达到了最大值，约 13m/s²（约 1.33G）。由于急刹车，驾驶员背部离开座位，身体呈前倾姿势。

图3-12 手动驾驶时的紧急自动刹车测试

* 以 30km/h 的车速驾驶车辆驶向模仿行人的假人。在进行的两次测试中，有一次汽车在假人前方约 50cm 处停下来。模仿行人的假人并未按照欧洲新车安全评鉴协会的规格准备。

（图片来源：日经Automotive）

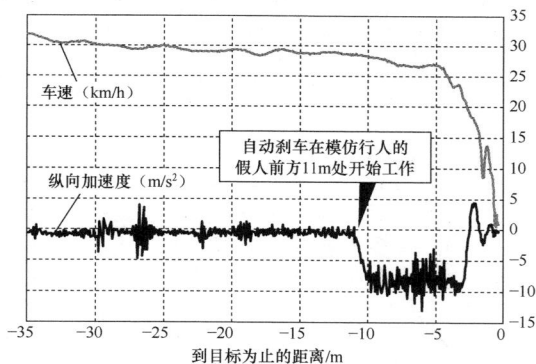

图3-13 在有驾驶员操作的条件下，汽车在碰撞点前约11m处开始急剧减速

* 图 3-13 的测试结果显示，测量了速度和纵向加速度（减速度）数据，发生了超过 10 m/s² 的减速度与急刹车。

（图片来源：日经Automotive）

当ACC工作时，汽车在假人前方30m处开始减速

另外，在 ACC 开启状态下的测试中，测试车辆以约 30km/h 的车速驶向模仿儿童行人的假人。在车辆从停止状态加速到 30km/h 以上的过程中，由驾驶员踩油门。在车速超过 30km/h 的那一时间点，设置 ACC 以 30km/h 的恒定速

度行驶。设置完成后驾驶员将脚移开油门／刹车踏板。方向由驾驶员控制。

最终，车辆在模仿行人的假人前约4m处停止，如图3-14所示。车辆在假人前方30m处（碰撞前6.1s）开始减速，即以普通紧急自动刹车3倍的提前量开始准备停车，如图3-15所示，减速度最大约为6.3m/s²（约0.64G）。从开始减速到停车为止平均减速度小于3m/s²（约0.31G）。在第二次测试中，和第一次相同，车辆在假人前方4.15m处停下来。

图3-14　当ACC工作时，车辆在模仿行人的假人前方4m处缓缓停下来

＊作为独立测试，验证在开启ACC状态下的自动刹车功能。

（图片来源：日经Automotive）

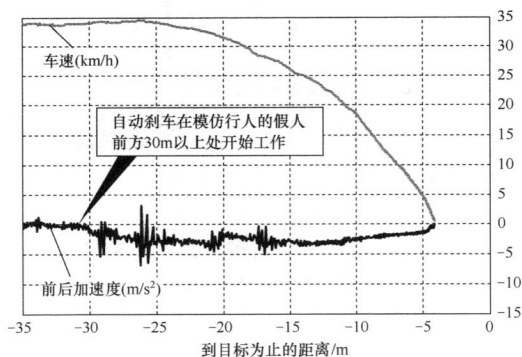

图3-15　当ACC工作时，车辆从模仿行人的假人前方30m以上处缓慢开始减速

（图片来源：日经Automotive）

在刹车过程中，驾驶员的身体没有前倾，可以确定特斯拉通过开启／关闭ACC改变刹车控制。当ACC工作时，驾驶的车辆朝着假人缓慢减速，故不会让行人感到恐惧，可放心驾驶。

3.5 用"质朴的"配置提高动力电池能量密度

通过拆解美国特斯拉（Tesla）Model 3 的动力传动系统，可知特斯拉的牢固可靠。在比其他汽车制造商早一步采用一体化驱动单元的同时，特斯拉还加入了自己独有的技术。变压器和车载充电器大量使用碳化硅（SiC）功率半导体。另外，电池包抛弃了"交换式"理念，转向简单增加容量的路径。

"虽然不花哨，但毕竟是第二代产品，是经过千锤百炼的成果。"——协助拆解 Model 3 的电动传动系统的技术人员评价道。

拆解的 Model 3 是"长续航（Long Range）"版本的车辆。在"全球统一轻型车测试工况（WLTP）"模式下，该车型续航里程长达 560km，采用了前后轮分别配置一个电机的四轮驱动（4WD），系统的最高输出功率为 307kW，最大扭矩为 510N·m。

车上搭载了将电机、变压器和减速机等一体化后形成的电动驱动模组"e-Axle"，如图 3-16 所示。特斯拉在 2012 年发售的高级轿车 Model S 上开始使用 e-Axle，比其他公司都早[15]。

将变压器的质量减小到原来的1/6

对于特斯拉而言，此次搭载于 Model 3 上的 e-Axle 是第二代产品。电机、变压器和减速机一体化这一基本架构没有变化，但进一步实现了小型轻量化并提高了效率。

实现了大胆革新的部件是变压器，如图 3-17 所示。Model S 上圆柱形的变

---

15 德国大众（VW）将 e-Axle 用于 2019 年 11 月开始量产的电动汽车（EV）"ID.3"。日产汽车和本田等则在 2020 年之后发售的 EV 上搭载 e-Axle。

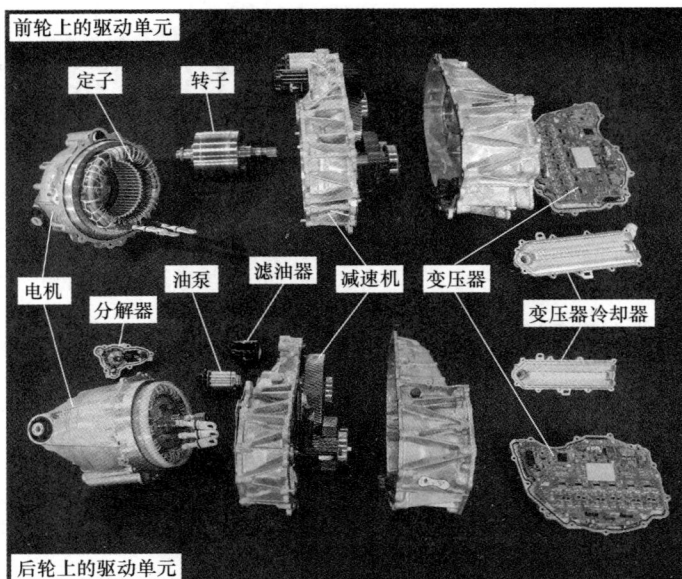

图3-16　前后轮都采用一体化驱动单元

*Model 3 搭载了集合了电机、变压器和减速机的 e-Axle。

（图片来源：日经Automotive）

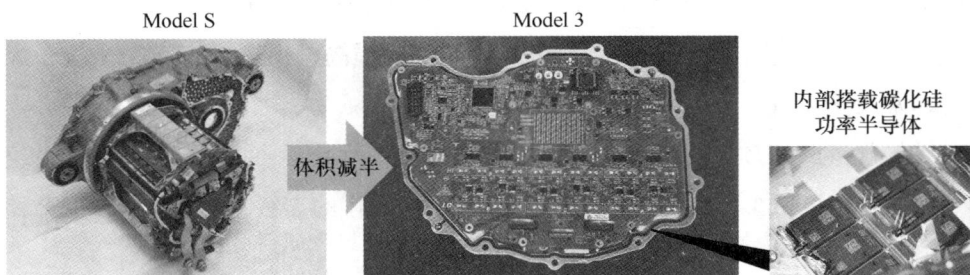

图3-17　变压器构造从立体转向平面

　*将在 Model S 上的立体构造的变压器用到 Model 3 上之后变为了平面构造。通过采用碳化硅（SiC）功率半导体并重新评估冷却器，实现了体积和重量的大幅缩减。

（图片来源：日经Automotive）

压器加上减速机罩重量为 24.9kg。而 Model 3 的变压器轻至 3.9kg，体积也减小了一半。

　　实现小型轻量化的主要原因之一是，在功率半导体上采用了电力损失较少的碳化硅（SiC）。特斯拉是第一家在年产超过 10 万辆规模的汽车上采用碳化硅的公司[16]。

特斯拉在 Model S 上搭载了硅（Si）绝缘栅双极型晶体管，而 Model 3 将晶体管和二极管两者都变为使用碳化硅的全碳化硅模组。

Model S 的变压器上搭载的功率半导体个数为 96 个，而在 Model 3 上这一数量减少到了 20 个以下[17]。碳化硅模组为意法半导体（STMicroelectronics）生产，该公司由一家意大利公司和一家法国公司合并而来。

在变压器上使用碳化硅功率半导体所不可或缺的是散热措施和成本削减。

为了让大电流流经功率半导体，水冷系统需要散热装置。特斯拉此次采用了使用特殊散热片的水冷装置，这是一种直接将水打在棒状散热片上以加强冷却功能的装置，如图 3-18 所示。日产的 EV "LEAF" 也采用了此装置。

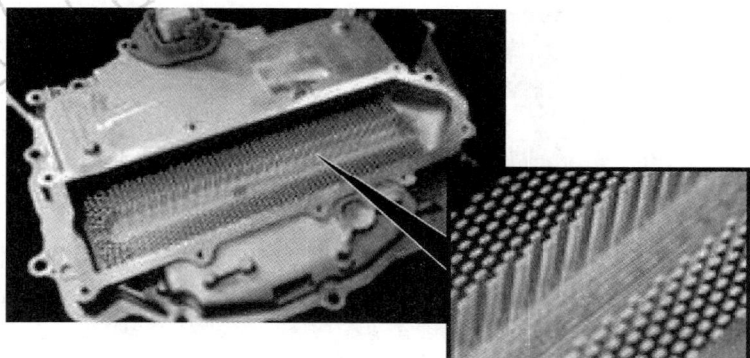

图3-18　用于碳化硅模块的特殊散热片

*为了让冷却水平均分散，Model 3 的变压器的水冷装置采用了椭圆形的散热片。该散热片通过用车床切削加工而成。

（图片来源：日经Automotive）

Model 3 上的散热片形状特殊——采用了车载散热片中前所未见的椭圆形散热片。通过将散热片变为椭圆形，将冷却水平均分散，可高效散热。

虽然碳化硅功率半导体拥有能量转换损失小这一优点，但也存在可能发

16　搭载碳化硅功率半导体的例子有本田于 2016 年发售的燃料电池车（FEV）"Clarity Fuel Cell"，但其产量极少。丰田汽车曾计划从 2020 年开始将碳化硅用于变压器等零部件，但以无法确保有足量的碳化硅晶片为由搁置了。

17　准确而言，用于前轮的变压器安装了 17 个模块，而用于后轮的变压器安装了 18 个模块。每个变压器最多可搭载 24 个模块。

生栅压猛增（急剧上升）的问题。因此，需要低成本地抑制栅压猛增。

　　Model 3采用了"软开关"方式抑制栅压猛增。该方法是在变压器或直流－直流（DC-DC）转换器线路中强行加入电感器和电容器，并积极利用其共振现象，从而平稳地输送电压和电流。相比直接切断或接通直流电源电压以使之变为交流电的"硬开关"方式，软开关可大大减少开关时的能量损失。

车载充电器也使用碳化硅

　　特斯拉的Model 3在车载充电器上也采用了碳化硅功率半导体，如图3-19所示。目的和变压器一样，也是小型轻量化。

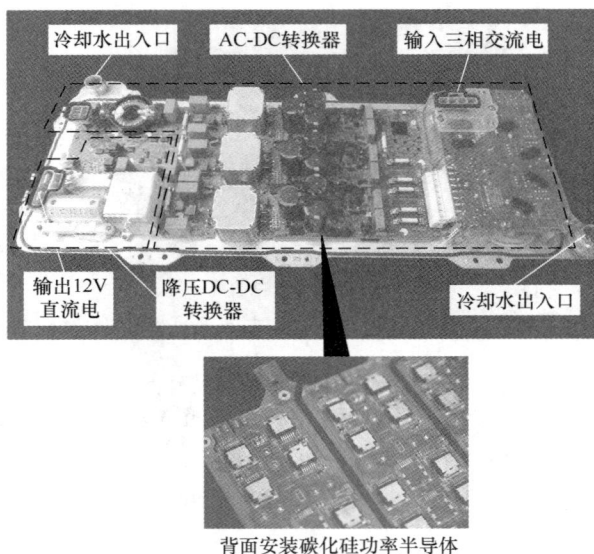

背面安装碳化硅功率半导体
图3-19　Model 3的车载充电器

*配备交流－直流（AC-DC）转换器和将高压直流电降压为12V直流电的直流－直流（DC-DC）转换器。

（图片来源：日经Automotive）

　　Model 3的车载充电器置于电池包后上方。保护充电器的箱子内部，集成了将充电时从外部电源获得的交流电转换为直流电的交流－直流（AC-DC）转换器和将高压直流电降压为12V直流电的直流－直流（DC-DC）转换器的功能。其外形尺寸为 750mm × 290mm × 140mm，重量为 10.4kg。

Model S 的车载充电器只搭载了 AC–DC 转换器。DC–DC 转换器安装于前车盖下。尽管如此，车载充电器的重量也只有 17kg。而在大电池容量版本的汽车上需要搭载两个车载充电器。换言之，Model 3 的车载充电器相比之前实现了 1/3 以上的减重。

放弃了可更换电池的系统

与采用了碳化硅这一最新技术的变压器和车载充电器相比，特斯拉在车载电池上追求更为现实的解决方法。根据拆解可知特斯拉放弃了理想的方法，如图 3–20 所示。和其他公司的 EV 相同，Model 3 选择尽可能多地铺设电芯这一直截了当的方法。Model 3 的锂离子电池组重量为 451.5kg，搭载 4 个电池模组，电池容量为 75kWh。电池模组由 1000 节圆柱形电芯组成。

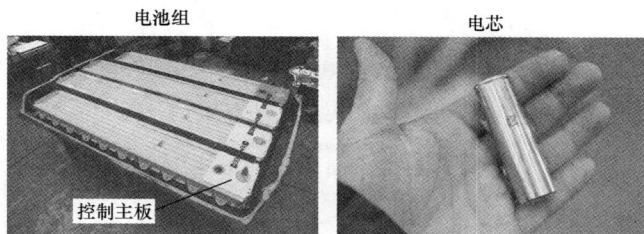

图3-20　Model 3的锂离子电池组
（图片来源：日经Automotive）

特斯拉在开发 Model 3 的过程中放弃的是可更换电池的系统。"仅用 90s 便可更换电池。比为燃油车加满油还快。"特斯拉的 CEO 埃隆·马斯克于 2013 年 6 月夸下此海口，并公布了当时正在开发的可更换电池的系统。

仿佛为了证明马斯克的积极姿态，为了和 Model 3 进行比较而拆解的 2015 年版 Model S 便采用了以可更换电池为前提的电池包。

具体而言，由于固定在车身上的所有螺栓都置于车身外，所以将电池包置于底盘之下，机器人便可取下螺栓并自动更换电池包了。

在发售了 Model S 之后，特斯拉于 2015 年申请了可更换电池的系统的专利，并于 2017 年公之于众，展现出将其朝实用化方向发展的意愿，如图 3–21

所示。然而，在公布了 Model 3 的 2016 年 3 月，特斯拉决定和可更换电池的系统保持距离。

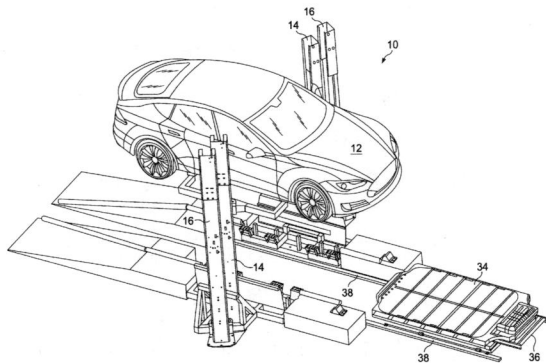

图3-21　特斯拉有关可更换电池的系统的专利

* 抬升车身并更换底盘下的电池。

（图片来源：专利号 US 9688.252 B2）

特斯拉改变方针的证据为拆解 Model 3 时出现的 6 颗螺栓。和 Model S 不同，Model 3 不仅用螺栓在底盘下方安装电池包，还在车内用 6 颗螺栓固定电池包。而为了取下车内的 6 颗螺栓，需要掀开座位及底盘上的地毯。

通过 "质朴的" 动力电池配置以提高能量密度

"放弃了可更换电池的系统的特斯拉选择了非常'质朴'的电芯铺设方式。"拆解 Model 3 电池的技术人员分析道。能确认特斯拉的"质朴"的是车辆侧面的加强件——侧梁和电池包的距离。侧梁和电池包的距离的作用是当发生侧面碰撞时避免将碰撞产生的能量传递给电池包。

测量长度后可知 Model 3 的这一距离仅为 120mm。根据德国 AVL 的调查，德国奥迪（Audi）的 EV "e-tron" 的这一距离为 250mm[18]。中国上海蔚来汽车（NIO）的 SUV "ES8" 的这一距离为 170mm。

为了在不足奥迪一半的空间内保护电池包，特斯拉在侧梁及中柱等处采

18　AVL 于 2019 年 10 月下旬在日本千叶县浦安市举办的车用电池研讨会 "国际先进车用电池会议亚洲大会 2019" 上公布了调查结果。

用了抗拉强度大于 980MPa 的高张力钢板。由此,当侧面受到碰撞时,电池包和车厢不会变形。

Model 3 的电池包重量为 451.5kg。由于电池容量为 75kWh,故可算出其重量比能量约为 166Wh/kg。电芯为松下制造的圆柱形电池,直径 21mm × 长度 70mm,即所谓的 "21700" 电池。电池数约为 4400 节,组成 4 个电池模组并构成最终的电池包 [19]。

德国 AVL 的数据显示,e-tron 电池包的重量比能量为 140Wh/kg 左右。电池模组数多达 36 个,需要同等数量的模组外壳和加强件。而特斯拉 Model 3 的电池包中电芯占比高,因此实现了高能量密度。

19　即使和 Model S 相比,也能看到 Model 3 的优化。Model S 的电池组重量为 586kg,重量比能量约为 145Wh/kg,电芯为松下制造的圆柱形电池,搭载了近 7000 节直径为 18mm、长度为 65mm(即所谓的 "18650")的电池。电池模组数为 16 个。Model 3 通过使用大一圈的电芯并减少模组数,在提高能量密度的同时谋求成本的降低。

3.6
以钢板造就车身骨架，在提高生产效率的同时降低成本

最后看一下车身设计。美国特斯拉（Tesla）将 Model 3 投入市场的目的在于确立"量产制造商"这一地位。最能展示其决心的便是 Model 3 的车身——比起轻量化，更优先考虑量产可行性与成本削减。由于以售价控制在"35 000美元起"及一年量产 50 万辆规模为目标，故特斯拉在高级轿车 Model S 上被广泛使用的铝（Al）合金的使用被控制在了最小限度。

Model 3 车身的骨架使用抗拉强度大于 980MPa 的高张力钢板，如图 3-22所示。使用铝（Al）合金的主要是外板，基于和其他汽车制造商的承载式车身一样的想法设计而成。通过在骨架上使用高张力钢板，可在尽可能控制车身骨架重量增加的同时保证被动安全。

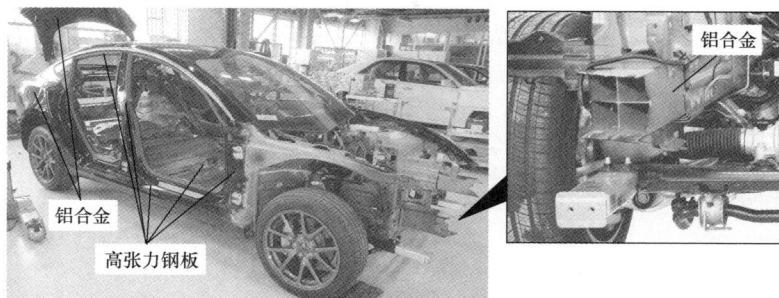

图3-22　拆解后的Model 3车身骨架使用高张力钢板，铝（Al）合金主要用于外板
（图片来源：日经Automotive）

为了使整个车身更轻，特斯拉在 Model 3 外板上的前车盖、前后挡泥板、前后左右车门及后备箱盖部分使用铝合金。这些部分使用铝合金这一点和Model S

相同。

另外，为了在控制成本增加的同时保证各个方向（前方、后方、侧方）的被动安全，骨架未使用铝合金而使用超高张力钢板。在应对前方碰撞方面，前车盖由高张力钢板制成。

不过，前纵梁的前端为铝合金制成。这是为了在受到来自前方的碰撞时，让前纵梁前端的这一部分发生形变，从而有效吸收碰撞能量，如图3-23所示。

图3-23 吸收碰撞能量的部分使用铝合金
（图片来源：日经Automotive）

中柱、前立柱、侧梁、车顶纵梁和底盘大梁也使用了高张力钢板。这是为了在车辆发生侧面碰撞时车厢和锂离子电池包不会变形。尤其是需要高强度的中柱等部分，使用了抗拉强度为1.5GPa级的热冲压钢材。

在应对来自后方的碰撞方面，Model 3采用了让车后侧（后备箱部分）缓慢变形并吸收碰撞能量的构造。因此，包围后备箱及后备箱周围的骨架部分使用铝合金。前纵梁下为空，可用于放置行李。因此，车辆后侧会变重。在后备箱部分使用铝合金的目的是让车辆重量的前后分配比例接近1∶1。

Model 3底盘表面的钢板非常薄，只有0.6mm。若有人在拆掉电池包的状态下坐上去，底盘表面甚至会弯曲。特斯拉希望将用于驱动的锂离子电池包紧贴底盘表面，通过电池包确保底盘表面的刚性和强度。

另外，Model S除了外部框架使用铝合金，底盘和立柱也由铝合金板构成，如图3-24所示。唯独中柱靠车内一侧的结构材料和位于外板内侧的结构材料，为确保应对侧面碰撞时的强度而采用了高张力钢板。外板的铝合金和车内侧的结构材料用铆钉拼接。

中柱靠车内一侧的钢板

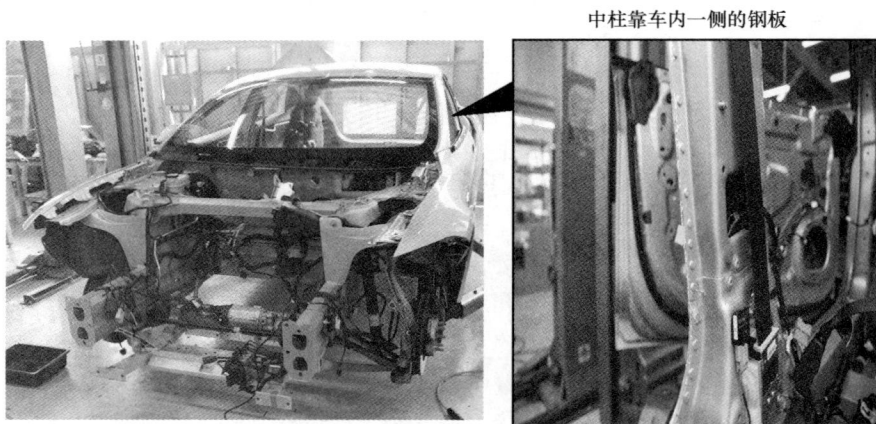

图3-24　拆解后的Model S车身
（图片来源：日经Automotive）

特斯拉的轻量化意识很高，车辆前方的散热器支架搭载了镁合金铸件。为了提高车辆刚性，前侧的支撑（悬架的上端部分）在用大断面铝合金挤压材料进行连接的基础上，还用铝挤压材料管作为加固件与靠车厢一侧的车身进行V字形拼接。

从特斯拉召开的蓄电池战略发布会中可见其强大的源泉——以续航里程增加54%且单价降低56%为目标

美国特斯拉（Tesla）于 2020 年 9 月召开的蓄电池战略发布会"电池日（Battery Day）"受到广泛关注。从发布会中可见特斯拉强大的源泉，即宣布"以锂离子电池（LIB）的续航里程增加 54% 且单价降低 56% 为目标"。若这一目标得以实现，则对于蓄电池及电动汽车业界而言将是巨大的冲击。而且其成功与否还将左右日本松下和韩国 LG 化学等现有大规模电池制造商的未来。

"期望落空"——这是美国的股票投资者对美国特斯拉于 2020 年 9 月召开的蓄电池战略发布会"电池日（Battery Day）"的第一印象。

原因之一是事先对特斯拉的期待过高。由于其 CEO 埃隆·马斯克本人在自己的推特等处传播了一些关于特斯拉所开发的革命性电池的信息，故各种传言和臆测四处乱飞。此外，视频网站还诞生了多个推测特斯拉将宣布什么产品的频道，热闹得仿佛一个盛大的节日。

直到 2020 年 6 月末，特斯拉的股价每股不超过 200 美元，但在 2020 年 8月，其股价一路高涨，最高时达到了每股约 500 美元。虽然之后一度下跌，但在"电池日"即将到来之时又涨到了每股 450 美元。在一家企业的发布会之前，气氛热烈得仿佛没有其他需要关心的事情。

然而，揭开面纱后，听众感到落差巨大——虽然有和事先泄露的信息一致的内容，但几乎没有提及众多投资者所期待的"大幅提高 LIB 性能的革命性技术"及使用该电池的无人机等，如表 3-3 所示。结果特斯拉的股价在两天之内跌至每股 380 美元。

表3-3 围绕特斯拉"电池日"事先的传言与实际的发布内容

事先的传言及泄露的内容	出处	回应（在"电池日"上是否提及等）
独立生产LIB	特斯拉泄露？	◎2022年独立生产的电池容量为100GWh/年，并在2030年之前达到3TWh/年
增大电池体积	特斯拉泄露？	◎使用"4680"电池，容量提升5倍，能量密度提高16%
电池无极耳化	特斯拉泄露？	◎致力于减少零部件数量以及将从电池材料到电极的最大距离缩短到现在的1/5并提高输出功率
采用特斯拉于2019年2月收购的美国麦克斯韦科技的"干电极"技术	部分媒体	◎生产设备的占用面积和生产成本都减小到现在的1/10
将电池和动力传动系统等平台化并提供给其他公司	埃隆·马斯克的推特	◎宣布将来有可能向其他公司销售相应平台
在3～4年内开始量产能量密度大于400Wh/kg的电池	埃隆·马斯克的推特	○承认尝试生产相应电池，但未提及何时量产
将中国CATL的LFP电池作为无钴电池大规模采用	部分媒体	△除CATL的LFP电池之外，发布了无钴高容量正极技术
收购电池检查设备制造商——美国Novonix	不详	△未提及Novonix，宣布将独立开发电池检查技术
开发垂直起降（空中出租车）	部分媒体	△提到若能生产出400Wh/kg的LIB，则可能实现开发垂直起降
收购或携手锂矿开采商——加拿大Cypress Development、加拿大Pure Energy Minerals或美国Piedmont Lithium	部分媒体	△未提及这些公司，宣布将确保在美国内华达州的矿山的独立开采权
采用百万英里续航电池（充放电循环次数超过4000次的LIB）	CATL告知美国媒体百万英里续航电池，据说特斯拉也与之相关	△提及LFP电池主要是降低成本的方法
收购或携手拥有硅纳米线技术的美国安普瑞斯科技（Amprius Technologies）（如此可实现400～500Wh/kg的能量密度）	评论家针对安普瑞斯科技（Amprius Technologies）在和美国弗里蒙特的特斯拉工厂相邻的区域建立据点而做出的推测	×以硅纳米线技术成本超高为由否认此传言，宣布用特斯拉自己的硅负极技术可将能量密度提高20%

◎：与传言几乎完全吻合　　○：与传言部分吻合　　△：未直接提及（与传言无矛盾）

×：否认传言

CATL：中国宁德时代新能源科技股份有限公司　LIB：锂离子电池　LFP：磷酸铁锂

（数据来源：日经Electronics）

积累改进实现飞跃

实际上，特斯拉发布的内容不仅和投资者所期待的内容有些不同，甚至超越了以往的 LIB 生产常识。对于熟悉蓄电池量产技术的人而言，此次发布会十分具有冲击性。

LIB 的每个部分都可以说是已有的技术，或是特斯拉自己将其改良后的朴素"改进版"。迄今为止，特斯拉不断重复这一过程（参考《特斯拉从 Model S/Model 3 看电池的发展》）。不过，特斯拉此次以 LIB 材料供应、正负极及包装技术等大部分产品基础技术来实施这一过程并不断积累经验，且为了实现 3 个目标而将它们统一结合起来。

3 个目标分别为：（1）以前所未有的规模进行量产；（2）大幅提高装载了新电池的 EV 的续航里程；（3）大幅降低电池每千瓦时的价格。

实现相当于2013年所定目标的100倍的量产规模

关于目标（1），特斯拉在"电池日"开始时便指出："不仅是电力，为了将被用于一次能源的化石燃料全部替换为可再生能源，需要在 15 ～ 25 年内以每年 20TWh ～ 25TWh 的规模持续生产蓄电池（见图 3-25）。"为了实现这一目标，马斯克提出了以每年 3TWh 的规模独立生产 LIB。特斯拉已经开始试制蓄电池，并描绘了一幅量产蓝图—— 一年内达到每年 10GWh，2022 年达到每年 100GWh，然后于 2030 年之前达到每年 3TWh。马斯克认为，"甚至有可能早于 2030 年实现这一目标"。

特斯拉曾于 2013 年公布了和松下共同生产 32GWh 的 LIB 这一目标，当时震惊了世界。而这次提出的目标是在完全独立生产的基础上，还要将生产规模扩大 100 倍[20]。合作的电池制造商目前为特斯拉提供的生产规模为每年

20　当蓄电池产量为每年 3TWh 时，特斯拉的 EV 产量为每年 2000 万辆。迄今为止的 EV 怀疑论的根据之一是蓄电池量产完全无法满足用 EV 取代燃油车的需求，而此次发布会的内容断然否定了此类怀疑论。

150GWh，故每年 30TWh 是其 20 倍。

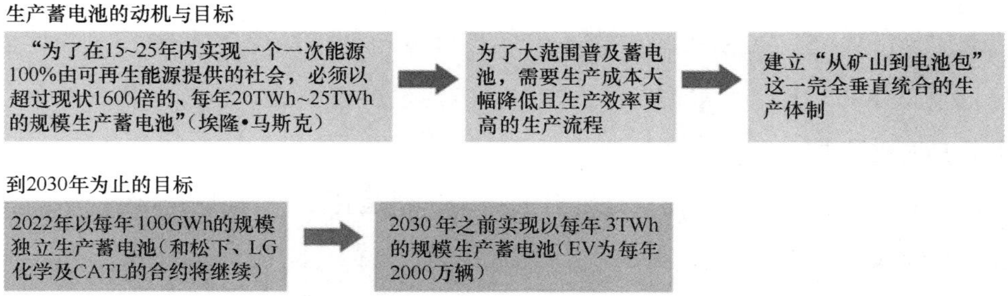

生产蓄电池的动机与目标

"为了在15~25年内实现一个一次能源100%由可再生能源提供的社会，必须以超过现状1600倍的、每年20TWh~25TWh的规模生产蓄电池"（埃隆·马斯克）	为了大范围普及蓄电池，需要生产成本大幅降低且生产效率更高的生产流程	建立"从矿山到电池包"这一完全垂直统合的生产体制

到2030年为止的目标

2022年以每年100GWh的规模独立生产蓄电池（和松下、LG化学及CATL的合约将继续）	2030年之前实现以每年3TWh的规模生产蓄电池（EV为每年2000万辆）

图3-25　目标是要达到现有生产规模的1600倍

*特斯拉在"电池日"上说明了推进蓄电池独立生产的背景和动机。为了将可再生能源也作为热或动力等的能源而不仅仅作为电力使用，需要大量的蓄电池。为此需要大幅降低蓄电池的成本，但最近价格下降的势头有所减缓。为了打破这一现状，特斯拉自己将带动价格下降。该公司至2030年的目标为生产规模达到每年3TWh。

（图片来源：日经Electronics）

续航里程和单价都优化50%以上

不过，特斯拉所做的并不仅仅是扩大生产规模，为了在全球范围内普及LIB及使用 LIB 的 EV，在提高 LIB 性能的同时，还需要大幅降低其单价。假如依然将 LIB 生产委托给其他公司则难以提前实现这一目标，故马斯克通过独立生产，而且是以几乎完全垂直统合的模式从锂（Li）等原料的开采到电池包的独立完成来谋求打破现状。

具体而言，其设立的目标（2）中的续航里程比以往增加54%，同时目标（3）中的蓄电池单价相应降低56%，如图 3-26 所示。虽然目前的试制中还存在成品率较低等问题，但特斯拉表示有迅速解决这些问题的信心。

续航里程提升54%意味着目前约500km的续航里程将增加至约770km。通过 LIB 技术开发而一口气实现如此程度的性能提升及成本削减的例子几乎前所未有。迄今为止能将性能提升 10% 便可谓巨大的成功。

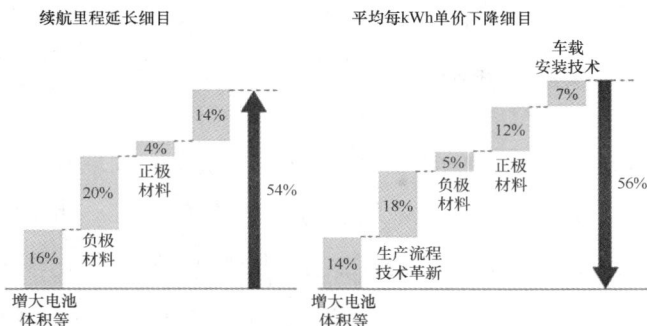

图3-26　续航里程提升54%、单价降低56%

　　*特斯拉希望通过独立生产电池的技术将续航里程提升 54% 且单价降低 56%。延长续航里程主要依靠使用新负极材料和增大电池体积等。而单价降低则在生产流程、电池体积增大和新正极材料的使用上寄予厚望。

（图片来源：以特斯拉的图片为基础，由日经Electronics制成）

同时实现体积增大与快速充电

　　实现此次的性能提升及成本削减的技术之一是增大 LIB 电池的体积，如图 3-27 所示。将目前使用的直径为 21mm、长度为 70mm 的 "21700" 电池一口气替换为容量达 5 倍以上的直径为 46mm、长度为 80mm 的 "4680" 电池。

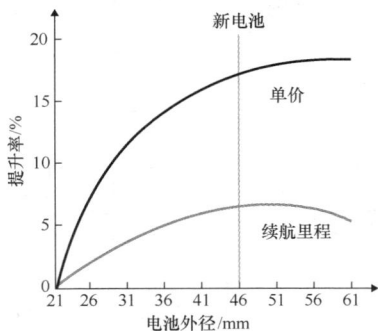

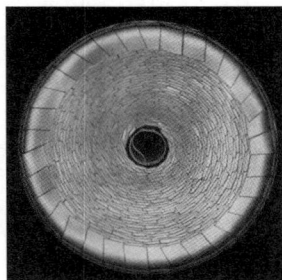

(a) 增大电池体积在成本削减方面效果显著　　(b) 用无极耳电极大幅减少快速充电时产生的热量

图3-27　通过增大电池体积并使用无极耳电池，实现能量密度增加16%且输出功率密度翻6倍

　　*特斯拉认为增大电池体积在降低蓄电池包单价方面效果显著，而续航里程也可延长 7%。另外，若单纯增大电池体积，则会产生载体从电极材料到集电体的移动距离变长、快速充电时产生的热量将大幅增多的问题。特斯拉将电池板的一个侧面全部作为集电体以取代极耳，以此技术将载体的移动距离从之前的最大 250mm 缩短至最大 50mm。由此，放电时产生的热量不会增多，输出功率密度可提高到原来的 6 倍。

（图片来源：特斯拉）

若增大电池体积，则电池外壳等所占体积的比例将降低，由此便可提高能量密度。但单纯增大电池体积存在电阻增大、快速充电时产生的热量显著增多的问题。

为了解决这一问题，特斯拉采用以电池的整个侧面取代极耳的构造，以替代用于引出电流的极耳。由此，输出功率密度可提高到之前的6倍，且产生热量过多的问题也能得到解决。若产生的热量少，则可简化电池包装和冷却系统，并延长续航里程。特斯拉认为相比之前，以此可将续航里程提升16%，并将电池包的生产成本降低14%。

大幅简化电极制造工序

下一个改进是关于生产流程的。最大的变化是在LIB的电极制造中采用干电极（Dry Elevtrode）技术、在不使用溶剂的情况下让电极活性物质粉末在集电箔上形成涂层，从而实现了生产成本比之前降低18%左右，且大幅提高了生产流程效率，如图3-28所示。以特斯拉所收购的麦克斯韦科技的干电极技术为基础，大幅简化生产流程，正极生产成本降低76%、所有电池的生产率提高到原来的7倍。在占生产设备成本1/4的充放电检验工序中，每千瓦时的成本及设备占地面积也被压缩到之前的1/4。

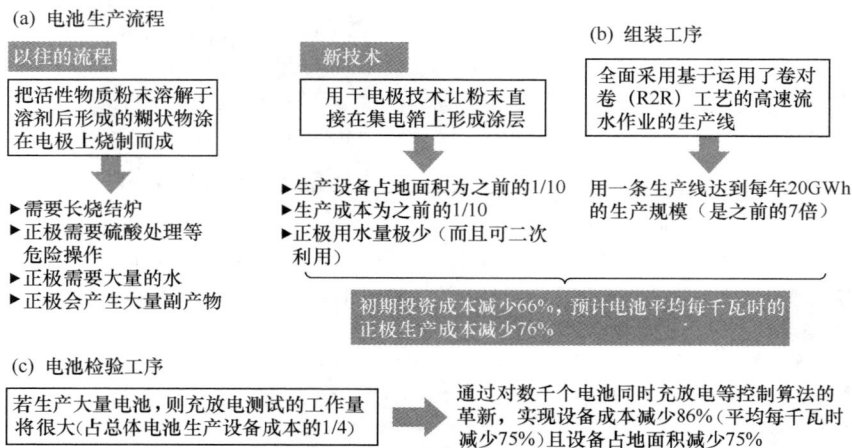

(a) 电池生产流程

以往的流程
> 把活性物质粉末溶解于溶剂后形成的糊状物涂在电极上烧制而成

▶需要长烧结炉
▶正极需要硫酸处理等危险操作
▶正极需要大量的水
▶正极会产生大量副产物

新技术
> 用干电极技术让粉末直接在集电箔上形成涂层

▶生产设备占地面积为之前的1/10
▶生产成本为之前的1/10
▶正极用水量极少（而且可二次利用）

初期投资成本减少66%，预计电池平均每千瓦时的正极生产成本减少76%

(b) 组装工序
> 全面采用基于运用了卷对卷（R2R）工艺的高速流水作业的生产线

用一条生产线达到每年20GWh的生产规模（是之前的7倍）

(c) 电池检验工序
> 若生产大量电池，则充放电测试的工作量将很大（占总体电池生产设备成本的1/4）

→ 通过对数千个电池同时充放电等控制算法的革新，实现设备成本减少86%（平均每千瓦时减少75%）且设备占地面积减少75%

图3-28　大幅提高生产效率
（图片来源：日经Electronics）

特斯拉从花费约 230 亿日元（约 11.2 亿元人民币）收购的美国麦克斯韦科技获得了基础技术。不过，特斯拉并不是直接使用买来的技术，而是独立进行大量加工以提高量产性。

在以往普遍的电池生产流程中，电池由把活性物质粉末溶解于溶剂后形成的糊状物涂在电极上烧制而成。这一烧制过程存在费时且设备复杂等问题。通过采用干电极技术，设备的占地面积和生产成本都将减少到之前的 1/10。

而在正极上通常需要使用大量硫酸和水的处理工序也变为只需使用极少量水的工序，而且所用的水还可以二次利用。由此，生产流程大幅简化，镍（Ni）等正极活性物质的利用率也得到了大幅提高。

生产线变为"高速公路"

由于突破了生产流程上的几个瓶颈，特斯拉的整个生产流程变成可导入卷对卷（R2R）工艺的高速流水作业。"都是高速公路，没有普通街道"。实现了用一条生产线达到每年 20GWh 的目标。这一生产效率是之前的 7 倍，且预计初期投资成本减少 66%，若只看正极则生产成本减少 76%。马斯克表示，"若产量达到两倍则等同于拥有两座工厂。长期而言，产量有多大在竞争上将变得非常重要。我们的目标是成为世界上最好的制造商"。

最后的瓶颈也突破了

不过，当可用一条生产线高速生产 LIB 之后，新的问题出现了。这便是 LIB 生产所需的、在完成电池组装后检验其充放电是否存在异常的工序。日本的一些 LIB 制造商在这一检验工序上花费了 1 ～ 2 周时间。生产速度提高后，若检验工序的速度不能提高，则在好不容易建成的"高速公路"出口处可能会发生"大堵车"。若忽视了检验工序，则电池在实际使用中可能频繁发生火灾事故等，从而引起社会问题。特斯拉表示，目前 25% 的生产成本用在了这一检验工序上。

此次特斯拉通过导入可让数千个电池同时充放电的新管理方法，宣布将目标设置为检验设备的占地面积和成本都减少 75%，即压缩到之前的 1/4。增大电池体积以将电池容积增加到约为之前的 5 倍以上的举措或许有助于这一目标的实现。

独立开采锂矿，没有供给方面的担忧

虽然生产的水平分工在半导体领域得到了极大推动，但马斯克逆流而行，在蓄电池生产上强力推进朝垂直统合模式的回归。特斯拉采用的并非部分垂直统合，而是"从'矿山（Mine）'到电池包为止"的终极垂直统合模式。他甚至表示，这一模式"今后将成为行业模式"。

具体而言，特斯拉宣布其已获得从美国内华达州的锂（Li）矿山（实际是沙漠中已干涸的湖的淤泥）中开采锂的权利。马斯克说道："虽然锂矿的开采迄今为止都在南美盐湖和澳大利亚进行，但实际上美国国内的锂储量也相当大。我们的'矿山'面积广阔，达一万英亩（约 $40km^2$）以上，可以供应我们所需的锂。地球真是不可思议。"

同时也推动当地生产、当地使用

特斯拉对于镍等其他主要材料所采取的方针也是从北美大陆内部采购。为了将材料的运输距离缩短到最小，特斯拉正在探讨将用于提炼锂和生产正极的工厂设在几乎位于美国中部的俄克拉荷马州。

由此，锂的运输距离可缩短 80%。锂的提炼工序也选择不使用硫（S）的工序，成本降低 33%。综合以上对生产工序的改进，对于以往的电池包整体生产成本而言，可降低 18% 左右的成本。

外界极其关注硅负极技术

如今，在提高 LIB 性能的方法中最受瞩目的是将硅用于负极的技术。原因之一是正极上已尝试了各种材料，今后的发展空间十分有限。另外，负极迄今为止仍然以电流承载能力较小的石墨为主要材料。而通过将其替换为电流承载能力较高的硅，电池的能量密度最多可增加到现在的两倍。

在多数高能量密度的 LIB 的负极上，原本已混合了一定程度的硅，甚至有将硅的比例提高到 50% 左右的例子。不过，依然有一个问题摆在面前——若超过 50% 这一比例，硅将随着充放电而反复膨胀收缩，电池构造将损毁。

此次的"电池日"之所以在召开前便呈现出非同寻常的热度，也和这一硅负极技术有关。位于此话题中心的是风投企业——美国安普瑞斯科技（Amprius Technologies）。该公司的硅负极被称为"硅纳米线"，通过使用绒毯状的硅，在让硅比例接近 100% 的同时延长了电池的充放电循环寿命。该公司电池的能量密度高达 500Wh/kg。

该公司在与特斯拉的美国弗里蒙特工厂相邻的区域设置据点，而马斯克于 2020 年 8 月在推特上推文表示"能量密度为千克 400Wh 且充放电循环寿命长的电池也可能在未来 3～4 年内实现量产"。因此，投资者和分析家推测特斯拉将在"电池日"上宣布收购或携手安普瑞斯。除此之外，对于无人机等飞行器而言，电池能量密度为每千克 400Wh 是其用途大幅扩大的标准值。因此，特斯拉可能会宣布开发无人机或"垂直起降"空中出租车的传言也流传甚广。

备受关注的硅负极技术尚不成熟

然而，在"电池日"所发布的内容中并未提及以上任何一点，绝大多数的推测都落空了。虽然特斯拉在"电池日"提到了硅纳米线技术，但那反而是为了表明其尚未成熟，如图 3-29 所示。

据马斯克所言，由于硅纳米线技术使用化学气相沉积法（CVD）这一高价工序，故产量低，且生产成本极高，每千瓦时大于 100 美元。除此之外的现有硅负极技术也使用高端的材料工程技术，故成本较高，因此都不予采用。

作为替代，马斯克公布了特斯拉独立开发的用锂离子导电聚合物包裹硅微粒子的"特斯拉硅（Tesla Silicon）"。使用此技术，材料加工将被减到最少，电极生产成本也仅需极低的每千瓦时 1.2 美元即可。作为硅负极技术，特斯拉硅成本低至目前主流的氧化硅 / 硅（SiO/Si）复合材料的约 1/6。由于不使用 CVD，故产量也较高。

(a) 在氧化硅中埋入硅　　　　(b) 在石墨中埋入硅　　　　(c) 硅纳米线

成本：每千瓦时6.6美元　　　　每千瓦时10.2美元　　　　每千瓦时大于100美元

(d) 特斯拉硅

金属硅　　用离子导电聚合物包裹硅粉末　　离子导电聚合物弹性大，可吸收硅的膨胀、收缩

每千瓦时1.2美元
▶成本每千瓦时降低5%
▶能量密度提高20%

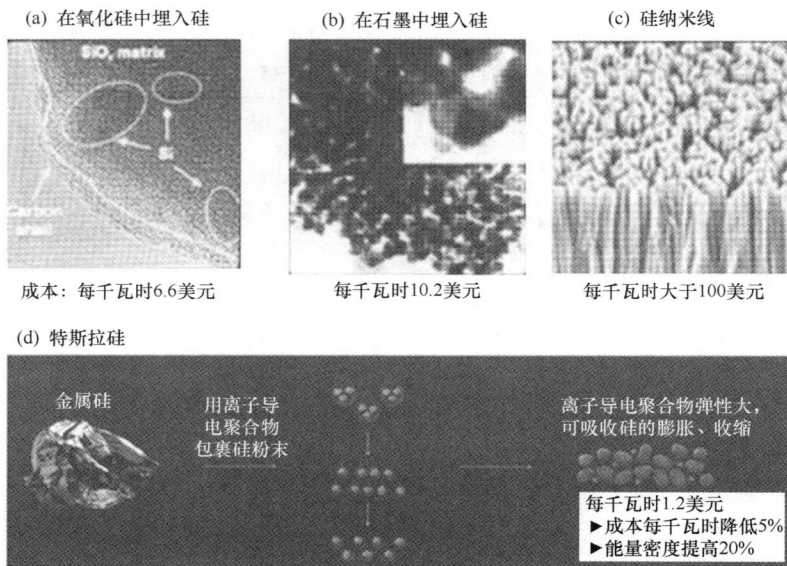

图3-29　采用成本小于之前1/6的硅负极技术

　　* 迄今为止的典型的硅负极技术例子（a）～（c）和特斯拉开发并采用的技术"特斯拉硅（Tesla Silicon）"（d）。（a）～（c）虽然是在材料和构造上下功夫以控制硅在充放电时膨胀、收缩所产生的影响的技术，但由于需要用高端技术加工硅，故价格很高，尤其硅纳米线技术的成本非常高。而特斯拉硅除将金属硅磨成粉末之外并不花费成本，相比（a）中在氧化硅（SiOx）中埋入硅的技术，仅用约其1/6的成本即可。

（数据来源：特斯拉）

借用全固态电池技术

　　在锂离子导电材料方面，最近针对全固态电池的电解质开发出了各种材料。将之用于包裹使用电解液的 LIB 的电极活性物质已成为趋势。这些材料并不是协助电子移动的导电助剂，而是"导离子助剂"。不过，迄今为止，多数情况下氧化物锂离子导电材料主要用于正极。特斯拉将这一想法用于负极，并选择高弹性的聚合物作为材料。在保证锂离子传导性的同时吸收硅的机械性膨胀、收缩以防止电极损毁，可谓一举两得。

以降低成本为第一优先级

　　不过，或许由于目前聚合物需占一定的体积和重量，由采用这一硅负极

技术带来的能量密度提升不超过 20%。由于之前使用的松下电池的能量密度超过 270Wh/kg，故加上电池体积增大所带来的效果，能量密度有可能达到 340Wh/kg 左右。但即使如此，相比实现 400Wh/kg 的目标依然存在距离。作为当下具有现实意义的解决方法，相比飞跃性的性能提升，马斯克更青睐于削减成本。

据特斯拉所言，通过采用此硅负极技术，相比以往的电池包，平均每千瓦时的生产成本降低 5%。在提高能量密度的同时，还能降低成本。从中可窥见特斯拉的技术能力。

在"电池日"最后的问答环节，当被问及推特上提到的 400Wh/kg 技术和无人机时，马斯克虽然承认"正开始限量生产 400Wh/kg 的电池"，但未提及除此之外的任何细节。

同时满足镍的高占比和无钴

特斯拉还公布了新的正极材料技术，即无钴（Co）的高容量正极，如图 3-30 所示。高容量密度的正极材料大致可分为两类，即镍－锰－钴（Ni-Mn-Co，MNC）电池和镍－钴－铝（Ni-Co-Al，NCA）电池。不过，各成分的构成比例是可调节的。

虽然特斯拉一开始使用日本松下的 NCA 正极 LIB，但中途也开始采用韩国 LG 化学（LG Chem）的 NMC 正极 LIB。然后逐渐在提高镍占比的同时减小钴的占比。一开始钴的占比在构成比例中约为 33%，但 2019 年的特斯拉 Model 3 使用了钴占比降至 5% 的 LIB[21]。可见那时特斯拉已走到了距离无钴仅一步之遥的位置。

通常镍的比例越高，能量密度就越高。若只是钴的比例减小，则除非额外想办法，否则稳定性和可靠性将会降低。另外，钴材料价格高昂，且有人指出在其主要产地刚果共和国有动用童工开矿的现象，故批判钴的使用的声音一年比一年高。对于特斯拉而言，实现无钴可以一举两得——在避开批评的同

21　参考文献：日经 BP 综合研究所 Clean Tech Labo、日经 Cross Tech 主编《彻底拆解特斯拉"Model 3/Model S"（电池篇）》，日经 BP，2020 年 3 月。

时也可降低成本。

(a) 开发无钴且能提高镍占比的新正极材料

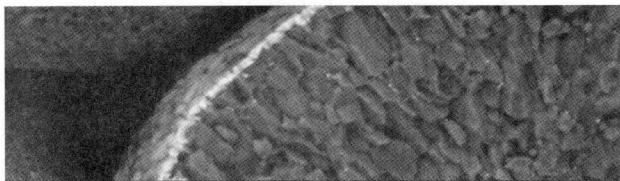

▶在包裹正极的材料及添加材料上下功夫以实现目标
▶每千瓦时的正极成本降低15%

(b) 根据电池的用途使用不同的正极材料

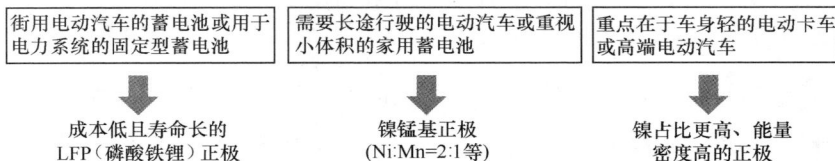

街用电动汽车的蓄电池或用于电力系统的固定型蓄电池	需要长途行驶的电动汽车或重视小体积的家用蓄电池	重点在于车身轻的电动卡车或高端电动汽车
成本低且寿命长的LFP（磷酸铁锂）正极	镍锰基正极(Ni:Mn=2:1等)	镍占比更高、能量密度高的正极

图3-30 区别使用3种无钴正极

* 图（a）显示的是特斯拉开发的无钴镍锰正极材料在显微镜下的样子。镍和锰的比例可调节。不过，对于街用电动汽车及固定型蓄电池等不要求高能量密度的用途，可使用磷酸铁锂正极。此外，特斯拉计划在重视长续航里程的电动汽车上使用 Ni：Mn=2：1 的正极、在更为高端的电动汽车上使用镍占比更高的正极。

（数据来源：日经Electronics）

将钴从 NMC 中去除后的材料被称为尖晶石锰基。电位高至 4 ～ 5V，容量密度高，但问题是如何保证其稳定性。2020 年，韩国风投企业 Top Battery 宣布其开发出了镍锰比为 1：3 的尖晶石锰基材料。而此次马斯克将镍锰比定为 2：1，即意图同时实现镍的高占比和无钴。

如今，针对新正极材料的稳定性，特斯拉未做任何描述。假若其稳定性达到和 Top Battery 相同的水准，则特斯拉的开发将大获成功。通过使用新的正极材料，特斯拉可将整个电池包的成本降低 12%。

街用电动汽车以LFP作为区分

不过，特斯拉只是将此新正极材料视为选项之一。即使容量密度高，也还需权衡价格和稳定性。因此，蓄电池大致可分为 3 种用途，而特斯拉的方针为针对不同用途使用不同的正极材料。

具体而言，街用电动汽车的蓄电池或是以电力系统稳定性为目的的大型固定型蓄电池，使用橄榄石型磷酸铁锂（LFP）正极。特斯拉已宣布从中国宁德时代新能源科技股份有限公司购买使用此正极的 LIB。LFP 正极虽然能量密度低，但材料价格低且充放电循环寿命非常长。这可以说是以大范围普及电动汽车为目标的战略性选择。

另外，出租车等需要长距离行驶的电动汽车和要求小体积的家用蓄电池，将使用此次公布的镍锰正极。而对于以货运能力取胜的大型电动卡车"Tesla Semi"和具备可媲美跑车性能的小型卡车"Tesla Cybertruck"等，则优先考虑电池容量密度，使用镍占比更高的正极。特斯拉预计在 2024 年量产并发售价格为 2.5 万美元的电动汽车，但尚不明确该电动汽车会使用以上哪一种正极材料的电池。

从飞机技术中得到启发

为"电池日"画上句号的是有关装载了以上电池的电动汽车的新技术。

马斯克从飞机主翼中得到启发而更新了车辆设计。具体而言，就是以前在飞机主翼的空洞部分放置油箱，但现在并不使用额外的油箱了，而是将主翼的空洞部分当作油箱使用，从而增加了油的装载量。

特斯拉的新电动汽车也重新设计了放置电池的容器，大幅减少了不必要的空隙和零部件的使用数量，如图 3-31 所示。由此，电池包的生产成本比之前降低 7%，而续航里程反而增加了 14%。

▶放置电池的空间增加10%
▶续航里程增加14%
▶零部件数量减少370个

图3-31　将车辆框架的一部分并入电池包进行设计

（数据来源：特斯拉）

提前10年实现电池价格下降

通过改进主要技术及独立开发，特斯拉的电池包成本共计降低56%。

特斯拉计划将这些新技术体现在2025年使用的电池上，如图3-32所示。目前的电池包价格为每千瓦时135～150美元。换言之，在2025年左右有可能出现每千瓦时60～65美元的LIB。这比之前针对LIB价格下降的预测提前了将近10年。若投资者能理解这点，或许"电池日"之后特斯拉的股价便不会下跌。

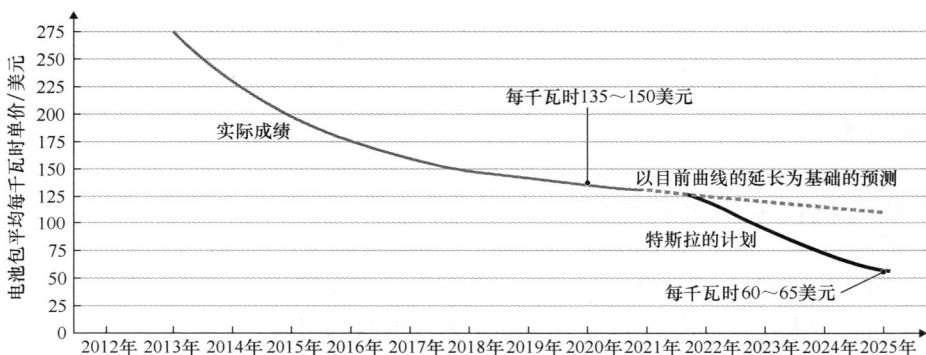

图3-32　2025年，电池成本比目前降低60%，降至每千瓦时60美元左右

（数据来源：以特斯拉的资料为基础，由日经Electronics制成）

Column 特斯拉——从 Model S/Model 3看电池发展

从2019年夏至2020年3月，日经Cross Tech和日经BP综合研究所共同拆解并分析了特斯拉的首款量产车Model S和其正式大量生产的版本Model 3。拆解对象为2014年产的Model S85和2019年产的Model 3长续航版（Long Range）。以下总结了通过此次分析得到的与电池相关的结果。

【电池包的构造】

首先是关于锂离子电池（LIB）包的结果。在Model S上仅需从底盘下拔出螺栓便可拆下电池包，而Model 3不仅在底盘下安装螺栓，还用6颗螺栓从车内固定电池包，如图3-33和图3-34所示。

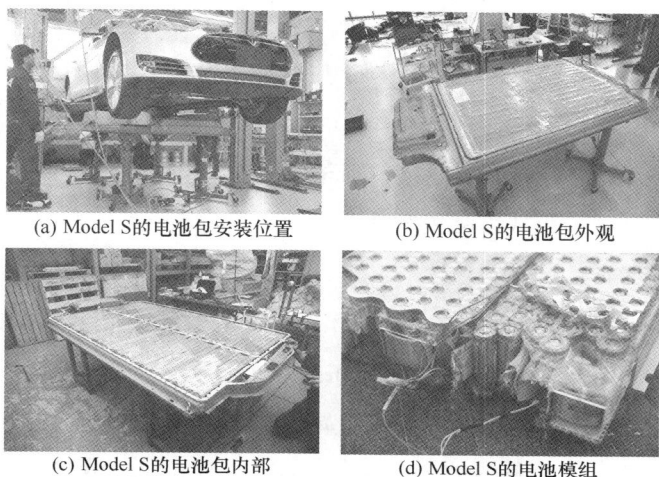

(a) Model S的电池包安装位置   (b) Model S的电池包外观

(c) Model S的电池包内部   (d) Model S的电池模组

图3-33 使用圆柱形电池"18650"的Model S

＊（a）Model S将电池包收纳于汽车下方。

＊（b）从下方拔出螺栓便可拆下电池包。

＊（c）电池包内搭载多个电池模组，每个电池模组都集合了434节直径为18mm、长度为65mm、被称为"18650"的圆柱形电池。

＊（d）电池模组内的电池插在作为电极的板上，彼此间用树脂紧密相连。

（数据来源：日经Cross Tech）

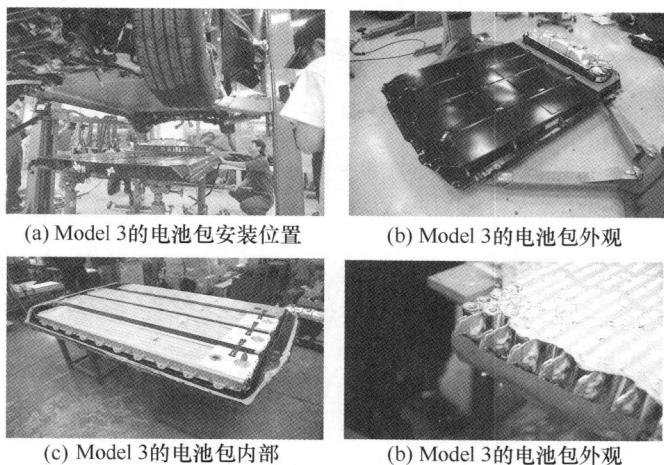

(a) Model 3的电池包安装位置   (b) Model 3的电池包外观

(c) Model 3的电池包内部   (b) Model 3的电池包外观

图3-34 在Model 3上，电池包构造得到了精炼

＊（a）和Model S一样，Model 3将电池包收纳于汽车下方，但也用螺栓从上方固定，因此该构造无法轻松更换电池包。

＊（b）电池包搭载车载充电器和直流－直流（DC-DC）转换器，推进一体化。

＊（c）电池包内搭载4个电池模组，每个电池模组都集合了超过2000节直径为21mm、长度为70mm、被称为"21700"的圆柱形电池。

＊（d）电极板仅为单侧，容易在自动化生产线上生产。

（数据来源：日经Cross Tech）

125

因此，Model 3 在更换电池时需要把车内的零部件取下后才能操作。为了省去充电时间，特斯拉曾采用更换整个电池包的构想。然而在 Model 3 上，特斯拉却完全抛弃了这一构想。

在 Model 3 上，若取下电池包，则车厢的地板将只有薄钢板。电池包起着作为提高车身刚性的组成部件的作用。

【电池模组的构造】

关于电池模组，Model S 上一个模组有 434 节电池，而 Model 3 上每个模组的电池数量为 2100～2300 节，相当于之前的 5 倍。结果搭载的模组数从 16 个（拆解的 Model S85）大幅减少到了 4 个。

关于电池模组上的电池搭载方案，Model S 上下都配置了电极板，可用电线从电池两端连接，而 Model 3 仅在下方配置电极板，连接方式变为用电线从电池底部端盖部分及外壳部分分别连接。因此，绝缘板也相应有所改变——相比 Model S 在电池包上下两面都配置绝缘板，Model 3 仅在下方配置绝缘板。如此精雕细琢，可提高生产的自动化程度。

【电池的构造】

关于电池，Model S 搭载了用于笔记本电脑等的直径为 18mm、长度为 65mm、被称为"18650"的圆柱形电池。而 Model 3 将其变为针对电动汽车生产的直径为 21mm、长度为 70mm、被称为"21700"的体积更大的电池。

伴随着体积的增大，电池重量从 47g 增到了 69g。通过降低每单位体积的电池生产成本并减少所搭载的电池数量，生产效率有所提高。拆解电池可知，Model 3 的电池正极全长 866mm、负极全长 965mm，而 Model S 的电池正极全长 667mm、负极全长 737mm。

【电池的组成成分】

Model S 和 Model 3 的正极集电体都使用添加了铁（Fe）的铝（Al）合金。活性物质由松下所擅长的锂－镍－钴－铝－氧（Li–Ni–Co–Al–O）等组成，即 Model S 和 Model 3 都采用了 NCA 正极材料。

不过，相比 Model S，在 Model 3 所用的正极材料中，镍的比例更高。这里有着减少钴的目的。用 X 射线荧光光谱分析（XRF）后的结果显示，镍在

Model S 的电池中占比 80% 以上，而在 Model 3 的电池中占比 90% 以上。

NCA 正极材料一方面具有高容量这一优点；另一方面也有人对其安全性表示担忧，故电池制造商在多数情况下会采用镍 – 锰 – 钴(Ni–Mn–Co，NMC)电池。而特斯拉和松下认为，通过提高电池模组水冷效率以改善温度管理，并使用多节平均每节电池容量较小的圆柱形电池，便可保证安全性。

Model S 的负极活性物质为石墨，而 Model 3 在石墨中添加了氧化硅（ SiO ）。此外，二者的负极集电体都是铜（Cu）。

3.8

特斯拉的下一步战略——独立生产电池，有意成为电动汽车平台的提供者

我们慢慢看到了美国特斯拉（Tesla）的长期战略。如上节中详细所述，该公司在 2020 年 9 月举办的蓄电池战略发布会"电池日（Battery Day）"宣布"独立生产价格比现在低 56% 的锂离子电池"。此外，其目标是 2030 年将电池产能提高到 3TWh，构建一年可生产 2000 万辆电动汽车（EV）的体制。从中可以看到该公司的下一步战略是什么呢？直截了当地说，特斯拉的野心不在于成为全球最大的汽车制造商，而在于成为 EV 市场的平台提供者。

有人猜测特斯拉或许会发布可行驶 100 万英里（约 160 万 km）的超长寿命锂离子电池——"百万英里电池"，但期待其发布传言中的电池的投资者们扑了个空。"电池日"次日，美国特斯拉的股价下跌了 10%。

特斯拉确实没有发布超长寿命电池，甚至没有提及被视为"新一代电池中的翘楚"的全固态电池。即使如此，特斯拉表明其决心投身于名为"4680"的新型锂离子电池的独立生产也有着重大意义。特斯拉量产的"4680"电池是直径为 46mm、长度为 80mm 的圆柱形电池，采用了废除电极极耳的"无极耳"构造，如图 3-35 所示。

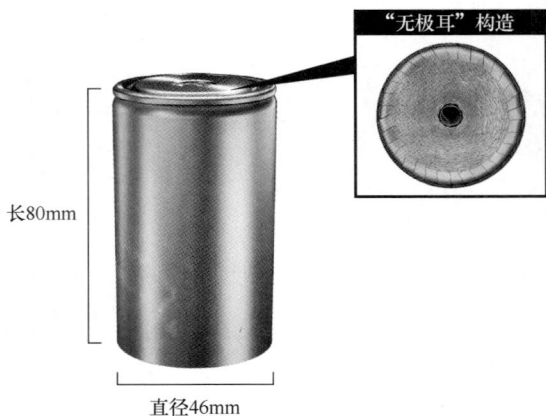

图3-35　特斯拉量产的"4680"电池

（图片来源：特斯拉）

致力于价格与普通燃油车价格持平的EV

以独立生产电池为契机，特斯拉所追求的是成为电动汽车（EV）市场的"平台提供者"。不仅是电动化技术，特斯拉还考虑向其他公司出售包含自动驾驶技术和车载控制系统等在内的各类产品。

"有计划向其他公司提供应用软件、动力传动系统和电池等。"2020 年 7 月，特斯拉 CEO 埃隆·马斯克在自己的推特上这样宣布。

相比丰田汽车和德国大众等其他公司，特斯拉以自己公司开发的车载计算机"HW3.0"为核心的"中央集中式"车载电子控制系统领先了 6 年。自动驾驶系统则引入了通过用无线网络更新软件的空中激活（OTA）技术扩展功能的架构。

为了搭载这些最新技术并将之搭建成价格合适的 EV 平台，低成本电池不可或缺。某日本汽车制造商的电池技术人员透露，目前用于 EV 的电池包价格为每千瓦时 150 美元（约 1005 元人民币）左右，而成本的降低速度已逐渐减缓。

其原因在于供需平衡。以德国大众为首的欧洲企业和中国企业正在推动 EV 普及。以这些汽车制造商为中心，电池采购大战日益激烈。具有象征性的便是本田的量产 EV "本田 e（ Honda e ）"。该 EV 并未使用 EV 电池，而是从松下采购用于插电式混合动力汽车（PHEV）的电池。考虑到旺盛的需求，电池制造商没有理由降低电池价格。

特斯拉也意识到了这一问题。进入 2020 年之后，除松下之外，特斯拉还和中国宁德时代新能源科技股份有限公司及韩国 LG 化学（LG Chem）签订了采购合约。但特斯拉也承认，"电池包平均每单位容量的成本的降低速度并不够快，今后数年将持续处于居高不下的状态。"

想要打破这一状态，特斯拉计划的是独立生产锂离子电池，开发重视成本削减的新型电池并开始试验少量生产，如图 3-36 所示。特斯拉计划将其独立生产的电池的产能在 2022 年之前增加到 100GWh，在 2030 年之前增加到 3TWh（ 3000GWh ）。

每千瓦时的成本

电池包成本

电池业界的实际成绩

电池业界的推测

▶特斯拉的计划
将独立生产的电池
的年产能提高到100GWh

0

2012年 2013年 2014年 2015年 2016年 2017年 2018年 2019年 2020年 2021年 2022年 2023年 2024年 2025年

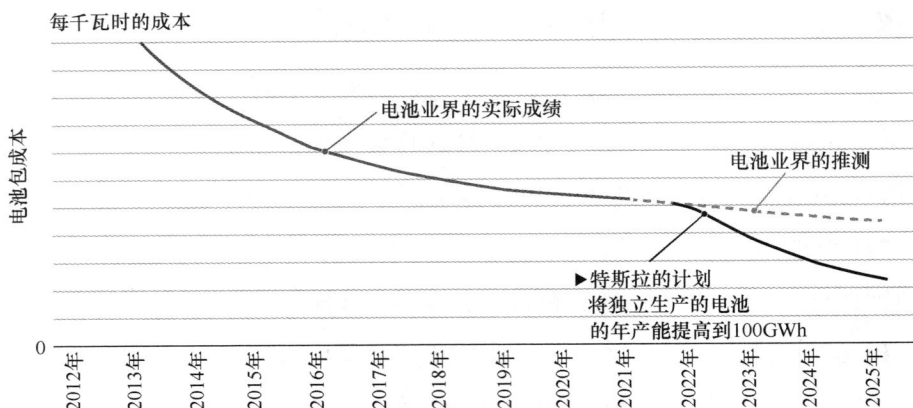

图3-36　锂离子电池包的成本变化

＊从2018年左右开始，成本变化持续趋于停滞。特斯拉考虑通过独立生产电池以降低成本。图中纵轴为相对值。

（数据来源：特斯拉）

　　特斯拉和松下共同运营的电池"超级工厂"的年产能为350GWh。虽然特斯拉今后将继续从松下、LG化学和宁德时代采购电池，但采购规模共计100GWh左右，将加速转向独立生产电池。

　　"通过积累开发技术，可使电池包每千瓦时的成本相比以往降低56%。"在特斯拉主导电池开发的高级副总裁安德鲁·巴格里诺（Andrew Baglino）充满了自信。

　　特斯拉计划在2023年向市场投入使用该电池且价格不高于2.5万美元（约16.75万元人民币）的EV。实现与普通燃油车价格持平是预测EV平台外销业务的试金石。

　　除了降低电池包的成本，此次的独立生产还有其他目的，即通过简化生产工序使每吉瓦时的（对工厂的）投资额减少69%。

　　特斯拉从5个方面推进电池包成本及设备投资额的削减，分别为电芯形状、电芯生产工序、负极材料、正极材料、电池包构造，如图3-37所示。

　　关于电芯形状，特斯拉将其变为直径为46mm、长度为80mm的被称为"4680"的圆柱形电池。该公司在Roadster、Model S和Model X上搭载了用于笔记本电脑的直径为18mm、长度为65mm的被称为"18650"的电池。之后发售的 Model 3 和 Model Y 则采用了比"18650"电池大一圈的直径为 21mm、长度为 70mm 的"21700"电池。

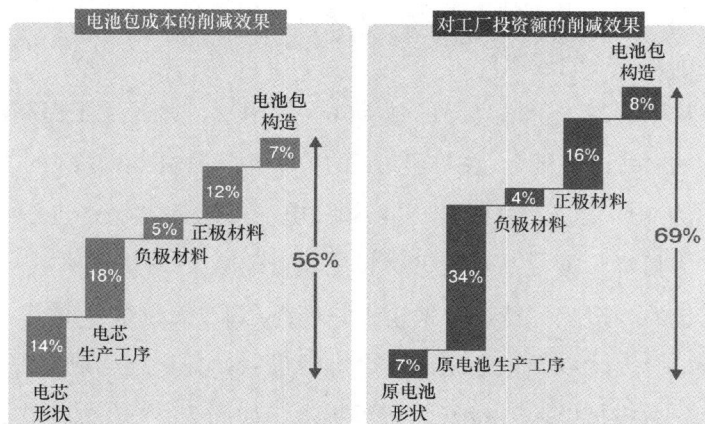

图3-37 分5步降低成本
*通过独立生产新型电池,预计可将电池包成本降低56%,并将对电池工厂的投资额降低69%。

（数据来源：特斯拉）

通过进一步增大"21700"电池的体积,可提高每节电芯中可搭载的正极/负极活性物质的占比,沉重且高成本的外壳铝（Al）合金的用量也将相对减少。特斯拉甚至计划采用"无极耳"构造,即废除从集电体导出电流的电极极耳。这么做的优点是可以省去连接集电体和极耳的焊接工序。据说,通过采用"4680"电池可削减 14% 的电池成本。

在电芯生产工序中,特斯拉计划改变在集电体上涂抹电极材料的工序以降低 18% 的成本。电极的涂抹工序一般是将混溶了活性物质、黏合剂和有机溶剂的糊状物涂在用作集电体的金属箔上,然后在开放处干燥糊状物并蒸发溶剂。而特斯拉采用省略了在开放处进行干燥这一工序的"干电极"技术,直接将粉状的电极材料涂在集电体上。

该技术为美国麦克斯韦科技（Maxwell Technologies）所有,该公司于2019年被特斯拉以 2.18 亿美元（约 14.6 亿元人民币）收购。据说通过省略干燥工序,生产线面积和耗电量都可降低到之前的 1/10。

负极材料和正极材料则添加了符合锂离子电池正常发展的改良。负极材料使用硅基。虽然特斯拉已在 Model 3 等原有车型上采用了此负极材料，但会改变防止硅由于膨胀而产生磨损的方法。虽然以往很可能采用添加氧化硅（SiO）的方法，但在 "4680" 电池上变为采用聚合物包裹硅并用黏合剂拼合的方法。由此可能会削减 5% 的成本。

正极材料则将减少价格高昂的钴（Co）的用量，并开发了提高镍（Ni）占比以替代钴的 "高镍正极"。在日经 BP 的分析中，Model 3 搭载的 "21700" 电池的镍占比为 90% 以上，而搭载 "4680" 电池后这一占比将进一步提高，并以 "无钴" 为目标。据说基于正极材料变化可削减 12% 的成本。

在电池包的构造上，特斯拉采用去除模组（即 "无模组"）的车身设计。在 Model 3 上，由约 4400 节电池组成 4 个电池模组，并最终构成电池包。

特斯拉今后将把电芯直接安装在车身上，如图 3–38 所示。电池包的零部件数量将减少 370 个，包括在组成模组时所必需的外装金属板等。此外也不需要生产电池模组的生产线，预计将削减 7% 的成本。

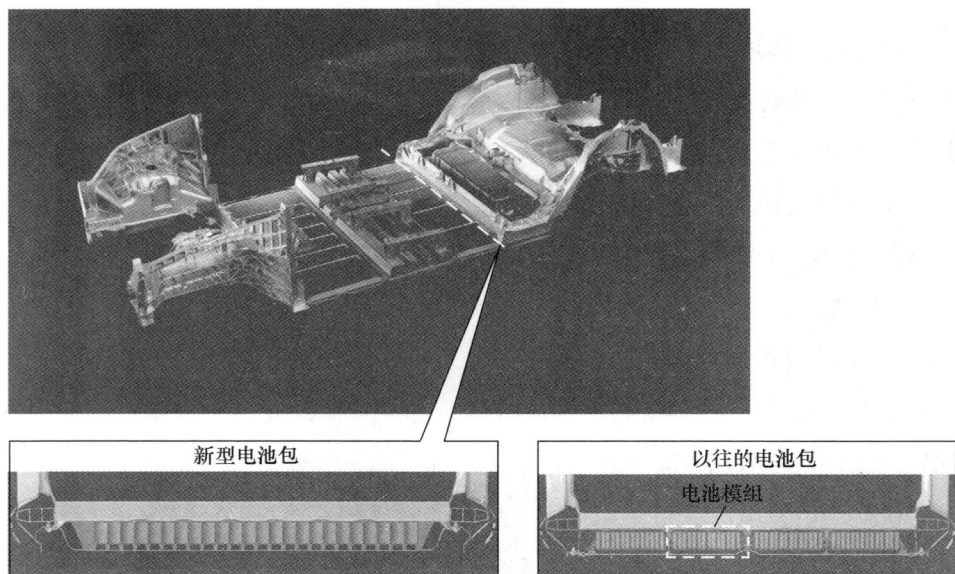

新型电池包　　以往的电池包　　电池模组

图3–38　直接将电芯安装在车身上

*特斯拉今后将采用无电池模组构造的车身。以往是由原电池组成多个电池模组并最终组成电池包。

（图片来源：特斯拉）

特斯拉的目标是通过以上 5 个方面的改进，将电池成本降低 56%。如今特斯拉已朝着于 2030 年实现年产能 3TWh 这一宏伟目标出发，而"一年内在试制工厂中将产能提高到年产 10GWh"是特斯拉向 EV 市场的平台提供者"蜕变"的重要一步。

大分工时代开幕
——汽车生产将如此变化

第**4**章

自动驾驶不可或缺的软硬件分工

在汽车开发中，硬件和软件的"分工"已经开始。对于今后技术开发的主战场——自动驾驶而言，二者的正式分工不可或缺。在这一战场上，迄今为止的汽车制造商所积累起来的硬件开发经验完全无法适用。而对于在软件方面具有优势的企业而言，这正是一个入局的大好机会。追逐先行的索尼和美国"谷歌系"企业以色列 Mobileye 都在积极分工以加快开发自动驾驶技术。

由日经 Automotive 的调查可知，丰田汽车的方针是在 2022 年将组织架构重组为软硬件开发相互分离的新架构。该公司将转向不被发展迟缓的车身和电子控制单元（ECU）等硬件的开发所束缚、可频繁更新软件的体制。丰田汽车转向重视软件的发展方向表明汽车开发的理想状态今后将急剧变化。

对于今后技术开发的主战场——自动驾驶而言，软硬件分工不可或缺。软件性能是其竞争力的根基，且其规模巨大。软件为硬件当配角的开发体制最终还是无法应对未来的主战场。以深度学习等新技术为中心，算法的发展也十分迅猛。如传统汽车开发那样以 5 年为单位进行迭代，无法维持其竞争力。

而现实情况是软件的规模相当大，一家企业难以一手包办。企业自己涉足什么程度，在哪些方面可与其他公司分工，掌握好这一平衡点将左右新分工时代的胜负，如图 4-1 所示。

索尼执行董事、AI 机器人业务组川西泉表示，"希望基于软件考虑硬件的构造"。

以软件为主导的汽车开发的到来为多家企业的入局创造了好机会。2020年 1 月，索尼发布了试制的电动汽车（EV），如图 4-2 所示，可在一定条件下实现无人驾驶，向以 Level 4 为目标的自动驾驶软件的开发发起挑战。在车载图像传感器上具有优势的索尼在汽车开发上却是个"门外汉"。即使如此，在以软件为主角的自动驾驶开发中，索尼也可发挥在电子设备开发中积累的软件技术能力。

图4-1　自动驾驶的主角是否只有软件

＊图中的车辆为在自动驾驶软件开发中处于领先地位的美国Waymo的汽车。

图4-2　索尼以开发Level 4自动驾驶软件为目标发布了试制的EV

（图片来源：索尼）

索尼的目标是向2016年从美国谷歌中独立出来的美国Waymo看齐。打败在硬件上具有优势的现有汽车制造商和大型零部件制造商，以软件为主导的Waymo凭借Level 4自动驾驶开发走在了世界前列。

2020 年 10 月，Waymo 把在美国亚利桑那州提供的使用自动驾驶汽车的约车服务人群从指定用户扩展到普通用户。该公司于同年 5 月完成了 30 亿美元的融资。实现真正意义上的量产已近在眼前。

Waymo 的崛起象征着若进入自动驾驶时代，则汽车附加价值中的大部分将转移到软件上。对于丰田汽车而言，这是一场硬件开发的经验与积累将不再适用的危机，而对于新入局的索尼而言，这是一个可以发挥其软件优势的好机会。

Waymo 的强大之处并不在软件方面

受 Waymo 启发，在汽车方面"毫无经验"的企业入局自动驾驶软件开发的例子屡见不鲜，其中多为像中国百度和美国优步这样的 IT 服务企业。事到如今，索尼即使入局也可能被埋没。那么索尼是否有胜算呢？

以整辆汽车来看，虽然汽车制造商在推动软硬件分工，但自动驾驶软件和传感器难以分离，故发展方向是将二者整合。这对于索尼是有利的。在车载图像传感器上具有优势且擅长识别技术的索尼，在自动驾驶软件开发上处于有利位置。

整合自动驾驶软件和传感器之所以成为主流，是因为传感器的性能和自动驾驶开发中最重要的安全性直接相关。自动驾驶汽车的安全性主要依靠传感器的性能。若变更传感器，将会在自动驾驶软件的变更和检验上花费巨大的时间和精力。在自动驾驶软件的开发中，变更传感器远比变更汽车更难。

观察 Waymo 的汽车便可看出其站在了将自动驾驶软件和传感器整合在一起的领跑位置，如图 4-3 所示。它们的车身分别使用英国捷豹路虎（Jaguar Land Rover）的捷豹"I-PACE"、欧美菲亚特克莱斯勒（Fiat Chrysler Automotives，现为欧洲 Stellantis）的克莱斯勒"Pacifica"和道奇（RAM）的"ProMaster"等。另外，其自己生产的传感器模块的构造基本适用于各种车型。

对于 Waymo 而言，包含高精度地图数据的自动驾驶软件和传感器模块是难以分割的核心技术，故未对软硬件开发进行分工，而是进行整合。反之，车身并未被视为核心，而是分工给其他企业的对象。

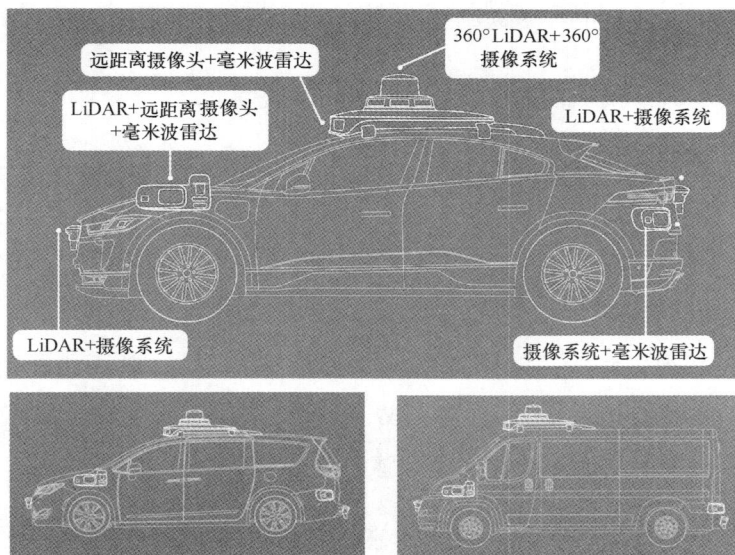

图4-3　传感器甚至比汽车更重要

＊虽然车型不同，但Waymo开发的传感器模块可通用，以可识别周围360°的红外激光雷达（LiDAR）和摄像系统为中心。

（图片来源：以Waymo的资料为基础制成）

Waymo主要重视由3种传感器构成的模块单位和软件的整合，基本不自己生产单个传感器，而是采用分工的方式，从其他公司采购图像传感器和毫米波雷达。虽然模块的综合能力和安装位置很重要，但只要规格符合要求，就可对单个传感器进行替换。

不过，红外激光雷达（LiDAR）由Waymo生产，因为其他公司生产的LiDAR不具备Waymo所期望的功能。Waymo生产的LiDAR的探测距离大于300m，远远长于目前市场上销售的LiDAR。为了用Waymo的自动驾驶软件实现安全驾驶，如此长的探测距离必不可少。

Waymo对传感器模块的开发充满干劲，于2020年3月发布的最新版已是第五代产品。且相比上一代产品，最新一代产品的成本减少了一半。

Waymo所构建的自动驾驶平台将整合软件和传感器模块，并可将其应用于多种车型。在需要传感器模块这点上，该平台和谷歌用于智能手机的平台——"安卓（Android）"的业务大相径庭。由于在软件之外还和硬件紧密联系，故降低了其"扩散力"，但提高了市场进入壁垒。

"世界上经验最丰富的驾驶员"的真实含义

对于传感器在自动驾驶开发中变得和软件同等重要这一点，作为丰田汽车的技术代表，从事自动驾驶研究至 2019 年、目前担任金泽工业大学教授的金道敏树解释道："自动驾驶开发并非开发汽车，而是相当于开发驾驶员（司机）。"

驾驶员用视力和听力等五感识别车辆周围的环境，从而判断前进方向，执行加减速和操作方向盘等行为。若开发自动驾驶便是开发驾驶员，那么除了进行判断的大脑，还需要相当于五感的传感器才能实现。

实际上，Waymo 夸口称其独立开发的自动驾驶技术为"世界上经验最丰富的驾驶员"，并将之命名为"Waymo Driver"，以明确表示其并非在开发汽车。

金道敏树认为，对于擅长汽车开发的汽车制造商而言，在自动驾驶技术开发上几乎无法应用之前的经验。他们和新入局的企业在技术开发上几乎位于同一起跑线。

Mobileye 为何能取得飞跃？

在传感器的识别技术上具有优势的企业也能在自动驾驶软件的开发上处于优势地位，其中一个佐证便是英特尔（intel）旗下的以色列 Mobileye。Mobileye 在 Level 1 ～ 2 的自动驾驶软件的开发上实现飞跃，甚至逐渐被视为在 Level 4 ～ 5 的自动驾驶水平上"有能力追赶 Waymo 的企业"，如图 4-4 所示。

Mobileye 通过组合并供应其所擅长的识别软件和处理器"EyeQ"，获得了许多辅助驾驶技术的订单，如图 4-5 所示。Mobileye 虽然没有亲自涉足图像传感器，但长年采用美国安森美半导体（ON Semiconductor）的产品，事实上双方采用了一体化开发传感器和识别软件的形式。

图4-4 Mobileye在自动驾驶软件的开发上实现飞跃（在以色列进行驾驶测试的场景）
（图片来源：Mobileye）

图4-5 Mobileye独立绘制高精度地图

* 采用和 Waymo 相同的战略，相比从其他公司购买地图的竞争对手，Mobileye 处于优势地位。

（图片来源：Mobileye）

  Mobileye 可以紧追 Waymo 的一大原因是其独立绘制作为自动驾驶软件基础的高精度地图 "REM"。和 Waymo 一样，Mobileye 也将高精度地图数据作为核心并视其为竞争领域，故对地图不进行分工，而是整合开发。独立绘制高精度地图的企业并不多，相比从其他公司购买地图数据的竞争对手，Mobileye 可提升开发速度。

Mobileye 致力于绘制 "REM" 是由于其已经能够识别并分析从行驶车辆上收集的大量道路信息，并且这些信息成为在地图数据绘制中重要且频繁的数据更新的基础。而 Mobileye 具备此基础的一大原因是很多汽车都采用了搭载该公司处理器的车载摄像头。

发挥传感器和识别软件的优势并在自动驾驶软件上紧追 Waymo 的 Mobileye 是最早体现索尼的目标方向的企业。而索尼和 Mobileye 的不同之处在于，索尼并不考虑处理器和高精度地图的独立绘制，而是重视它们的分工。在处理器的分工上，索尼和 Waymo 的想法相近——采用英特尔生产的计算机。

和Mobileye形成对比的英伟达

在软硬件的新分工时代，Waymo 和 Mobileye 都以传感器技术为杠杆增强其在自动驾驶软件开发中的存在感。此外还有首次发起挑战的索尼。汽车制造商和零部件制造商也迅速开始向重视软件的体制转换。若稍有疏忽，自动驾驶软件平台就有可能被 Waymo 和 Mobileye 垄断。丰田汽车重组为重视软件的组织形式，并宣称"软件第一"便是其焦虑的映射。

不过，迄今为止，汽车制造商和零部件制造商注重的是硬件开发。汽车制造商的企业规模庞大，无法立刻转到重视软件的方向上。而对苦于软件开发的汽车制造商和零部件制造商提供更好的支持，以实现迅速发展的是致力于自动驾驶处理器的美国英伟达（NVIDIA）。

英伟达最大的特点是其在避开和汽车制造商竞争的同时实现了自动驾驶软件的"分工"。事实上，该公司整合了传感器、软件和高精度地图数据，明确了与 Mobileye 和 Waymo 进行对抗的核心，并充分体谅"汽车制造商通常考虑将传感器、软件和高精度地图分离以提高采购自由度"（理特咨询日本分公司滨田研一）这一期望。

Mobileye 和 Waymo 将自动驾驶软件设为黑匣子且不公开源代码。而与之相对，英伟达根据合约形式的不同，有时会公开源代码。除此之外，英伟达还建立了一套体制，可针对不同功能细致分割自动驾驶软件，并根据汽车制造商和零部件制造商的需求提供不同的软件。

　　汽车制造商和零部件制造商可只使用自己公司无法实现的或急需的功能。英伟达还进一步提供了软件的开发环境和解析环境，以支持汽车制造商的独立生产，如图4-6所示。在如此高的自由度中感受到其魅力，日本丰田和德国戴姆勒等亲自挑战自动驾驶软件开发的顶级制造商无不被英伟达所吸引。

图4-6　英伟达贯彻对汽车制造商的支持

　*通过充分支持软件开发的环境以增加处理器的销售。图片显示的是自动驾驶软件等的解析环境"DRIVE Constellation"。

（图片来源：英伟达）

处理器是否只有独立生产这一条路？

　　对于汽车制造商而言，虽然英伟达提供的处理器使用方便，但若过于依赖，则将来的发展道路可能会十分艰辛。这是由于处理器的转换（替换）成本被提高了。在英伟达汽车部门的高级总监丹尼·夏皮罗（Danny Shapiro）说道："英伟达的软件和开发辅助工具是以在其生产的处理器上发挥功能为目的而开发的，故会按照我们公司的处理器，将软件最优化。"将来当其他公司推出了可媲美英伟达的自动驾驶处理器时，若汽车制造商和零部件制造商想要选择其他处理器，则相应的软件可能也需要大幅变动。

　　当然，汽车制造商等可以凝聚力量以对抗英伟达在自动驾驶软件开发上逐渐提高的影响力。例如，日本丰田、德国戴姆勒和大众等积极开发的车载操作系统，如图 4-7 所示。该操作系统设计了"抽象层"以区别使用多个处理器。

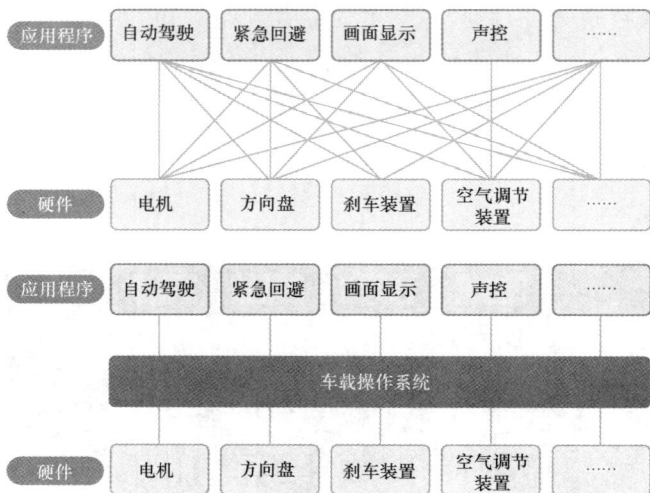

图4-7　希望通过车载操作系统自由选择硬件

*汽车制造商为了能更容易地分割并开发应用程序与硬件，正在尝试开发被称为"汽车操作系统"的基础软件。

（图片来源：英伟达）

不过，其开发过程充满艰辛。虽然在 IT 系统中抽象层是普通的技术，但在自动驾驶软件上，有很多重视实时性的功能实现起来有难度。抽象层的存在基本决定了发展方向为增大时延，各家公司将继续探索能否同时具备抽象层和实时性。

即使通过在软件上下功夫以搭建可区别使用处理器的架构，若重要的可选项没有增多也毫无意义。然而现状却是可选项极少——若自己开发自动驾驶软件便选择英伟达，若分工便选择与英特尔旗下的以色列 Mobileye 联盟。

专攻 EV 的美国特斯拉（Tesla）便是因厌恶可选项之少而投入成本走上独立生产处理器的道路。研究汽车产业战略的九州大学副教授目代武史指出，若回顾历史，可知"如果由于采购自由度下降而使'交易成本'变高，那么企业将走上垂直统合（独立生产）的道路。"今后若没有瑞萨电子和美国高通等半导体企业的崛起，则汽车制造商可能不得不放弃处理器的分工，并像特斯拉一样转向独立生产。

4.2 零部件制造商挑战电动汽车平台生产

由于软件的作用愈加重要，附加价值相对降低的便是硬件——即车身的开发。即使在硬件开发中，之前从未想到的"分工"也在日益增多。电动汽车（EV）平台便是其中的典型，将其委托给其他公司生产的情况相继发生。而零部件制造商也开始挑战传统汽车制造商称霸的平台开发。

"减少对电动汽车（EV）开发的投资，缩短开发周期。"

2020年10月16日，以承包苹果手机（iPhone）生产而闻名的鸿海宣布了其开发EV平台的行动，如图4-8所示，且今后将向其他公司供货。鸿海董事长刘扬伟表示，通过销售搭载自己公司的EV平台的EV，鸿海将于2027年获得全球10%的市场份额。

图4-8　鸿海终于正式进入汽车产业

＊汽车开发市场的进入壁垒大幅降低。

（图片来源：鸿海）

鸿海开发的 EV 平台"MIH 开放式平台（MIH Open Platform）"的特殊一点是，为了可以被多家企业使用，针对每家企业，该平台可变更的范围相当广，如表 4-1 所示。

表4-1　鸿海开发的EV平台概要

属性	参数
汽车大小	B～E级
轴距	2750mm（B级）、2860mm（C级）、2950mm（D级）、3100mm（E级）
轮距	1590～1700mm
离地间隙	126～211mm
电机输出功率	前轮驱动：95kW、150kW、200kW等； 后轮驱动：150kW、200kW、240kW、340kW等

除具备动力传动系统、方向盘和刹车等有关"行驶、转向、刹车"的基本功能之外，MIH 开放式平台还适用于多种类型的汽车。该平台可用于 B ～ E 级车 [22]，轴距的可变范围相当大，为 2750 ～ 3100mm，且可用于掀背式汽车、轿车、运动型多功能汽车（SUV）和多功能汽车（MPV）等大多数车型。

鸿海的入局将动摇现有的汽车开发秩序。因为迄今为止，车身平台的设计和生产是汽车制造商的"特权"，对于新入局企业而言有很高的壁垒，而鸿海的入局意味着这一秩序的崩溃。

"入局汽车开发和生产时，试制、设计量产车和量产分别需要花费数亿日元、100 亿日元和 1000 亿日元。初期投资后还需要一大笔运转资金，至少需要数千亿日元 [23]。融资难度极高。"在 2009 年创立了电动汽车品牌 SIM-Drive 的清水浩（现为 e-Gle 董事长）这样感叹进入汽车产业的难度。SIM-Drive 虽然试制了使用轮毂电机的崭新 EV，但无法筹集到实现量产所需的资金，于 2017 年对公司进行了清算。

对于新进入汽车产业的企业而言，来自鸿海的 EV 平台开发与生产无疑大幅降低了入局的难度。若在 SIM-Drive 诞生时，鸿海便已在开发 EV 平台，或许其结果将会有所不同。

"目标是提供用于 EV 的安卓（Android）。"

22　B 级指中型车，C 级指比 B 级大的中大型车，D 级指豪华车，而 E 级则指超豪华车。

23　译注：1 日元约为 0.05 元人民币。

鸿海并未止步于车身平台的开发，还宣布将提供软件平台。其设想该平台由实时操作系统（OS）和软件开发工具包（SDK）等构成，可用于 Level 2 ~ 4 的自动驾驶。鸿海强调此平台的优点在于，若使用鸿海的软件平台，则期望入局汽车产业的企业"可集中于其所擅长的算法开发"（在鸿海负责软件平台开发的魏国章）。若用鸿海的 SDK 在短期内开发出算法，之后便由鸿海将其应用于车辆并为企业实现量产。

对于汽车制造商而言能否"反超"？

除汽车制造商之外，开发 EV 平台的不仅有鸿海，零部件制造商也相继踏足这一领域。

大型汽车零部件制造商——德国博世（Bosch）开发了被称为"滚动式底盘"的 EV 平台，如图 4-9 所示着眼于面向汽车制造商销售，但不包含博世未涉足的电池和空气调节装置，并于 2019 年年末完成了试制采用滚动式底盘的汽车的实证试验。而日本电产也宣布预计于 2025 年左右开始开发 EV 平台。

图4-9 博世开发的EV平台
（图片来源：博世）

博世除在滚动式底盘提供"行驶、刹车、转向"功能之外，还和德国本特勒（BENTELER Automotive）合作开发了车身底板和悬架等机械零部件，甚至联合从事汽车设计的宾尼法利纳（Pininfarina），整顿了车身设计的体制。其对汽车生产的渗透可谓无微不至，"希望有助于减少 EV 开发的工时"（博世系统工程与技术战略部山崎将史）。

鸿海和博世能开发整个平台这一汽车基本功能的一大原因是，EV 的动力传动系统从燃油发动机变为了电机。若是燃油发动机汽车平台，则由于"燃油发动机制造商＝汽车制造商"，故零部件制造商即使想开发平台也难以获得具有竞争力的燃油发动机。而若是 EV，则电机和变压器都可以自己生产，从其他公司采购也很容易。

采用鸿海或博世所开发的整个 EV 平台的除新兴企业外，还有汽车制造商——平台是左右汽车性能的根本，迄今为止也是汽车制造商竞争力的根源。据业界人士看法，鸿海和博世的挑战可被视为一场涉足汽车制造商的竞争领域的"重新洗牌"。

不过，博世有着不参与可能与汽车制造商形成竞争的业务的信条。博世开发 EV 平台是由于其预料到对于汽车制造商而言，该平台早晚将变为非竞争领域，且选择和其他公司分工的汽车制造商将越来越多。而对于 EV 开发，博世分析指出，"相比汽车的个别组成部分，对像滚动式底盘一样的一体化解决方案的需求将增多。"实际上，博世是和汽车制造商一起推进使用滚动式底盘的 EV 的开发。

这是为什么呢？——原因之一是各地采取的对环境限制的措施。目前，EV 市场在全球范围内并不大。一方面为了应对环境保护需求，需要一定数量的 EV；另一方面，对于越搭建专用平台越看不到销售希望的汽车制造商而言，若能和其他公司分工将对它们有所帮助。

而从中长期来看，还有一个原因是对规模庞大的软件开发等的投资负担日益增大，故对附加价值相对下降的车身平台的投资则相应减少。

软硬件如何取舍？

本田副董事长仓石诚司认为，"通过发挥两家公司的强项，了解可独立开发的领域和能合作的领域，同时致力于创造新的价值"。

本田和美国通用（GM）分别于 2020 年 4 月和 9 月宣布将在 EV 平台和燃油

发动机开发上展开合作，主要以北美市场为对象，本田采用 GM 的 EV 平台，同时提供燃油发动机等技术作为交换，如图 4-10 所示。本田计划在 2023 年发售两款使用 GM 平台的 EV。

图4-10　GM的EV平台

　*本田电动汽车搭载被称为"奥特能（Ultium）"的锂离子电池包。电池包的电量为 50～200kWh，可供选择的范围极广。

（图片来源：GM）

有着强烈独立生产意愿的本田做出将左右汽车性能的平台委托给其他公司生产这一苦涩决定的原因是各地对环境限制的要求不同。尤其在美国，热衷于普及 EV 的加利福尼亚州等地和联邦政府有着不同的环境限制，各州的 EV 普及率也各不相同。本田目前难以预估其销量是否值得重新开发一个专用平台，故转为和其他公司分工。

以北美为对象的 EV 平台分工不仅限于本田。美国福特（Ford Motor）于 2019 年宣布将接受由德国大众提供 EV 平台——"模块化电驱动平台（MEB）"，如图 4-11 所示。

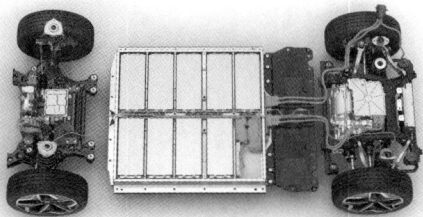

图4-11　德国大众的EV平台已开始量产
（图片来源：德国大众）

今后至少 5 年内，EV 平台的分工将继续扩大。在电池成本基本不会降低的情况下，EV 的销售暂时需要依靠补贴。故多数汽车制造商预测其销量不值得重新为之开发专用平台。主流观点认为，若加快 EV 的普及，则在电池成本可能开始下降的 2025 年之后，各家汽车制造商才会各自开发 EV 平台。

EV 的市场规模在中长期有可能扩大，EV 平台的分工持续增多的可能性也很高。因为在软件是名副其实的主角的情况下，能够分配给硬件的资源有限。

暗示了这一未来场景的产品是德国大众于 2020 年投入生产的新型 EV "ID.3"。这是第一款除在硬件层面采用新的 EV 平台之外，还搭载了车载操作系统 vw.OS 的汽车。据说投资开发 vw.OS 的金额为 35 亿欧元。这是小规模的汽车制造商无法负担的数额。即使如此，在附加价值向软件转移的过程中，无论哪一家汽车制造商都不得不增加对软件的投资。

有能力同时开发软件和 EV 平台的汽车制造商大概只有有限的大型企业。大多数汽车制造商肯定将被迫选择软硬件两者之一进行大规模分工。

4.3
自动驾驶软件和图像传感器也迈向分工

汽车开发中的分工潮也在冲击着 Level 4 自动驾驶。在被视为其核心的图像传感器和自动驾驶软件上，以色列 Mobileye 不惧和其他汽车制造商产生摩擦，正在计划与众不同的分工。另外，为准备单个图像传感器的商品化，日本索尼和美国安森美半导体（ON Semiconductor）尝试扩展整合了"相邻"技术的战线。围绕传感器及自动驾驶软件的分工与合作的界限划分，各家企业的竞争日益激烈。

以色列 Mobileye 已着手于自动驾驶安全基准的标准化。虽然表面上是为了易于对外说明自动驾驶软件的安全性，但实际上却隐藏着想要在该软件开发上实现"与众不同"的分工并进一步加强自己优势的强烈意愿。Mobileye 果断攻入"安全"这一关系到汽车制造商存在意义的领域，追赶在自动驾驶软件上领先的、从美国谷歌中独立出来的 Waymo。

对于被称为"责任敏感性安全评估系统"（RSS）、用公式进行记录的自动驾驶安全基准，Mobileye 从 2020 年便开始以"电气电子工程师学会（IEEE）P2846"进行标准化操作，如图 4-12 所示，并在同年内公布了草案。

RSS 是将前后方向的车间距离及防止加塞的侧方距离等进行公式化的系统。据宣传，基于 RSS 的自动驾驶软件可保证车辆的基本安全。Mobileye 的目标是得到一个"能够证明所用的是绝对不会发生事故的自动驾驶软件的评估系统"。

对于开发自动驾驶软件的企业而言，重要的是假如发生"意外事故"，以经过标准化程序的 RSS 为基础的软件可使其更容易对外解释自动驾驶不是事故原因。

图4-12　标准化安全算法

　　*Mobileye 提出了让自动驾驶软件更安全的想法，目标是将车辆前后方向上的距离及处于十字路口时的操作等控制方法公式化、标准化。

（图片来源：Mobileye）

　　RSS 还有一个优点是更易于减少在自动驾驶软件的检验上所花费的时间和精力。因为若汽车按照 RSS 的公式行驶，则凭此便可以说相关检验已完成。若没有 RSS，则需要假设有多种交通环境的庞大的检验工作，既难以回答自动驾驶做到什么程度可以被称为安全这一问题，又由于过于复杂而难以对外进行说明。

　　RSS 标准化可以说对所有企业都有利。多家和 Mobileye 有竞争关系的自动驾驶软件企业也加入了 RSS 标准化，如美国的新兴企业 Aurora、中国的百度、美国的英伟达和 Waymo 等，如表 4-2 所示。

表4-2　标准化自动驾驶软件的安全基准

"IEEE P2846" 概要	
标准化的主题	有关自动驾驶汽车的安全的模型
参与企业·团体 （名称以IEEE为准）	ARM、Aurora、百度、电装、Edge Case Research、Exponent、菲亚特克莱斯勒（FCA，现欧洲Stellantis）、Foretellix、华为、地平线机器人、英飞凌、英特尔、约翰迪尔（Intelligent Solutions Group）、Kontrol、Motional、美国国家标准与技术研究所（NIST）、Nuro、英伟达、恩智浦半导体、Prover Technology、高通、国际汽车工程师学会、优步、密歇根大学交通研究所、法雷奥、德国大众、Waymo等
主席	Jack Weast（Mobileye）
副主席	Qi Hommes（Waymo）
秘书	Kevin Gay（优步）

另外，汽车制造商大多数持观望态度。加入 RSS 标准化的只有和 Mobileye 合作的德国大众、与 Waymo 联合的欧美菲亚特克莱斯勒（FCA，现欧洲 Stellantis）等。连被称为 Mobileye 盟友的德国 BMW 也没有加入 RSS 标准化。

对于独立开发自动驾驶软件的汽车制造商而言，大概会警惕若"安全"这一可发挥以往优势的领域被标准化，则其优势地位将崩塌。可以说，对安全负责是汽车制造商的存在意义，也被普遍认为是竞争领域之一。

"判断"和图像传感器也开始分工

通过 RSS 标准化，Mobileye 瞄准的目标是进一步加强其早已具备优势的识别软件。

这是怎么回事呢？——RSS 标准化意味着在构成自动驾驶软件的"识别""判断"和"操作"3 个要素中，将加减速及前进方向等决定车辆动作的"判断"的根本算法标准化，使其变为非竞争领域。由于竞争对手也使用相同的算法，故在"判断"上将不再有太大的差异。假设各家公司在作为现有技术延伸的"操作"上的差别很小，则 Mobileye 的最强项——"识别"软件的优势地位将直接关系自动驾驶软件的优劣。RSS 可以说是能最大限度地发挥 Mobileye 强项的架构之一。

此外，Mobileye 相信通过 RSS 能建立减少识别软件开发工序的优势。因为若用 RSS 稳固识别软件的根基，则"被迫变更识别软件的情况将减少"（Mobileye Japan 董事长川原昌太郎）。

例如，假设有一个和 RSS 大相径庭、很早便开始刹车以避免碰撞的判断软件，则该识别软件需要比 RSS 探测远得多的障碍物。此时不仅需要大幅更改识别软件，传感器本身可能也需要重新设计。

不惧侵入现有汽车制造商的领地，Mobileye 果断挑战在自动驾驶中最重要的"安全"的确立，并策划特立独行的软件开发分工，还开始着手于早已和软件一体化开发的图像传感器的正式分工。除被视为核心的识别软件、高精度地图和处理器之外，Mobileye 提高了采购自由度并扩大了软硬件的可选范围。

Mobileye 一直采用安森美半导体的图像传感器，如图 4-13 所示。虽然表面上是两者上下游分工，但实际上是相互合作，是整合开发安森美半导体的传感器和 Mobileye 的识别软件的产物。

图4-13　安森美半导体的图像传感器

＊像素约 230 万的"AR0231"是斯巴鲁（SUBARU）用于新型"LEVORG"的传感器。

（图片来源：安森美半导体）

Mobileye 终于要开始使用其他公司生产的图像传感器了。据说不久之后，采用美国豪威科技（OmniVision Technologies）生产的传感器和 Mobileye 生产的最新处理器 EyeQ4 的汽车将被量产。此外，Mobileye 也在推进使用索尼生产的图像传感器。

被剥离出核心的图像传感器

Mobileye 正式转向图像传感器分工的背景是该传感器的性能对于车载用途而言已达到了足够的水平。安森美半导体的小野科生推测，"它已经接近'车载图像传感器性能提升'的目标了。"

例如，Mobileye 用于搭配 EyeQ4 的 830 万像素的图像传感器"AR0820"。其动态范围高达 140dB，已达到了足够用于自动驾驶的水平，如图 4-14 所示。2021 年之后投入生产的下一代产品可将像素增加到 1200 万。此外，Mobileye 还将进一步推进针对 LED 闪烁问题（该问题容易随动态范围扩大而出现）的解决措施等。在用于自动驾驶时，这一性能已接近完美。

图4-14 Mobileye开发的自动驾驶汽车

* 用图像传感器实现基本的自动驾驶，并考虑用红外激光雷达（LiDAR）和毫米波雷达构筑冗余系统。

（图片来源：Mobileye）

在行业快速发展期间，若不频繁更新传感器则无法维持竞争力，故识别软件的更换规模也容易被扩大。将传感器更换为其他公司的产品相当费事，且难以形成分工。不过若发展速度减缓，则情况将相反。Mobileye 大概认为终于来到了可轻松更换图像传感器的时候。

另外，发展停滞对于图像传感器而言意味着竞争加剧，可能很快就会变为仅靠成本便可进行比较的商品。各家图像传感器公司看准了其成为通用品的时代，开始扩大自己所涉足的领域。

例如，索尼也朝着和Mobileye相似的方向，着手开发自动驾驶软件。索尼在影像处理和识别软件上具有优势，于2020年开发了以 Level 4 为目标的自动驾驶汽车的试验车。

和索尼形成对照的是，安森美半导体通过发挥其硬件优势以扩大战线。在自动驾驶传感器的"三神器"中，该公司首次着手开发除图像传感器之外的红外激光雷达（LiDAR）的受光器和毫米波雷达的收发机。安森美半导体发挥 CMOS 技术而非自动驾驶软件的优势使设备特殊化，硬是以发挥硬件优势的战略面对软件主导的时代。

安森美半导体顺利开发了 LiDAR 的受光器，并于 2021 年下半年确立了在 2021 年内实现收发机量产的目标——利用在图像传感器上培养起来的 CMOS 技术，在控制成本的同时提高其品质和性能。尤其是自动驾驶所不可或缺的 LiDAR 正处于发展之中，暂时还将继续发展，离商品化还有段距离。

为了开发 LiDAR 的受光器，安森美半导体于 2018 年收购了爱尔兰 SensL Technologies。最近，受光器常使用有益于提高输出功率、延长测量距离的 1550nm 滤光片，且多为价格高昂的化合物半导体铟砷化镓（InGaAs）。安森美半导体的目标是开发使用 905nm 滤光片的 CMOS 受光器，在降低价格的同时提高其灵敏度并具备较长的测量距离。

而关于毫米波雷达，安森美半导体将以使用硅基片的 CMOS 技术替换目前使用硅锗（SiGe）基片的技术。

自动驾驶何时不再是竞争领域

"不论哪个自动驾驶软件，都将和自动刹车软件一样商品化。"

为了让自己在自动驾驶软件和图像传感器领域占据优势，Mobileye 意图划分分工和合作的界限。在作为零部件制造商的同时，其也被视为攻入汽车制造商地盘的企业。不过 Mobileye Japan 的川原昌太郎认为，若自动驾驶软件开始普及，则各家公司产品的性能差异将消失，自动驾驶软件将在很短时间内被商品化。换言之，对于汽车制造商而言，自动驾驶软件早晚将成为非竞争领域，说是"反超"并不合适。

实际上，自动刹车在不到 10 年内就成了理所当然的功能。随着各家公司产品之间不再有巨大的性能差异并接近非竞争领域，采用 Mobileye 的软件和处理器的制造商逐渐增多。故 Mobileye 认为自动驾驶软件的发展将会复制相同的轨迹，并据此采取行动。

除自动驾驶软件之外，若进入连 EV 平台也能分工的时代，则汽车开发的竞争领域将发生巨变。恐怕竞争核心将移至出行服务，包括如何让驾乘者度过在车内的时间等。

自动驾驶软件的领跑者 Waymo 于 2020 年 5 月宣布筹集了约 3000 亿日元（约 145 亿元人民币）规模的资金。自动驾驶软件正式投入实际应用近在眼前。新分工时代很快将揭开序幕。

将开发智能手机及aibo的知识与经验运用于汽车开发

　　如第 1 章所述，索尼已进入电动汽车（EV）试验车"VISION-S"的公路行驶阶段。该车以异于常态的速度开发而成——2020 年 1 月在全球最大的电子样品展销会 CES（国际消费类电子产品展览会）上首次亮相，同年 12 月开始在奥地利的公路上进行行驶测试。为了解其方法，我们咨询了领导其开发的索尼执行董事川西泉（见图 4-15）。

图4-15　川西泉
（图片来源：日本经济新闻社）

　　——索尼在奥地利开始了公路测试。

　　汽车评估需要时间，故行驶测试无法即刻完成，需要花费一定时间去测试，深入挖掘其作为汽车的性能并进行评估。试验车正在进行急刹车、加速和转向等测试，并对刹车、悬架和电机等做出相应调整。这些都需要一个个检验。

　　——是否会将其投入量产？

我们听到了这样的声音：造出汽车真是太好了。不过并非那么简单。越是进行开发测试，越能感受到：目前尚未确定实现安全和内心踏实的技术，需要积累充足的知识与经验。说实话，现在没什么需要着急去做的。

——现有汽车制造商和索尼的开发方式是否不同？

简单而言便是索尼采用敏捷开发。传统的汽车是以"瀑布式开发"决定其式样并开始制造的。不过索尼只有敏捷开发还是不够的。用敏捷开发在短期内迭代是否高效呢？其实未必如此。若需要多次重制，也会花费不少时间。最近两三年正在尝试兼取二者之长。

——使用敏捷开发的是软件领域吗？

使用敏捷开发的是 IT 技术相对比较容易介入的领域。车身本身在一定程度上有着固定工序，不太容易插手。以索尼的情况来说，使用敏捷开发的是仪表盘内部的或靠近人的部分。由于是易于应用 IT 思维的领域，故也将敏捷开发应用于高级驾驶辅助系统（ADAS）相关领域。软件占比高的领域相对容易入手。

智能手机的技术被应用到什么程度？

——是否将开发智能手机 Xperia 的技术应用于汽车开发？

不仅限于智能手机，我们还拥有开发 aibo 等产品的知识与经验。界面周边使用安卓（Android）——这也是我们的拿手绝活。安卓智能手机上有很多是美国高通生产的芯片组。人机界面（HMI）控制器上也应用了这些技术。

——可远程更新软件的"空中激活（OTA）技术"日益重要。索尼的电气 / 电子架构在多大程度上考虑了 OTA 呢？

正在设计之中。如果问能否实现 OTA，那么我认为能。功能强大的 OTA 并没有那么麻烦。不过，虽然我们认为不论什么车都可以实现 OTA，但要实现末端功能全用 OTA 更新却是极难的事情。

——由于 EV 的出现，汽车开发正发生翻天覆地的变化。

在电动化这一汽车整体构造都在发生变化的过渡期中，零部件将越来越少且越来越容易生产。也出现了是从零开始生产还是使用半成品的讨论。对索尼而言，我们正确理解了电动化的好处并选择了造车这一条路。而 EV 的出现是一个契机。

——汽车能否和智能手机一样以水平分工的方式生产？

从技术上而言，可能性很大。虽然现在还看不到，但理论上是可以的。虽然目前还不是那么简单，但时间可以解决一切。关于开发，我们也已顺利开始了。2020 年 1 月召开的全球最大的电子样品展销会 CES 提到，大趋势将从"交通工具"转向"移动出行"，而目前索尼已转向这一趋势。

——索尼在 EV 方面将以什么样的商业模式为目标？

迄今为止被称为"汽车"的东西现在被称为"移动出行"，其业务范围正在扩大。索尼可以对移动出行作出什么贡献呢？——有人说最好能找到形态良好的业务。移动出行被定位为城市基础设施。相比生产作为硬件的汽车，希望能将思路进一步拓宽。

——VISION-S 的传感器搭载了索尼的技术。

传感技术很重要。虽然还没想好什么样的传感器是最适合的，但可以利用之前的实时传感技术，识别路面环境并实时以最优方式控制行驶。

——索尼在 EV 开发上也在推进和其他公司的合作。

若能像当下的 IT 一样，形成在一定程度上开放合作的形式则再好不过。由于业务和开发的范围都很大，故希望各家公司能将各自的技术拼在一起。现在已经不是一家公司就能创造技术的时代了。希望能够顺利引入 IT 的思维方式——并非仅利用自己公司的资源、技术独自生产产品，而是大家合作创造更好的产品。这一点和传统的汽车产业不同。

竞争舞台大转变——汽车制造商的生存战略

第 **5** 章

5.1
通过内化软件开发提高竞争力

汽车制造商的竞争舞台正从硬件转向软件，其中具有代表性的是被称为"车载 OS"的车载操作系统。德国大众将 vw.OS 投入实际应用，而丰田汽车集团正在开发 Arene OS。以这些车载 OS 为中心，各家企业开始争夺新的汽车主导权。

"在软件领域也将实现世界上效率和可靠性最高的硬件生产方式——丰田汽车生产方式（TPS）。"在丰田汽车集团开发自动驾驶软件的丰田研究院高级研发公司（TRI-AD）首席执行官（CEO）詹姆斯·库夫纳（James Kuffner）[24]如此介绍其公司的目标方向，如图 5-1 所示。

图5-1 TRI-AD CEO 库夫纳
（图片来源：日经Automotive）

提高软件开发效率的核心技术是目前正在开发的车载操作系统"Arene

---

24 库夫纳于 2020 年 6 月的股东大会上就任丰田汽车董事。

OS"。像美国苹果的操作系统"iOS"和美国谷歌的"安卓（Android）"一样，世界上的开发人员都可以为 Arene OS 开发软件。

若汽车搭载了 Arene OS，则不论硬件有什么不同，开发出来的软件都可以运行，如从车载导航等类似智能手机应用的软件到自动驾驶软件，可高效开发用于汽车的覆盖范围极广的软件。

不过，带有车辆控制的软件能否安全运行、能否承受黑客攻击等问题还需进一步检验。虽然运行不畅或稳定性差的报告在智能手机应用领域司空见惯，但若相似情形发生在汽车上则关乎人命。因此，在目前情况下，可以看出丰田汽车正在完善 Arene OS，将其作为高效开发自家软件的系统。

德国大众的车载操作系统 vw.OS 也是基于相同想法，如图 5-2 所示。在 2020 年夏发售的新型电动汽车（EV）ID.3 及同年发售的运动型多功能电动汽车 ID.4 等汽车上依次搭载了 vw.OS。未来大众除将其推广到大众集团的所有品牌之外，也存在对外销售的可能性。

（a）搭载车载操作系统vw.OS的电动汽车ID.3　（b）领导vw.OS等大众软件开发的Christian Sengar

图5-2　大众的ID.3和Christian Senger
（图片来源：日经Automotive）

内化软件开发

vw.OS 和 Arene OS 被称为"车载操作系统"。汽车制造商致力于车载操作系统的开发是因为日益复杂的软件正逐渐成为汽车开发的瓶颈。

爱信精机执行董事、电子中心总裁及电子商品总部长植中裕史认为，"无论是开发准备时间还是开发费用，软件都占据了相当大的比例。汽车制造商希望通过内化用于提高软件开发效率的基础技术（基础设施）以提高竞争力"。

在车载操作系统中，实际搭载在汽车上的软件极少，空间基本被设计工具和检验工具等基础设施所占据——这些工具用于开发在车载操作系统上运行的软件。TRI-AD 首席执行官鲤渊健描述道："我们开发的自动驾驶软件的 90% 为基础设施。"迄今为止，汽车制造商一直通过内化高效生产汽车（硬件）的技术来提高竞争力，今后将考虑通过提高软件开发的效率以在竞争中赢得最后的胜利。

大众也在推进软件内化。于 2019 年 6 月成立的跨部门软件开发组织"Car.Software"一开始以 500 人的规模起步，并于 2020 年 3 月扩大到 3000 人的规模。大众计划在 2025 之前将该组织扩大到 1 万人的规模，并将自己生产的软件的占比从不足 10% 提高到 60%。

希望分离软硬件

汽车软件复杂化不仅是因为增加了联网和自动驾驶等新功能，还在于软硬件难以分离这一汽车特有的情况。要求实时操作的传感器和操纵装置的电子控制单元（ECU）的软硬件有很强的相互依赖性，故难以分离。

这对于汽车制造商而言已成了很大的负担。领导大众软件开发的 Christian Senger（大众汽车品牌董事会成员，负责"数字汽车与服务"）指出："每次变更零部件时，ECU 供应商都需要进行各种软件的检验作业。这一现行架构已到了极限。"

车载操作系统拥有将硬件抽象化的功能——"硬件抽象层（HAL）"，可在 ECU 上分离软硬件，如图 5-3 所示。由此，汽车制造商将从烦琐的检验作业中解放出来，并能自由选择成本竞争力最高的 ECU 零部件。

此外，汽车制造商也可自由修改软件。通过用无线网络更新软件的空中激活（OTA）技术添加或升级自动驾驶等功能，可提高汽车价值。还可能像大众一样将汽车作为信息终端收集数据并产生新的价值。具有高移动能力的汽车除可通过 360° 传感器收集外界信息之外，还可通过驾驶员监控系统（DMS）收集驾驶员及乘客的信息。

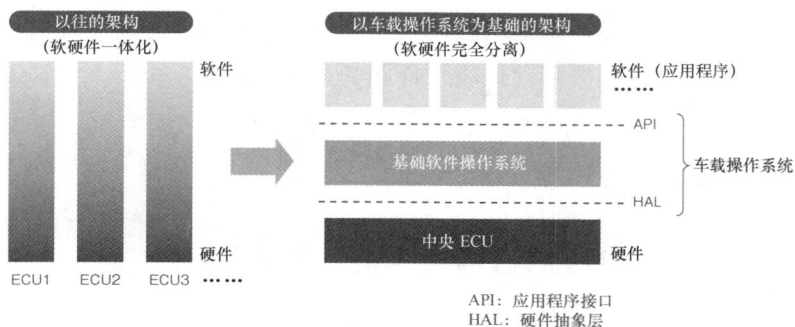

図5-3　用车载操作系统分离软硬件

（数据来源：日经Automotive）

对于像这样的数据主导型服务，电子平台的活跃用户数是一项重要指标。即使汽车的硬件不同，只要运行了车载操作系统，便可将数字化平台集成为一个。对于像大众和丰田一样年出货量达到 1000 万辆的汽车制造商而言，引入车载操作系统的效果将非常显著。

另外，若分离软硬件，则会对汽车开发的供应链产生影响，如图 5-4 所示。迄今为止的 ECU 由汽车制造商和一级零部件制造商决定样式，由一级零部件制造商一体化开发软硬件。但利用搭载了车载操作系统的 ECU 则有可能推动"分工化"——例如一级零部件制造商只提供硬件，软件由汽车制造商和软件供应商共同开发。

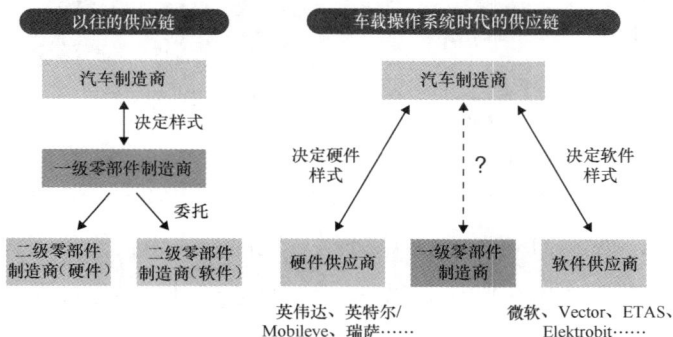

图5-4　供应链将因车载操作系统而发生变化

＊若软硬件分离因引入车载操作系统而得以推进，则所谓的"脱离一级零部件制造商"将更容易发生。

（数据来源：日经Automotive）

实际上，大众正在加快和美国微软及德国 Elektrobit 等软件供应商的共同开发。若实现共同开发，则硬件将可能迅速被商品化，"对于一级零部件制造商而言将是威胁"（爱信精机植中裕史）。为了防止此类情况发生，一级零部件制造商也在为提高软件开发能力而行动。

车载操作系统在世界上生存下来的方式只有3种？

在德国博世的子公司从事开发工作的德国 ETAS 董事长弗里德海姆·皮克哈德（Friedhelm Pickhard，见图 5-5）指出："车载操作系统在世界上大概只有 3 种生存方式。"车载操作系统不仅要求安全性和可靠性，还要求高性能和网络安全等，故需要高额的开发投资。因此，在世界上生存下来的方式只有 3 种——欧洲方式、美国方式和中国方式。

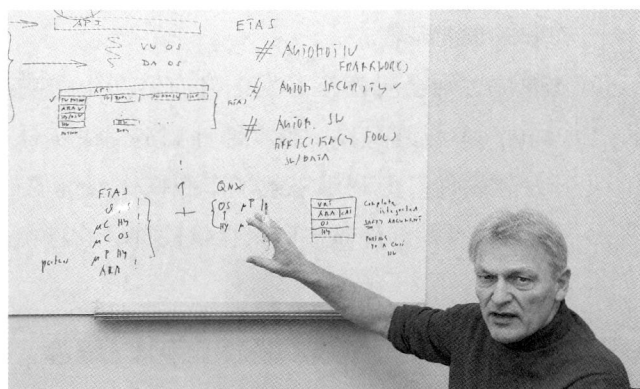

图5-5　ETAS董事长Friedhelm Pickhard
（图片来源：日经Automotive）

欧洲方式是以车载操作系统的标准规格"汽车开放系统架构（AUTOSAR）"为基础的方式，指 vw.OS 和 Arene OS 等[25]。美国方式为类似美国 Alphabet 旗下开发自动驾驶技术的美国 Waymo 或美国特斯拉般、以 IT 领域的软件技术为基础开发汽车的方式。中国方式尚未有明确定义，但中国提出自己独有方式的

25　AUTOSAR 可以说是在车载操作系统业界进行标准化的行动。除用于旧型 ECU 的 "Classic AUTOSAR" 之外，今后也许将正式采用用于集成 ECU 的 "Adaptive AUTOSAR"。vw.OS 也用 Adaptive AUTOSAR 作为关键零部件。

可能性很高。

其他方式无法保证能和高额的开发投资相抵的出货量，且价格过高，无法被接受。目前，尚无法看清各家汽车制造商今后是分别开发车载操作系统还是采取集团战略。不过，车载操作系统种类越少，一级零部件制造商和软件供应商的负担越轻，业界整体的效率就会提高。像计算机业界的 Windows 和 mac OS、智能手机业界的 iOS 和安卓（Android）一样，汽车业界的操作系统数量大概也是有限的。

5.2
集成ECU的开发需要IT领域的方法

被汽车制造商作为新的软件基础进行完善的"车载操作系统"的前提是能被搭载到具有高处理性能的集成电子控制单元（ECU）上。集成 ECU 和以往 ECU 的软件开发方式不同，更接近 IT 业界的方式。于是引进美国硅谷式的技术的行动已经开始。

总部位于美国硅谷的新兴电动汽车（EV）制造商特斯拉（Tesla）于 2019 年采用了中央处理型集成电子控制单元（ECU），如图 5-6 所示。如第 3 章所述，汽车业界推测正式采用此类 ECU 要到 2025 年左右，但特斯拉实际上领先 6 年便将其投入使用。

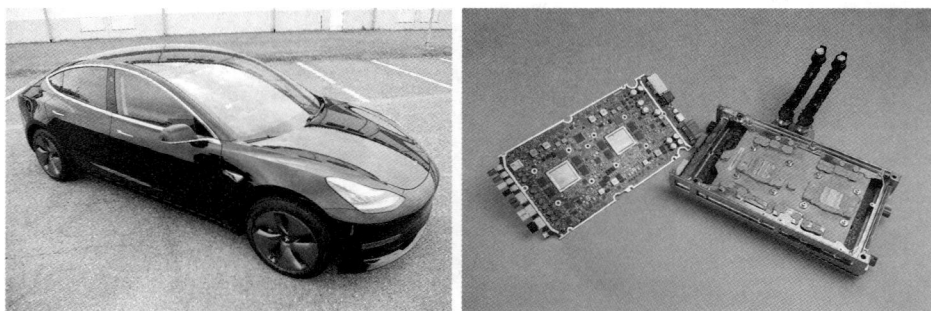

（a）特斯拉的EV "Model 3"

（b）Model 3搭载的集成ECU，装有分别用于自动驾驶和媒体控制的两块印制电路板，并采用水冷方式散热

图5-6　特斯拉Model 3和集成ECU

（图片来源：日经Automotive）

事到如今，大众和丰田也在加快开发以集成 ECU 为前提的"车载操作系统"。大众计划在每辆车上搭载 3 ～ 5 个被称为"高性能计算机（HPC）"的

ECU 以作为运行 ww.OS 的车载计算机。

虽说如此，但对于集成 ECU，大众和丰田所采取的方式比特斯拉要缓和。特斯拉采取"破坏性的方式"—— 一口气转为中央处理型集成 ECU，而大众和丰田则采取"逐渐过渡的方式"——分阶段整合 ECU。这和过去的汽车开发史有关。

无法打破的成本之壁

"原本从 20 年前开始便有了对集成 ECU 的探讨。"爱信精机执行董事、担任软件开发主管的电子中心主席植中裕史（见图 5-7）这样说道。使用高性能处理器的集成 ECU 存在成本高昂、难以普遍用于各种车型的各种版本等问题。

图5-7　爱信精机执行董事植中裕史
（图片来源：爱信精机）

植中裕史认为："即使为高级汽车开发了集成 ECU，对于普通汽车而言也过于昂贵，故无法使用。"如大众或丰田一样具备种类繁多的车型（从普通汽车到高级汽车）的汽车制造商，选择了零散配置只具备最低限度功能的、价格便宜的、以微型电子计算机为基础的 ECU 的方式。如此便可通过根据车型的功能配置选装 ECU，将其应用于各种车辆。

植中裕史认为："特斯拉能迅速采用价格高昂的集成 ECU 是因为其没有

历史羁绊，且车型版本很少，只有高级车。"大众和丰田虽然也以联网和自动驾驶为背景朝集成 ECU 的方向迈进，但经常会将现在的开发过程和过去的 ECU 资产的成本进行比较。其结果便是"即使现在也难以一口气转向集成 ECU"。

大众和丰田目前所采用的方式是"域架构"——在动力传动系统和车身等每个领域（域）中配置域 ECU。虽然今后为了实现能让联网和自动驾驶相互配合的大型系统，需要更大规模的集成 ECU（中央 ECU），但并不会全部替换为集成 ECU。

尤其是带有传感器和操纵装置控制的系统，将其并入集成 ECU 十分困难。例如，"在同时用传感器探测操纵装置的操作并进行实时控制的系统中，若不将 ECU 放置在操纵装置附近则可能无法进行信号传递"（植中裕史）。相当于所谓的"反射神经"的部分需要以微型电子计算机为基础的旧型 ECU。

谨慎观察新旧两种ECU

除上述旧型 ECU 之外，爱信集团也在推进集成 ECU 的开发。旧型 ECU 的软件开发方式几乎没有变化，多采用被称为"瀑布式"的方法——严格编写说明书、安装软件并开展测试。在此过程中，最近也开始使用"模拟模型"，致力于"基于模型的开发"——在上游工序中充分检验功能后再安装。

另外，集成 ECU 要求采用"敏捷型"或"迭代型"等用于 IT 领域的开发方式。在严格写完说明书之前，首先制作并提供"能运行的软件"，然后一边接受用户反馈一边反复修改以提高其完成度。丰田集团中开发自动驾驶软件的丰田研究院高级研发公司（TRI-AD）已引入这种方式。

爱信精机出资 TRI-AD 并派遣技术人员，从曾在美国硅谷经历过软件开发的 TRI-AD 技术人员处吸收知识与经验，如图 5-8 所示。"除派遣人员之外，其他人员也在参加 TRI-AD 的迭代开发培训或获取敏捷专家的资格。"（植中裕史）

图5-8 教授硅谷式方法的TRI-AD的"Dojo（道场）"

*TRI-AD 有着教授硅谷式软件开发方法、被称为 Dojo 的教育项目。图片显示的是开放的体验会的情形。

（图片来源：日经Automotive）

面向车载操作系统，结构化软件

爱信精机也在推进应对车载操作系统的方法。车载操作系统可通过单独的应用程序接口（API）实现各种功能。因此，"可顺利适应汽车制造商的 API 的软件结构设计（模块化）必不可少"（植中裕史）。

除了爱信精机，于 2019 年 10 月合并经营 Aisin comCruise 和 AW Software 而成立的 Aisin Software 也在推动以上开发。爱信精机决定符合车载操作系统的软件结构样式，Aisin Software 则基于爱信精机的方向开发模块。不过，"实际上是共同开发，有时由爱信精机开发模块或由 Aisin Software 设计上游的软件结构"（植中裕史）。

以横向联合的组织开发软件

爱信集团可处理的 ECU 范围很广，从自动变速器（AT）及刹车的控制 ECU 到车门及天窗等车身 ECU，再到汽车导航系统、自动泊车系统及驾驶员监控系统（DMS）等信息 ECU 都有所涉足。爱信集团并非按照各个 ECU 分别开发软件，其思路为跨部门组织集中管理开发以提高效率。

该组织就是由植中裕史担任主管的"电子中心"。爱信精机于 2021 年 4 月和爱信 AW 合并经营。在此之前，该公司于 2020 年 4 月引入内部公司制，按照不同业务将公司分为 6 个内部公司，即"动力传动系统""行驶安全""车身""售后市场""生活方式与能源（L&E）"和"连接与共享方案（CSS）"。横向串联各部门以负责 6 个内部公司的软件开发的便是电子中心。

电子中心的前身是 2017 年 4 月成立的"信息·电子虚拟公司"。在爱信 AW 开发了汽车导航系统的信息部门技术人员和在爱信精机负责车身控制的技术人员一直在联合推进集成 ECU 的开发。如今，电子中心内的"电子控制平台组"继续此方面的开发。该小组人员数量为 20 人。

正在开发中的集成 ECU 预计包含以下功能：当驾驶员坐上车时，通过 DMS 识别其身份并自动调节座位位置等以符合用户的喜好。此外，还希望能在云端分析用户喜好，然后系统为用户提供各种建议。该技术被应用在于 2020 年 1 月召开的全球最大的电子样品展销会 CES 上展示的概念车"i-mobility TYPE-C 20"上，如图 5-9 所示，通过传感器监控车内外的障碍物和车内人员，辅助驾乘人员安全、舒适地上下汽车。

图5-9　在CES上展示的概念车
（图片来源：爱信精机）

从IT领域引入技术也伴有风险

搭载车载操作系统的集成 ECU 正在加速从 IT 领域引入技术。积极将已在 IT 领域开发完成的技术引入汽车，有可能及时提供用户所需的功能，这对于苦于资源不足的汽车业界而言，大概是个喜讯。

但 Elektrobit 日本销售经理岛本泰光指出："当在汽车上引入第三方开发的技术时，如何检验整个系统依然存在问题。"

由于在车载操作系统上运行的软件只能对指定的 API 进行访问，故从总体上来看，即使是第三方开发的软件，影响汽车控制的可能性也很低。集成 ECU 也将像应用程序领域、人身安全领域和网络安全领域一样区分系统领域，使各个领域之间不相互影响。然而，即使如此，目前尚未明确是否真的可以保证汽车的安全性。

在第三方可自由开发应用程序的智能手机领域，关于非法访问和黑客攻击的报告络绎不绝。汽车领域也可能发生同样的事情。如何在运用 IT 技术的同时保证汽车的安全性和保护措施是一大课题。

5.3
刻不容缓！网络安全措施势在必行

在汽车软件开发中无法回避的是网络安全问题。通常各家汽车制造商各自采取措施，但从 2022 年开始，网络安全在欧洲朝着义务化的方向发展，只有遵循新标准 ISO/SAE 21434 的汽车才能获得型式认证并在欧洲销售。由此可见，保障汽车的网络安全已刻不容缓。

从 2022 年开始，欧洲便将汽车的网络安全措施定为一项义务，如图 5-10 所示。该制度由联合国欧洲经济委员会（UNECE）世界车辆法规协调论坛 (WP.29) 策划制定。由于型式认证的必要条件中加入了网络安全项目，故对于在欧洲销售汽车的汽车制造商而言，必须对此做出回应。

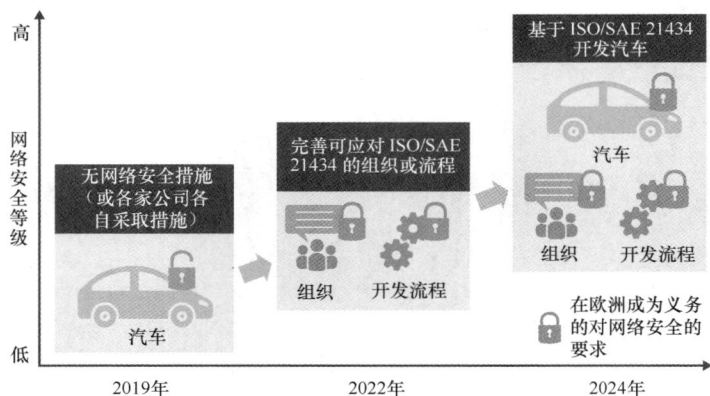

图5-10　欧洲从2022年开始将网络安全定为义务

＊欧洲于 2022 年开始的网络安全义务化首先是涉及组织或流程的整备情况的内容。不过从 2024 年开始将要求在该体制下开发汽车。

（图片来源：日经Automotive）

制定该规定的原因是联网汽车或自动驾驶汽车受到黑客攻击的风险很

高。迄今为止，发生过针对欧美菲亚特克莱斯勒（FCA，现欧洲 Stellantis）的"Jeep"和美国特斯拉（Tesla）的电动汽车（EV）的黑客攻击案例。有人指出，存在从汽车外进行远程操作等直接关乎人身安全的风险。

从 2022 年开始，欧洲将在新车上搭载联网功能定为一项义务。其目标是通过联网汽车推进数据的灵活应用，但同时受到黑客攻击的风险也将增大。因此，欧洲希望通过在 WP.29 的型式认证中加入网络安全措施，促使汽车制造商拿出相应措施。

该规定不仅限于欧洲，预计将推广到遵循 WP.29 的日本、韩国及俄罗斯等超过 50 个国家和地区。中国和北美虽然不遵循 WP.29，但其发展方向为单独导入，几乎等同于 WP.29 的规定。

新标准ISO/SAE 21434

在 WP.29 的型式认证中，要求汽车制造商满足有关网络安全的必要条件"网络安全管理系统（CSMS）"和有关软件更新的必要条件"软件更新管理系统（SUMS）"，并向审查公司提交"CSMS 证明"和"SUMS 证明"，如图 5-11 所示。由于网络安全的发展日新月异，故需要和通过无线网络更新车载软件的空中激活（OTA）技术组合使用来调整应对网络攻击的方式。

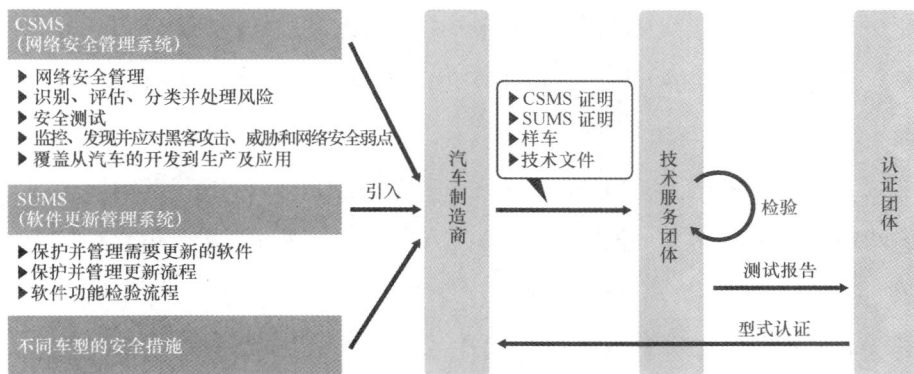

图5-11　WP.29型式认证流程

* 汽车制造商向德国技术监督协会（TÜV）等技术服务团体提交 CSMS 证明和 SUMS 证明，然后从认证团体处取得型式认证。

（图片来源：以日本新思科技的资料为基础由日经Automotive制成）

关于 CSMS 和 SUMS 的具体内容，需要参考国际标准化组织（ISO）和美国汽车工程师学会（SAE）共同制定的国际标准 ISO/SAE 21434，该标准于 2021 年 8 月 31 日发布。换言之，为了取得 WP.29 型式认证，需要遵循 ISO/SAE 21434。该标准的执行对象不仅为汽车制造商及一级零部件制造商，还包括与电子控制单元（ECU）相关的二级及以下的零部件制造商。

网络安全人才难以得到保证

CSMS 和 SUMS 规定了用于保证网络安全的有组织的管理体系和流程，其内容覆盖汽车开发、生产及售后使用。具体而言，即成立网络安全管理团队、定义流程并完善为了让开发团队能遵循流程的组织架构。CSMS 和 SUMS 还定义了风险评估方式和应对评估结果的方法及网络安全测试的内容等，也决定了汽车售后的网络安全监控方法及发现网络弱点时的应对方法。此外，CSMS 和 SUMS 还完善了能让 OTA 正确运行的体制。

如此，在对 WP.29 和 ISO/SAE 21434 做出回应时，需要调整组织的地方很多，对于企业而言需要在此花费时间。尤其有许多人指出："保证拥有精通网络安全的人才并不容易。"

此外还有人指出，二级及以下的零部件制造商难以应对所有要求。为此，相比汽车制造商和一级零部件制造商，应对二级及以下的零部件制造商放宽必要条件的讨论正在展开。但具体决定还需等待 WP.29 及 ISO/SAE 21434 的最终版。

ISO/SAE 21434 是以 2016 年出台的标准 SAE J3061（用于汽车信息物理系统的网络安全指南）为基础、将 SAE J3061 的必要条件进一步具体化后的内容，如图 5-12 所示。因此，对于在面对 SAE J3061 时已完成组织调整的汽车制造商和一级零部件制造商而言，影响可能较小。另外，对于从现在开始采取措施的企业而言，可以此为契机推进成立或扩大网络安全团队、添加测试流程并引入测试设备等。

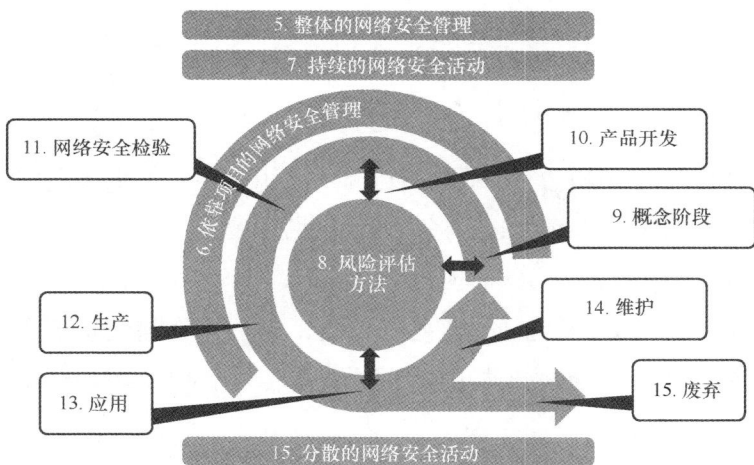

图5-12　ISO/SAE 21434概要

*数字表示标准文件的条目编号。条目 1～4 为资料说明，故略去不表。条目 5 及之后规定具体内容。

（图片来源：以日本新思科技的资料为基础由日经Automotive制成）

也有需要新的IT投资的情形

2022 年在欧洲被设为义务的是组织及流程的完善情况，并不关心实际上汽车是否在该组织/流程下开发。因为在 WP.29 及 ISO/SAE 2143 尚未确定具体条目的现在，相关企业已经在推进开发在欧洲销售的新车。不过，从 2024 年开始，企业便需要证明汽车实际上是依照 CSMS 和 SUMS 的必要条件开发的。

如此，企业将分阶段强化汽车安全义务。根据具体情况，可能"需要对新的 IT 系统进行投资"（KPMG FAS 全球战略集团总监池田晴彦）。例如，在其他 ISO 标准下，为了保证产品的可追溯性，需要使用 IT 系统的日志管理。若此类内容成为 ISO/SAE 21434 的正式条件，则即使是二级及以下的零部件制造商也需要大量的 IT 投资。

虽说如此，"流程管理并非依赖人力。通过 IT 系统进行自动化、使之能迅速找出监察记录是非常重要的"（池田晴彦）。中小型汽车制造商的 IT 系统较旧，用纸张管理信息的情况很多。当下，重新评估依赖纸张和印章的旧式管理体制的行动正在扩大，或许汽车业界也可以此为契机推动公司内部的电子化办公。

被切断业务联系的风险

大型汽车制造商和一级零部件制造商正稳步而顺利地推进应对新规定的准备。德国的三大汽车制造商正将其作为经营课题之一并对其投入大规模资源，以3年项目的形式推进，而现在是第一年。丰田集团也从一段时间之前便开始以丰田汽车为中心建立自己的安全理念，并一直在搭建用于实现其安全理念的系统架构。而该系统架构的延伸则被视为应对WP.29及ISO/SAE 21434的措施。

一级零部件制造商也在构建能遵守ISO/SAE 21434的安全流程的组织体制，并在整理各种文件。爱信精机表示，"最近终于看到了这方面的眉目。由于即将开始型式认证，故目前正是紧锣密鼓地做准备的时候"。

不过，制造商的应对措施存在强弱差异。在汽车制造商中，欧洲销售占比低的企业和中小型汽车制造商的应对措施处于后手。但该规定的适用范围不仅限于欧洲，预计未来将推广到全世界，故若晚一步采取措施则可能导致竞争力低下。此外，在向一级零部件制造商供应零部件的中小型零部件制造商中，应对措施几乎没有进展。也有人指出，"不知道规定存在的情形很多"（KPMG）。若中小型零部件制造商在应对措施上晚一步，则存在被切断业务联系的风险。

与ISO 26262似是而非的标准

ISO/SAE 21434和功能安全标准ISO 26262有很多共通之处。Vector Japan培训部经理中村伸彦提到，"或许因为负责人一样，或许因为非常相近的地方很多，二者的结构本身非常相似，文件也存在重复部分"。

不过，由于ISO/SAE 21434以网络安全为对象，故其特点为需要对抗外部威胁、需要考虑的范围更广。此外，ISO 26262只需在自己公司内执行，而与之相对，ISO/SAE 21434规定必须取得认证才能销售汽车，故要有更严格的应对措施。

　　如果一级零部件制造商符合 ISO/SAE 21434，那么就无须分别满足各家汽车制造商的要求了吗？——答案是"并非如此"。ISO/SAE 21434 规定的是整体方案，并未明确规定由汽车制造商应对的部分和由一级零部件制造商应对的部分。很可能根据汽车制造商的不同，一级零部件制造商需要应对的部分也不尽相同。

　　今后在推进二级及以下的零部件制造商的应对措施时，或许也会有"一级零部件制造商全部负责还是汽车制造商共同负责"的讨论。

5.4
丰田通过自主开发的操作系统成为生态系统的主角

在汽车的附加价值向软件转移的过程中，汽车制造商开始了新的开发方式，如用 IT 业界的方法开发集成电子控制单元（ECU）等。不过，仅凭此依然难以胜过在汽车市场强化统治力的 IT 企业，还需要通晓造车之道的汽车制造商所特有的软件战略。丰田汽车在实验城市"Woven City"的建设中，引入了以软件为中心改革生产方式的"软件优先"思维。

负责丰田汽车所推动的实验城市"Woven City"软件战略的 Woven Planet Holdings 首席执行官（CEO）詹姆斯·库夫纳（James Kuffner）说道："让开发出来的软件或服务能够在各种硬件平台上运行（部署）。"如图 5-13 所示。

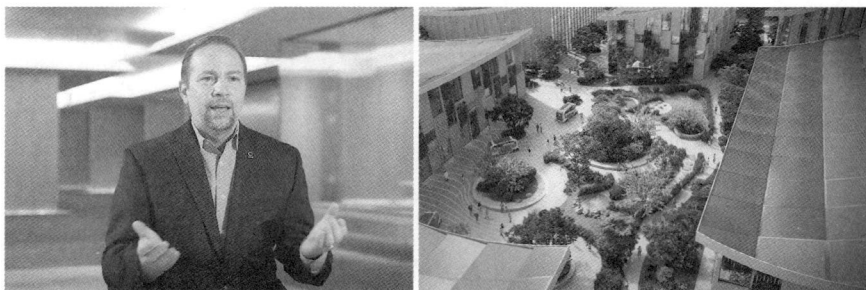

（a）负责Woven City的软件战略的Woven Planet Holdings CEO詹姆斯·库夫纳　（b）建于日本静冈县裾野市的Woven City的形象图

图5-13　用新的软件战略发起挑战的Woven City

（图片来源：丰田）

Woven City 旨在使用轿车、Maas（出行及服务）车辆、交通 / 充电基础设施、住宅、看护设施和机器人等各方面的系统解决社会问题。此时，若为每个硬件分别开发软件则效率很低，且系统间也难以协作。因此，需引入类似"城市操作系统"的通用软件，超越硬件的不同而开发软件或服务，并让它们相互协作。Woven City 于 2021 年 2 月在日本静冈县裾野市开始建设。

像这样以软件为中心的结构被称为"软件定义体系结构（SDA）"。虽然这种结构在 IT 业界十分普遍，但在汽车和社会基础设施等软硬件紧密结合的领域尚属新的尝试，目标方向与智能手机中的美国苹果的 iOS 和美国谷歌的安卓（Android）相近，如图 5-14 所示。

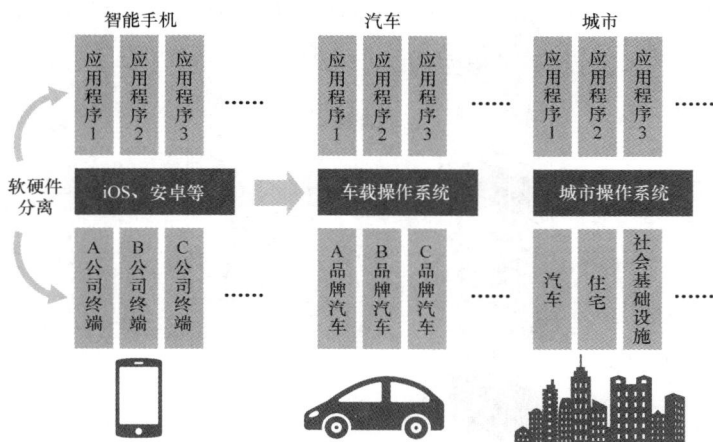

图5-14　软硬件分离

*在智能手机上发生的变化也正发生在汽车上，目标是通过将其进一步扩展到城市级别以解决社会问题。

（图片来源：日经Automotive）

在智能手机领域，一方面，拥有自己开发的操作系统的 IT 企业作为平台提供者发展显著；另一方面，硬件老旧的速度加快，多家手机制造商退出了市场。而汽车走上相同道路的可能性很大。汽车制造商仅依靠生产并销售汽车这一传统的商业模式，则可能像曾经的手机制造商一样被淘汰。丰田汽车的目标是通过 Woven City 确立自己开发的操作系统，并成为紧贴人们生活的新生态系统的主角。为此，丰田汽车加快了向"软件优先的生产方式"的转变。

用车载操作系统克服复杂性问题

在汽车业界，之前就已讨论需要电子化和软件强化以应对CASE（网络连接、自动驾驶、共享与服务、电动化），而受新冠疫情的影响，这一过程进一步加速。

在汽车的电子化中，起核心作用的是被称为"车载操作系统（或汽车操作系统）"的软件基础，如德国大众的vw.OS、德国戴姆勒的梅赛德斯奔驰操作系统（MB.OS）和丰田（Woven Planet）的Arene OS等，如图5-15所示。如库夫纳在本节开头所指出的一样，Arene OS还有可能推广到城市，但首先要解决的是如何在汽车上投入实际应用的问题。

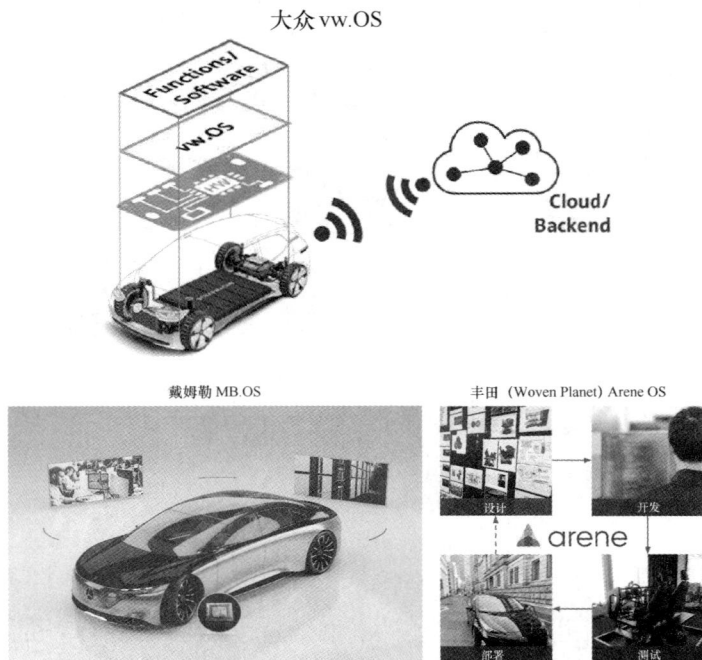

图5-15 引入车载操作系统，提高自制软件的占比

*以大型汽车制造商和高级汽车制造商为中心、引入各自的车载操作系统的行动十分引人注目。

（图片来源：大众、戴姆勒、Woven Planet）

车载操作系统是各种应用程序和服务的基础，也是汽车制造商所构筑的平台的关键，同时还是能提高日益复杂的软件开发效率的架构。如今，汽车电子控制单元（ECU）以联网、高级驾驶辅助系统（ADAS）、自动驾驶系统和综合驾驶舱为中心，软件逐渐复杂化且规模日益扩大。若能通过车载操作系统分离软硬件，则可在没有意识到硬件的情况下分别并行开发各个软件（应用程序或服务）。

实际上，大众虽然在电动汽车（EV）ID.3 上引入了 vw.OS，但与其说它是一个数据平台，倒不如说其目的更多的是提高开发效率。据负责 ID.3 的集成 ECU 开发的德国大陆（Continental）软件子公司称，在共计 3 个集成 ECU 中，即使只开发一个也是需要 600 名软件技术人员花费共计 200 万小时的大型项目。可以说，若没有车载操作系统，则开发将十分困难。

汽车也使用敏捷开发和DevOps

和车载操作系统配套的是开发、模拟和测试等的工具群（开发基础设施）。和智能手机不同，在汽车领域，软件质量关乎人身安全。构筑安全且高效的模拟 / 测试环境是展示汽车制造商能力的一个平台。

像这样的开发基础设施被称为"软件工厂"。丰田、大众、戴姆勒、BMW 和沃尔沃（Volvo）等多家汽车制造商都致力于此。尤其对于面向 SDA、意图提高软件自产比例的汽车制造商而言，这将成为其竞争力的源泉。

在软件工厂中，开发方式引进"IT 流"和"云流"。迄今为止，传统的企业多采用依照周密制订的计划开发软件的"瀑布式"开发模式。然而，该方法难以迅速应对市场环境和用户需求的变化。因此，即使成熟度低，企业也先将成品软件推向市场，然后一边听取用户反馈一边迅速地不断进行小规模的完善。像这样的方法被称为"敏捷开发"或"DevOps"，在 IT 业界十分普遍，而在以软件强化为目标的汽车业界也开始得到推广。

敏捷开发和 DevOps 等方法在应对以汽车为目标的黑客攻击方面也很重要。因为迅速重复小规模修改的方法便是使用空中激活（OTA）技术的软件更新。

如在 5.3 节中所述，联合国欧洲经济委员会（UNECE）的世界车辆法规协调论坛 (WP.29) 于 2020 年 6 月采纳了将汽车网络安全措施设为义务的指导方针。新规定于 2021 年 1 月发布，而欧洲从 2022 年开始将其应用于新车的型式认证。新规定要求新车遵循有关汽车网络安全的标准 ISO/SAE 21434，不遵循该标准的新车将无法获得型式认证并无法在欧洲销售。除在开发和生产汽车时的应对措施之外，从销售到汽车报废为止的整个汽车生命周期都要求有应对措施，故软件更新是必需的。

IT企业入局车载操作系统

虽然汽车制造商转向软件强化，但并非所有企业都拥有自己的车载操作系统。车载操作系统需要巨额投资、对于中小型汽车制造商而言门槛过高也是实情。而 IT 企业将此状况视为良机并紧紧抓住，开始入局车载操作系统。

谷歌为车载信息娱乐系统（IVI）提供的安卓车载操作系统便是其中之一。现状是对汽车 ECU 的访问还比较有限，只能实现近似于智能手机应用的软件。需要关注其今后将如何发展。此外，美国亚马逊的子公司和从事车载操作系统"QNX"的加拿大黑莓（BlackBerry）联合，开始搭建收集汽车数据并将其变为有用信息的数据平台。作为近似于车载操作系统的方式，这也值得关注。

汽车制造商计划引进"IT 流"的技术以强化软件，但仅靠这个难以战胜 IT 企业。智能手机和汽车的区别是需要考虑关乎人身安全的安全性和保护措施这一点。故要求汽车制造商在软件上也能发挥出根据严格的安全标准和法律法规而历经千锤百炼的硬件优势。如何在车载操作系统和软件工厂中植入保证安全性和保护措施的机制将会成为竞争的核心。

这里可参考索尼的例子。无造车经验的索尼通过和汽车零部件制造商合作，开发了以软件定义的测试车辆 VISION-S，如图 5-16 所示。在此过程中，索尼学习到了"汽车是多么了不起、多么深奥的东西"。尤其在公路测试所必需的安全保障零部件和应对法律法规的措施等方面，索尼经历了千辛万苦。索尼虽然没有售车计划，但其指出，"有很多不实际生产汽车便不明白的东西"。而对于以一年几百万辆的规模量产汽车的汽车制造商，索尼表示"感觉是另一个次元的领域"。

另外，索尼还指出，"应该可以用软件控制汽车的乘坐体验等"。对于汽车制造商而言，认真学习汽车制造难点的 IT 企业是一个威胁。汽车制造商也应该积极学习 IT 专业知识。重要的是，在此基础上，将在生产中建立起来的安全性、可靠性及保护措施方面的优势融入软件。

图5-16 正在进行公路测试的索尼VISION-S

　*索尼虽然没有销售汽车的计划，但作为物联网（IoT）战略的一环，索尼重视以软件定义的汽车并开发了测试车辆 VISION-S。在 2021 年 1 月的全球最大的电子样品展销会 CES 上，索尼宣布 VISION-S 将在欧洲开始公路测试。

（图片来源：索尼）

5.5
大众以IT流的智慧解决日益复杂的软件开发

德国大众的新型电动汽车（EV）ID.3搭载了可使用空中激活（OTA）技术的大规模集成电子控制单元（ECU）。其软件开发为600名技术人员共计花费200万小时的大型项目。在以往的开发方法无法适用的情况下，德国大众通过灵活运用IT领域的各种智慧，完成了这一大型项目。

德国大陆（Continental）的软件子公司、德国Elektrobit负责企业管理的执行副总经理Martin Scheicher（见图5-17）指出："为了超越日益复杂的汽车软件开发，需要新的智慧。"

图5-17　Elektrobit的Martin Scheicher
＊他指出IT领域的技术对于集成ECU的开发不可或缺。

（图片来源：Elektrobit）

该公司致力于德国大众的新型电动汽车ID.3的集成电子控制单元（ECU）"ICAS1"的软件开发，如图5-18所示。据说德国大陆和德国Elektrobit共投入了600名软件技术人员花费200万小时才完成软件开发。

图5-18　大众的新型电动汽车ID.3

*ID.3搭载了兼具中央通信闸和车身系统域ECU功能的集成ECU"ICAS1"。

（图片来源：大众）

若是操纵装置的开发等小型项目，ECU软件开发通常只需10个人。即使是车载信息系统或高级驾驶辅助系统（ADAS）等大型项目，也不过需要百人。故有人表示："第一次听说600人这么大的规模。"

ICAS1是一个基于德国大陆的集成ECU"车身高性能计算机（HPC）"，集合了负责连接云端并承担车载网络路由器功能的"网关"和汽车车身控制功能的ECU，如图5-19所示。和以往的传统ECU不同，由于也能用空中激活（OTA）技术更新软件，故在车辆售出后也能继续开发软件。

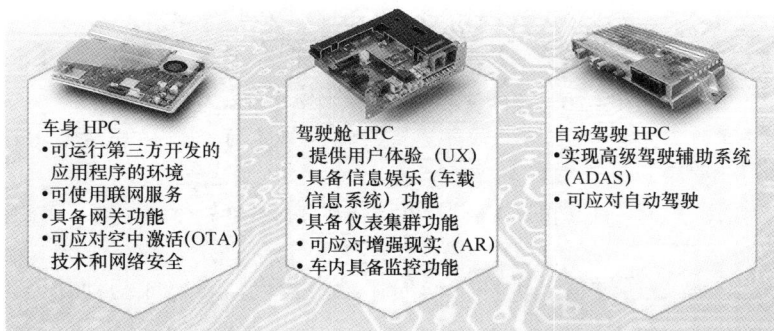

车身HPC
- 可运行第三方开发的应用程序的环境
- 可使用联网服务
- 具备网关功能
- 可应对空中激活(OTA)技术和网络安全

驾驶舱HPC
- 提供用户体验（UX）
- 具备信息娱乐（车载信息系统）功能
- 具备仪表集群功能
- 可应对增强现实（AR）
- 车内具备监控功能

自动驾驶HPC
- 实现高级驾驶辅助系统（ADAS）
- 可应对自动驾驶

图5-19　德国大陆的集成ECU"高性能计算机（HPC）"

* 大众的ID.3所搭载的ICAS1以德国大陆的车身HPC为基础。

（图片来源：德国大陆）

除 ICAS1 之外，ID.3 还搭载了"ICAS2"和"ICAS3"，共计搭载了 3 个集成 ECU。虽然 ICAS2 和 ICAS3 的具体情况不详，但能看出前者负责 ADAS 和自动驾驶，后者负责综合驾驶舱和人机界面（HMI）。Elektrobit 参与了 ICAS1 和 ICAS3 的开发，但即使只是 ICAS1，也已经是史无前例的复杂项目。

生产效率跟不上软件复杂度

目前，汽车软件开发正走在一条趋向复杂化的路上。根据美国麦肯锡咨询公司的调查，由于增加了联网和自动驾驶功能，汽车软件的复杂度将以其软件开发的生产效率的 2.5 ～ 3 倍的速度增长，如图 5-20 所示。Martin 指出，为了填补软件开发的复杂度和生产效率之间的差距，需要参考 IT 业界，引入各种经验和智慧。

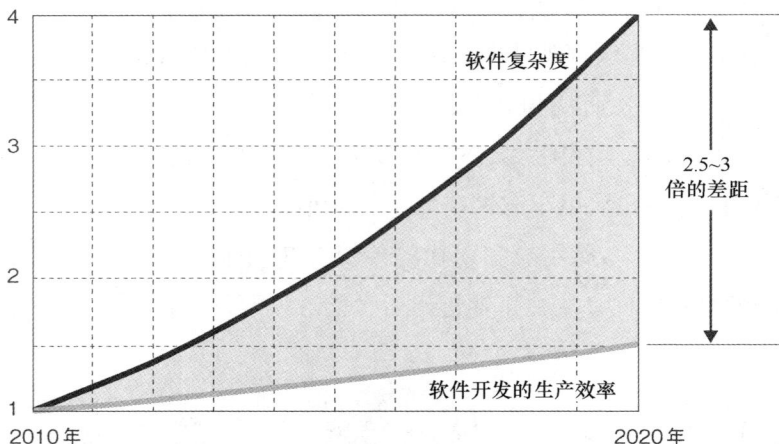

图5-20 软件复杂度和生产效率之间存在差距

* 由于汽车的多功能化，10 年内软件复杂度增加为原来的 4 倍，但软件开发生产效率却只是原来的 1.5 倍。

（图片来源：美国麦肯锡咨询公司）

其中之一便是通过引入被称为"车载操作系统"的软件基础并完善应用程序接口（API），使同时并行开发各种应用程序和服务成为可能，如图 5-21 所示。在计算机和智能手机的世界中这是理所当然的，而在汽车领域，这一做法以 OTA 和集成 ECU 为契机而变得重要起来。

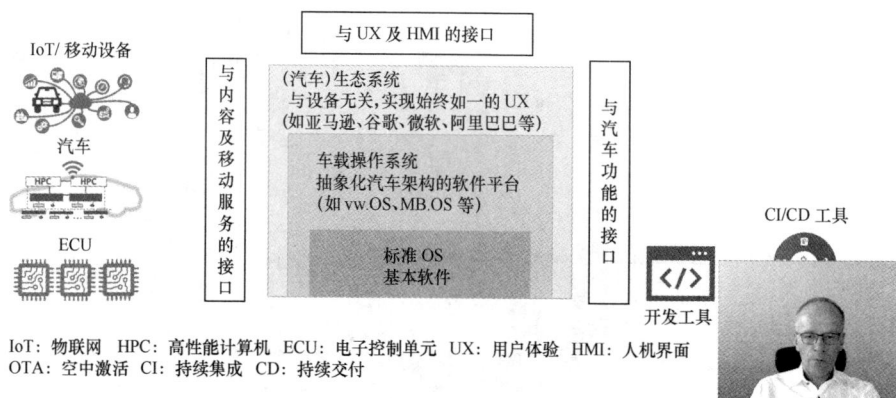

IoT: 物联网 HPC: 高性能计算机 ECU: 电子控制单元 UX: 用户体验 HMI: 人机界面
OTA: 空中激活 CI: 持续集成 CD: 持续交付

图5-21　车载操作系统的地位

* 车载操作系统将汽车架构抽象化，提供各种汽车功能的应用程序接口（API）。右下方
为正在介绍车载操作系统的 Martin Scheicher。

（图片来源：Elektrobit）

车载操作系统也被称为"汽车操作系统"，大型汽车制造商正在对其进行
开发。目前有德国大众的 vw.OS、德国戴姆勒的梅赛德斯奔驰操作系统（MB.
OS）和丰田（Woven Planet）的 Arene OS 等。ID.3 是最早引入 vw.OS 的汽车。
除基于提高软件开发效率这一观点考虑，汽车制造商的目标还包括通过拥有
自己的操作系统让自己成为下一代"数据平台提供者"。

位于车载操作系统上层的是提供各种服务的美国亚马逊和美国谷歌等"汽
车生态系统"。通过汽车生态系统，用户可以在车上使用亚马逊或谷歌提供的
各种服务。不过，谷歌正在考虑亲自涉足车载操作系统领域，可以预见其和
汽车制造商之间的竞争。亚马逊也和加拿大黑莓（BlackBerry）联合，积极完
善面向汽车的数据平台。

车载操作系统的下层是 Linux 和汽车开放系统架构（AUTOSAR）等被称为
"标准操作系统"的层级。Elektrobit 等软件公司正致力于此。在 ICAS1 的开发
中，使用 Adaptive AUTOSAR 作为标准操作系统。Adaptive AUTOSAR 今后将在
汽车业界普及到什么程度广受人们关注。Elektrobit 日本销售经理岛本泰光（见
图 5-22）指出，目前使用 Adaptive AUTOSAR 的例子有限，多数汽车制造商还
处于观望状态。今后，以欧洲汽车制造商为中心，使用 Adaptive AUTOSAR 的
例子将越来越多，推广到日本汽车制造商的可能性很高。

图5-22　Elektrobit日本销售经理岛本泰光
（图片来源：Elektrobit）

Adaptive AUTOSAR 的竞争对手有半导体制造商所提供的软件基础等。在 ADAS 和自动驾驶领域，美国英伟达和美国英特尔/Mobileye 提供基础软件。此外，在车载信息系统等领域持有高市场份额的操作系统供应商也提供基础软件。由于是专为汽车 ECU 设计的基础软件，Adaptive AUTOSAR 适合像 ICAS1 一样的车身控制。而 Adaptive AUTOSAR 能否进入 ADAS、自动驾驶和车载信息系统领域也广受关注。

车载处理器也将虚拟化

作为除车载操作系统之外的填补软件开发复杂度和生产效率之间差距的解决方案，Martin 列举了虚拟开发和敏捷开发的重要性。

虚拟开发是即使没有硬件也能先一步开发并评估软件的技术，也一直用于以往的 ECU。有人指出，在今后的自适应 ECU 上，有必要进一步推进虚拟化，除微型电子计算机之外，甚至更高端的车载处理器的运行情况的虚拟化也将越来越重要。

Elektrobit 面向 ECU 提供多合一软件产品集群"EB xelor"，甚至可支持包含车载处理器在内的虚拟开发，如图 5-23 所示。ICAS1 上搭载的是瑞萨电子的车载处理器 R-Car H3，而 EB xelor 也可以支持荷兰 NXP 半导体（NXP Semiconductors）的车载处理器 S32G。S32G 作为面向下一代中央通信闸的处理器，受到了多家汽车制造商和一级零部件制造商的关注。

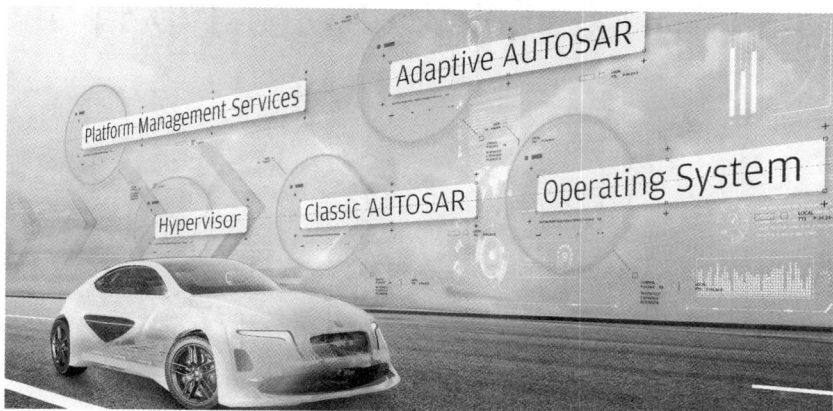

图5-23　提供多合一型软件产品集群

*Elektrobit 提供集成 ECU 开发所必需的软件集群、被称为"EB xelor"的产品。除 Adaptive AUTOSAR、Classic AUTOSAR、虚拟机监视器和操作系统之外，Elektrobit 还包含平台管理功能等。

（图片来源：Elektrobit）

　　敏捷开发是主要用于 IT 领域的软件开发方式。Elektrobit 在开发自家产品时也采用了敏捷开发。不过，开发集成 ECU 则需要跨企业或跨部门的开发，故以往的敏捷开发无法满足。因此，Elektrobit 在 ICAS1 的开发上引入被称为"规模化敏捷框架（SAFe）"的方法以谋求提高效率。SAFe 决定了以企业规模引入敏捷开发的指导方针，涉及敏捷团队之间的结构调整和合作方式等。虽然 SAFe 已用于 IT 业界，但在汽车业界，这种开发方式还是罕见的。

5.6
将丰田生产方式的思维应用于软件工厂

汽车制造商致力于被称为"DevOps"的软件开发方式。这是可被称为"丰田生产方式（TPS）软件版"的方式，也被称为"软件工厂"。汽车制造商的目的是通过引进已在 IT 领域有所成就的高效软件开发方式，提高应对 CASE（网络连接、自动驾驶、共享与服务、电动化）的能力。

"转变为软件优先的生产方式。"

丰田汽车董事长丰田章男这样表明软件优先的思维方式。该公司在 2018 年之后提出向移动出行公司转变的改革，并一直强化软件开发能力。2018 年 3 月，丰田、电装和爱信精机共同出资成立了负责自动驾驶软件开发的丰田研究院高级研发公司（TRI-AD）。从 2021 年 1 月起，TRI-AD 转变为由 4 家公司构成的体制——控股公司 Woven Planet Holdings、商业公司 Woven Core 及 Woven Alpha 和投资基金 Woven Capital，如图 5-24 所示。

除自动驾驶软件的开发和安装之外，Woven Planet 还致力于日本静冈县裾野市的实验城市 Woven City、车载软件开发环境 Arene 和自动化地图平台 AMP 等的建设。该公司首席执行官詹姆斯·库夫纳（James Kuffner）指出，"在需要开发的软件中，车载软件只是一部分，用于开发和测试的工具群占 90%"，如图 5-25 所示。此工具群才是竞争力的源泉，被视为"软件工厂"的顶梁柱。

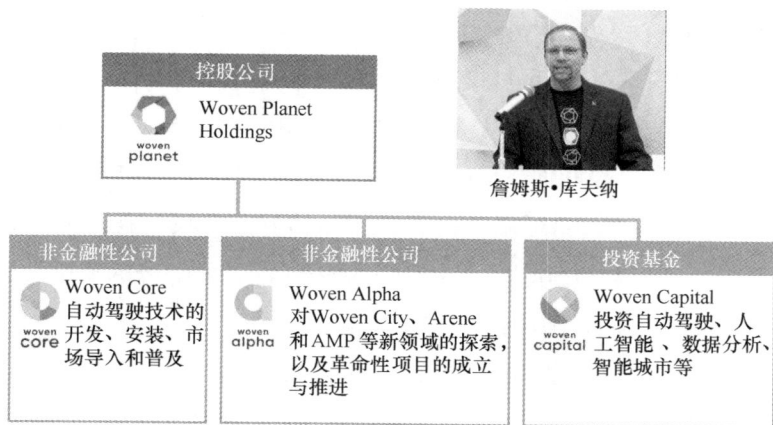

图5-24　TRI-AD转变为由4家公司构成的体制

（图片来源：以Woven Planet的资料为基础，由日经Automotive制成）

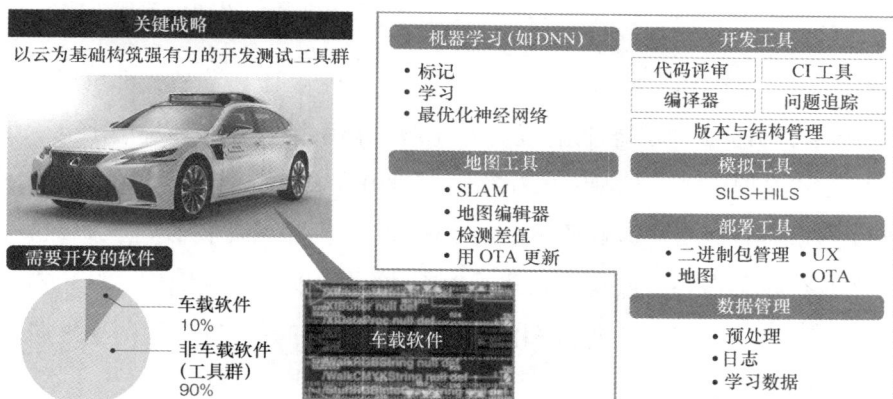

DNN：深度神经网络　CI：持续集成　SILS：软件在环仿真　HILS：硬件在环仿真　UX：用户体验
OTA：空中激活　SLAM：同步定位与地图构建

图5-25　需要开发的软件的90%为工具群

（图片来源：Woven Planet）

软件工厂的一部分浮出水面

在2020年秋季召开的由美国捷蛙（JFrog）主办的"汽车DevOps峰会"上，Woven Planet展示了软件工厂的一部分成果。在将软件的编译、测试和模拟等常规操作自动化的同时，通过分享并再利用其成果以提高开发效率。Woven Planet由管理软件代码的版本控制系统（VCS）、可自动进行软件建设（编译与测试）的持续集成（CI）工具、保管建设后的成果（制品或二进制包）的二进制包管理工具和将最终软件分配到汽车上的持续交付（CD）工具等构成。

这些工具群运行于云端环境，不仅是 Woven Planet 的开发人员，以丰田为首的集团内开发人员也能使用。由此，多名开发人员可同时并行开发。此外也可轻松进行远程开发，还可用于世界各国间的分散开发。在自动化常规流程的同时，结合人工测试、检验和模拟等方式来保证重要部分的安全性，从而让开发人员可集中于附加价值高的业务。

未来，Woven Planet 将对外公开上述软件开发环境的一部分，让第三方也能自由开发用于汽车的软件（应用程序）和服务。此构想之一便是Arene。Arene 的目标是成为第三方也能开发车载应用程序及服务的开放环境。在 Arene 环境下开发出来的应用程序可在搭载了 Arene 基本软件的汽车上运行。

搭载了车载操作系统 Arene OS 的汽车，无论是什么车型，都可以运行在Arene 环境下开发出来的软件。通过在车载操作系统和开发环境中加入保证汽车安全性和保护措施的机制，可让第三方自由开发软件。德国大众的 vw.OS 和德国戴姆勒的梅赛德斯奔驰系统（MB.OS）的思路也与此相似。

美国谷歌向车载信息娱乐系统（IVI）提供的安卓车载操作系统也有相同的架构。不过，由于目前对汽车的访问受限，第三方可以开发的主要是类似智能手机应用程序的软件。

允许对汽车访问到什么程度是一个难题。虽然提高自由度可实现汽车特有的各种功能，但保护措施也将变得更难落实。目前，汽车制造商构筑的软件开发环境（软件工厂）的设想主要是将其用于公司内部或集团企业内部。

时常保管软件成品

软件工厂的主要工作流如下：开发人员编辑自己负责的软件组成部分的源代码，并在版本控制系统上进行确认，然后持续集成工具自动重新构筑软件组成部分并查询与其他软件组成部分的相互依赖关系，检查是否存在问题——若存在问题则拒绝此修改，若不存在问题则将此软件组成部分作为"成品",由二进制包管理工具保管。该工具不仅管理作为设计图的源代码,也管理软件建设的成果——二进制包或制品。由此,成品总是保持着齐全的状态。最终软件处于可随时分配的状态,是否实际分配到汽车上视经营情况决定。

像这样总是可以在拥有成品软件的同时迅速重复小规模修改并改进软件的方法被称为"敏捷开发"或DevOps。该方法在IT领域十分普遍,但在汽车领域至今尚未普及。这是由于汽车对安全性的要求很严格,难以采用高自由度的开发方法。此外还有一个理由是不同于IT硬件,汽车的电子控制单元(ECU)上有很多个性化的硬件,难以交给工具群处理。

不过,今后以CASE为背景,汽车的附加价值将向软件转移,各家汽车公司准备敏捷开发或DevOps转型以提高竞争力。ECU在今后也将以近似于IT硬件的"集成ECU"为主流,个性化硬件将朝着逐渐减少的方向发展。此外,为了应对汽车的黑客攻击,能迅速修改软件的敏捷开发和DevOps将越来越重要。

思维模式比工具更重要

从2018年成立时起,Woven Planet便一直以敏捷开发和DevOps为前提推进对软件工厂的完善。当时,和工具一起受到重视的是技术人员的思维方式。为了改变技术人员的被称为"瀑布式"的以往的开发模式,Woven Plant还引进了由在美国硅谷负责IT软件开发的技术人员担任讲师、被称为"道场(Dojo)"的培训制度。

虽然普遍认为敏捷开发和DevOps与汽车无缘,但也有人指出其基本思维方式和丰田生产方式(TPS)相同。例如,若发生了某种问题,则立刻停止集成/持续交付开发线并追溯日志以确定其原因的思维方式和TPS非常相似。对企业来说,需要做的并不仅仅是备齐工具,更重要的是如何将TPS的思维方式融入软件工厂。

正在整备车载操作系统的大众、戴姆勒、BMW和沃尔沃等都致力于相同的做法。例如,BMW将其称为"CodeCraft",而沃尔沃称其为"Software Factory"。

除汽车制造商之外，一级零部件制造商也在加速行动。

BMW DevOps 工程师 Alexander Denk 表示，BMW 的 CodeCraft 以多个下一代 ECU 项目为对象，如图 5-26 所示。除 BMW 独立生产的持续集成库之外，持续集成 / 持续交付系统还使用开源的持续集成 / 持续交付工具 Zuul。日志监控则组合了可视化工具 Grafana 和监控工具 Prometheus。版本控制系统使用 Github，二进制包管理系统使用捷蛙的 Artifactory。

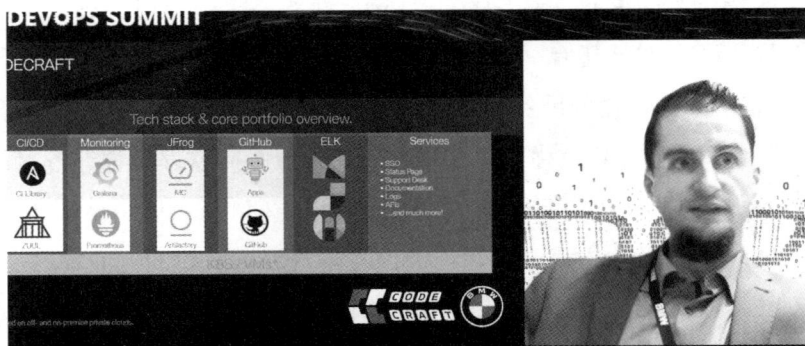

图5-26　BMW的软件开发环境CodeCraft

*BMW 的 Alexander Denk 在由捷蛙主办的研讨会上介绍 CodeCraft 是由 BMW 提供、面向下一代 ECU 的软件开发环境。

（图片来源：BMW、捷蛙）

Alexander Denk 介绍："CodeCraft 的工具群运行于公司内外的私有云环境。编排系统使用 Kubernetes。CodeCraft 使用超过 25 000 个虚拟中央处理器（CPU），平均每天可进行约 3 万次持续集成处理。"

不过，BMW 也表明"不希望将这一方法强加给开发人员"。例如，对于使用安卓车载操作系统的 ECU，使用谷歌提供的开发环境更为高效。而由于关于汽车安全性的规定很严格，故在有些情况下，即使想用 CodeCraft 也无法实现。CodeCraft 只是开发人员的选项之一。

迷茫时CTO将提供支持

据主办汽车 DevOps 峰会的捷蛙所言，以 IT 业界为首，该公司的 DevOps 相关工具正用于各种领域，今后预计也将推广到汽车业界。捷蛙日本驻外经理田中克典（见图5-27）认为，"根据汽车制造商的不同，引入的背景和时间也将不同。但汽车制造商一齐转向 DevOps 这一点是共通的"。

图5-27　捷蛙日本驻外经理田中克典
（图片来源：捷蛙）

田中克典提出："希望各家公司都从小规模团队开始试验性地引入 DevOps 相关工具，一边试错，一边让其他部门也加入进来，扩大量产的适用范围。"根据汽车制造商的不同，进展情况各不相同，但 Woven Panet 在日本相对领先。田中克典期望"若擅长造车技术的日本汽车制造商能获得软件优势，则在移动出行平台领域便能以被产品广泛采用的标准（事实上的标准）为目标"。

捷蛙以二进制包管理工具 Artifactory 为中心，提供覆盖 DevOps 整体的多个工具群，如图 5-28 所示，如检查软件安全及是否违反许可证等的 Xray、用于分配软件的 Distribution 及 Artifactory Edge、自动化持续集成 / 持续交付的 Pipelines、管理整个工作流的 Mission Control、认证工具 Access 和可视化工具 Insight 等。其中，Xray 是关乎软件安全的重要工具，以每天更新的最新弱点报告为基础进行检查。

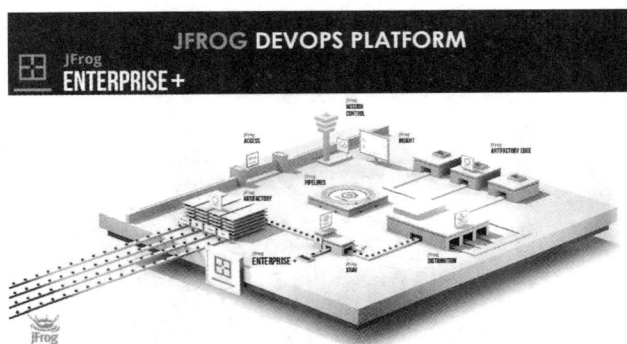

图5-28　覆盖DevOps整体的多个工具群

*捷蛙以云为基础提供覆盖 DevOps 整体工作流的工具群。图中的点指封装后的软件组成部分。和工厂生产线相同，软件组成部分保管于 Artifactory，由 Xray 进行检查，并通过 Distribution 出货。

（图片来源：捷蛙）

　　购买被称为"Enterprise+"的最上层服务便可使用捷蛙的所有工具。当初只使用 Artifactory 的汽车制造商最近也正在转向 Enterprise+。由于捷蛙并不基于会员数量收费，而是基于服务器数量收费，故相比其他竞争公司的工具，更容易控制费用。该服务还能广泛地搭配使用其他公司的工具，能轻松避免所谓的"厂商锁定[26]"。这一点也广受好评，如图 5-29 所示。

图5-29　避免厂商锁定

*DevOps 相关工具和编程语言多种多样，因此，支持各种工具和文件格式将很重要。

（图片来源：捷蛙）

　　26　厂商锁定指自己公司系统的组成要素采用特定厂商的产品或服务，结果难以转换为其他公司产品的状态。

此外，虽然样式朴素，但 24 小时、365 天不间断的支持体制是最大的优势。和不能中断汽车生产线一样，作为软件工厂骨骼的 DevOps 工具群也"不允许停止运行"（田中克典）。

捷蛙的支持团队和以色列的研究开发部门位于同一地点，团队成员和研究开发团队的实力几乎相同，可以应对各种问题。当经过一定时间也无法解决问题时，研究开发部门的主管——首席技术官（CTO）将直接和用户对话并采取对策。实际上，这一支持体制是该公司的制胜因素。过去曾发生过美国的 4 家大型银行同步将供应商切换为捷蛙的事情。以被银行采用为契机，捷蛙在重视安全性的汽车业界也开始受到关注。

5.7 抓住数据！亚马逊开发的车用数据基础是什么？

最近的业界发生了对汽车制造商而言值得在意的事情。美国亚马逊旗下的亚马逊云服务（AWS）和从事车载操作系统"QNX"的加拿大黑莓（BlackBerry）将共同开发车用数据基础（平台）"IVY"。其目标是构筑一个能安全且轻松地收集各种汽车传感器数据的架构。

加拿大黑莓和美国亚马逊云服务共同开发的车用数据基础（平台）"IVY"是什么呢？——就此我们咨询了担任黑莓亚太地区工程服务高级总监的梁为瑜（见图 5-30）。

图5-30　黑莓亚太地区工程服务高级总监梁为瑜

＊结合车载操作系统和亚马逊云技术，搭建一个能安全且轻松地收集汽车传感器数据的架构。

（图片来源：黑莓）

车上搭载了各种传感器，除能收集车内外的各种数据之外，还能使用联网功能连接云端。虽然可以期待灵活使用汽车数据的各种服务，但实际上根据汽车特有的情况收集并使用数据十分困难。

梁为瑜认为：“汽车的软硬件并未统一。一辆汽车上搭载了多达100个电子控制单元（ECU）和传感器，它们的硬件、软件、固件和操作系统都是零散的，还有不少个性化零部件。传感器所输出数据的形式、通信接口和网络数据交换规则一样零散。因此，收集数据这件事情本身就很难。”

对数据的访问权限也有限制。从安全性和保护措施等观点出发，可访问传感器的权限、可向第三方提供传感器数据的权限等都被严格限制。为了保证权限，从车载系统的计划和设计阶段开始，就有必要加入使用数据的服务。然而，关于这一服务是否符合市场需求，有些部分如果不投入使用便无法知道。如果不符合市场需求，那么从意识到这一点时开始重新开发相应服务将非常困难。

此外，和智能手机等相比，汽车存在数据终端（车辆）数量较少的问题。对应用程序和服务的开发人员而言，用户数量少的数据平台缺乏吸引力。

吸收软硬件的差异

梁为瑜认为这些问题都可由IVY解决，如图5-31所示。他表示，“吸收硬件、软件及OS的差异，从各种传感器收集数据并用人工智能（AI）进行分析，将其变为有用的信息，然后提供应用程序和服务，IVY即Intelligent Vehicle Everywhere的缩写。”

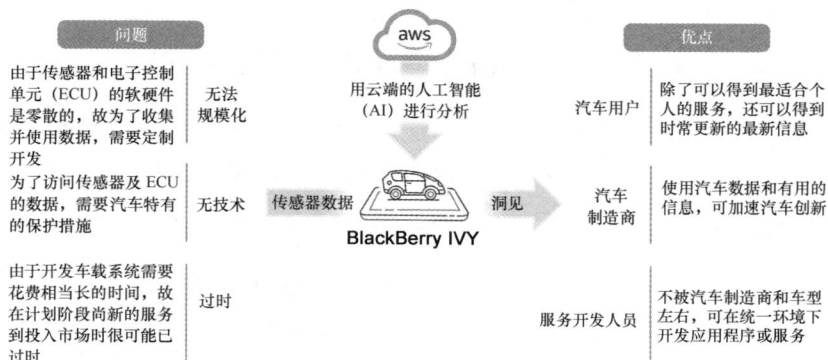

图5-31　解决汽车特有的问题

　　＊和普通的物联网（IoT）机器相比，汽车有很多特殊的硬件和软件，对数据的访问也严格受限。据说IVY可以解决这些汽车特有的问题。

（图片来源：黑莓）

具体而言，IVY 即结合了 QNX 的嵌入式软件、OS、空中激活（OTA）技术架构和 AWS 云服务的数据平台。在车载（edge）端处理从汽车的 ECU 及传感器收集的原始数据后将其发送至 AWS。这时需要考虑车载系统的功能安全性不会因对传感器的访问或数据处理而损坏。

IVY 将被作为固件安装在 ECU 上。不过，其样式尚未确定，技术细节目前尚不明确。操作系统也不限于 QNX，可在范围广阔的 ECU 上运行。

作为数据，除油门、刹车、方向盘、全球定位系统（GPS）、加速度传感器、电池、摄像头、红外激光雷达（LiDAR）、毫米波雷达和安全带等车辆信息之外，IVY 还可处理使用 V2X(Vehicle to X，从车辆到其他对象) 的基础设施方面的传感器信息。

通过应用程序接口（API），除汽车制造商之外，IVY 还可向应用程序或服务的开发人员提供用 AWS 分析数据后得到的有用信息。由于将其加工成信息而非提供数据本身，故除了易于保护个人信息，无须考虑汽车的传感器构成和软硬件等。

除以云为基础的应用程序之外，还可以开发在 IVY 上运行的车载应用程序。车载应用程序除了可通过 OTA 更新，还可从云端集中管理对数据的访问权限。虽然目前正和 AWS 共同开发，但将来也有可能和其他云服务合作。

▌ 遗忘检测和驾驶评分等

由 AWS 分析所得的信息可用于多种用途，如图 5-32 所示。例如，利用人工智能分析车厢内的摄像头、安全带和体重传感器等的数据，可判断坐在座位上的是成人还是儿童。若坐在座位上的是儿童，当其有被遗忘在车内的危险时，系统将向驾驶员发送警报。否则，可将车内的影像变为适合儿童观看的内容等。

还有可能利用人工智能分析油门、刹车和方向盘的数据，并对驾驶情况进行评分。若在征得驾驶员同意后，将该数据提供给保险公司，则可让驾驶员享受保险费折扣等。此外，若驾驶员年龄较小，则当检测到危险驾驶时可向其父母发送通知。

若是电动汽车（EV），则可通过结合电池的剩余电量和周围的充电站信息，提供旅行时的充电计划或预约充电。

图5-32 结合车辆数据和环境数据所得信息可用于多种用途

* 通过在收集车辆数据的同时结合云端的各种环境数据，可诞生各种应用程序和服务。

（图片来源：黑莓）

梁为瑜指出："重要的是，安全访问车辆数据并联合云端的人工智能导出实用的信息。还可更进一步，由标准 API 提供此类信息，使之可以在开放服务中使用。"

思维方式和车载OS相似

汽车制造商已采取独立配备上述数据平台的行动。重复前文所述，德国大众的 vw.OS 和丰田汽车的 Arene 等便是具有代表性的例子。不过，IVY 的目标是更开放一些的平台，提供第三方能轻松访问传感器数据的架构。

IVY 不限于特定的汽车制造商，各家汽车制造商可共同使用。汽车制造商可使用由 IVY 收集的数据通过人工智能学习搭载到车辆上。若汽车制造商之间可共享数据，便有可能提高人工智能的学习精度、扩大用户规模并提高 IVY 作为数据平台的吸引力。不过，这一点需要汽车制造商、黑莓和 AWS 之间进行协商，视今后的合约而定。

至少，使用 IVY 可节省巨额资金投入和从零开始搭建数据平台的时间。有人认为，能够搭建车载 OS 架构的仅限于拥有资金实力的大型汽车制造商和高级汽车制造商。对于不属于这一范围的汽车制造商而言，数据平台本身可使用 IVY，同时可集中于人工智能等自己公司所擅长的领域。今后，IVY 能和汽车制造商及一级零部件制造商建立什么程度的合作关系将是一个关键。

我这么看——汽车产业的新秩序

第 6 章

前刀祯明（苹果日本法人前代表）：苹果将重新定义汽车

对美国苹果（Apple）将入局电动汽车（EV）产业的推测日益增多。以苹果手机（iPhone）席卷全球的苹果究竟会生产什么样的汽车，会如何销售汽车？——我们请曾担任苹果美国总部营销副总裁兼日本法人代表董事的前刀祯明（见图6-1）进行了解读。

图6-1　前刀祯明

（图片来源：日本经济新闻社）

——听到有关苹果汽车的报道之后是否感到惊讶？

并没有感到惊讶。美国四大IT企业GAFA（谷歌、亚马逊、脸书、苹果）正就能在多大程度上成为人们生活的一部分展开竞争。亚马逊除掌握物流之外，还收购了美国食品超市——全食超市（Whole Foods Market），并进军食品领域。在苹果总部所在的美国西海岸，汽车是生活的一部分，所以造车是非常自然的发展过程。

——如果苹果进军电动汽车（EV）产业，那么目标是什么？

我认为苹果汽车将会销售生活方式。通过移动出行，可实现这样一种状态——无论在何处都能享受拥有苹果产品的体验。希望从智能手机到手表型终端 Apple Watch，再到移动空间都能实现无缝连接。例如，有可能在出行过程中通过 Apple Watch 获取健康数据，应对异常情况并保护生命。

至于销售方式，最好不要智能手机是智能手机、汽车是汽车的分开的销售方式。若用设置于汽车上的中央处理器（CPU）控制一切，恐怕 5 年后将无法支持更新，因为过于陈旧并难以使用。因此，有可能不在汽车上配备汽车的"头脑"部分——使用高性能智能手机担任"头脑"即可。

苹果汽车的销售将会如此

——苹果汽车将会提供什么样的体验？

苹果汽车以能在具备最低限度的必要功能的高质感空间内实现最佳体验为目标。索尼通过 EV 试制车"VISION-S"公布了技术娱乐体验，但那绝对是不一样的方式。没必要把技术摆在前面。即使没有说明书，人们也可以操作苹果手机。苹果对这样简单但高质感的商品情有独钟。

——苹果汽车将如何灵活运用自动驾驶技术？

我认为苹果汽车将部分嵌入自动驾驶技术。若长时间乘坐自动驾驶汽车，人的驾驶能力将降低。没必要将完全自动驾驶的汽车作为家用车。若驾驶汽车出行，则娱乐体验有音乐便足够了，在车内享受影像娱乐毫无意义——就像这样削减不必要的功能。就像苹果手机重新定义了电话那样，苹果重新定义汽车即可。

——是否会直销苹果汽车？

我认为在苹果直营店中直销是合适的。若要体验苹果的氛围和质感则只有在苹果直营店里才能实现。我不认为若硬件相同则在哪里买都一样。美国华特迪士尼（Walt Disney）以时常超越顾客期待为目标开设了迪士尼商店。苹果直营店也是一样的概念。员工也将是能讲述质感而非简单罗列功能的人。

在线销售也是有可能的。我自己有时也在苹果直营店的在线商店购买苹果产品。因为即使在亚马逊购买也不会更便宜。由于苹果汽车并非折扣商品，故直销是最好的。以往从经销商处购买的销售方式可能会发生明显变化。

——苹果汽车的售价会是多少？

我认为一开始会超过1000万日元（约49万元人民币）。正因必须持续更新其操作系统，我不认为苹果汽车会以500万日元的价格销售。若在东京表参道的苹果直营店里直销，则可以想象在那里展示并销售苹果汽车的场景。

6.2 中西孝树（中西汽车产业研究所代表）：苹果进入汽车市场是宿命

美国苹果（Apple）的入局将给汽车产业带来什么样的冲击？其能否顺利生产汽车？为了取得成功，苹果需要做什么？——我们就此咨询了一直持续观察汽车产业的中西汽车产业研究所代表中西孝树（见图6-2）。

图6-2　中西孝树

（图片来源：日本经济新闻社）

——2021年1月之后，有关苹果和大型汽车公司合作的报道相继出现。您对此如何理解？

坦率的感受就是"果然来了"。该来的事情终于来了。我听说苹果从2016年左右便开始研发自动驾驶项目"泰坦"，且该项目从2019年下半年开始再次加速推进。索尼于2020年发布了自动驾驶电动汽车"VISION-S"，而苹果处于不能落后的状态。

苹果入局汽车产业的态度与其说是执着，倒不如说是焦虑。当时"泰坦"

预计将于 2020 年或 2021 年投入实际应用，但遇到了曲折，没能到达成品阶段。苹果即使拥有自己所擅长的用户界面，但在自动驾驶和电池技术上并没有存在感，也未见重要的下一代技术专利。基于发展良好的特斯拉和索尼的行动，苹果大概也感到了焦虑。正因为苹果的保密风格，所以信息泄露到这一程度本就有相应的理由。

——据说特斯拉的势头对苹果产生了影响。

特斯拉和苹果的核心竞争力相互重叠。苹果一开始有段时间认为自己可以迅速进入汽车产业，但最终落后了相当一段距离。实际上，特斯拉在进入汽车产业上也花费了很多的时间和精力。据说在 2018 年，特斯拉有相当大的概率会破产，还出现了其将出售业务的传言。然而，特斯拉挺过了难关，发生了戏剧性的变化并完成了飞跃。

汽车销量曾经只有 10 万辆规模的制造商，可能于 2025 年发展为 150 万～170 万辆销量的规模。这是谁也无法想象的事情。依靠 3 款主力车型，特斯拉于 2019～2020 年实现了飞跃。若如此发展下去，则苹果在汽车上想做的事情将有可能全部被特斯拉先发制人地实现。若反过来计算，则苹果希望于 2025 年顺利销售汽车并于 2030 年左右立于能和特斯拉抗衡的位置。

苹果将和谁联手？

——苹果能否顺利生产汽车？

特斯拉入局之初和德国戴姆勒（Daimler）及丰田合作。谁也无法将汽车突然变为"物联网（IoT）设备"。由于需要从造车阶段开始，故需要寻找合作伙伴。苹果曾经想将电视变为 IoT 设备，但最终没有实现。而将汽车变为 IoT 设备更难。汽车需要安全地行驶、转向并刹车。这一点必须得到最低限度的满足。

——苹果将追求什么样的新价值？

苹果汽车会把什么定位为价值呢？恐怕是"EV×AV（自动驾驶电动汽车）"的价值。实现价值的前提条件是实现自动驾驶。在实现自动驾驶之后，需要实现 IoT 和娱乐。然后攻占溢价领域。不过这并不简单。特斯拉虽然于 2012 年发售了 Model S，但预计到 2025 年才能达到 150 万辆的规模。哪怕是特斯拉也花了将近 15 年才能达到一定规模。

苹果的优势是高级商品。在线销售高级商品是其强项。即使如此，假设 2025 年苹果到达能够销售名为"Apple 1"的汽车的阶段，扩大规模也需要一定的时间。

——苹果将以什么样的商业模式为目标？

具体细节尚未完成。在谈论商业模式之前，需要将汽车和 IoT 相连。苹果的智能手机、计算机和手表市场已经成熟。和过去相比，苹果的销售增长率正在减缓。如今，苹果需要扩大潜在市场总额（TAM）。而汽车的支出额巨大。故在现有业务成熟的情况下，作为新的发展领域，苹果需要进入汽车产业以扩大 TAM，然后才能谈论如何在此基础上描绘商业模式。

特斯拉有其规划蓝图。以高级跑车入局后，将价格便宜的 Model 3 投入市场，进一步结合太阳能电池，将业务扩展到能源领域。特斯拉有着这样的总体规划。苹果也需要制定其规划蓝图。苹果注定要进入汽车市场。

——为了能在汽车领域取得成功，苹果需要做什么？

首先必须实现自动驾驶技术。即使要在汽车的移动空间上开展某些新业务，若无法实现自动驾驶，则这些新业务也无法实现。若能实现 EV × AV 并卖出和特斯拉等量的汽车——例如 150 万辆的规模，则即使单价只有 4 万美元，也是相当大的销售规模。

——2021 年 1 月，韩国现代汽车成为苹果的合作伙伴。

由于苹果是 IT 企业，没有生产汽车的经验，故一开始会考虑和汽车制造商或在车身承包方面有实战成绩的奥地利麦格纳斯太尔（Magna Steyr）合作。一开始的目标市场将以美国为中心。

现代汽车的名字浮出水面是可以理解的。截至目前，现代汽车已从 400 万辆的规模发展为 800 万辆的规模。当看到其和苹果合作的报道时，我便想：现代汽车果然投向了 IT。

——虽然苹果没有正式公布，但除现代汽车之外，估计其还有哪些合作企业？

有可能和雷诺、日产汽车及三菱汽车的联盟合作。如今，全球的汽车制造商大致可分为 3 个集团，即丰田汽车、美国通用和德国大众。这 3 个集团有自己朝 IT 方向发展的实力。除这 3 个集团之外，现代汽车、欧洲 Stellantis 等则需要和 IT 企业联合。从今往后，汽车企业或许将被迫做出某些决断。苹果大概也是在明白这些情况的基础上采取行动的。

从今往后，像苹果、谷歌和亚马逊一样的美国 IT 企业可能会收购汽车制造商。即使欧洲的分析师之间也存在"苹果最好收购德国 BMW"的议论，但若无法造出货真价实的汽车，则无法以 4 万美元的单价销售苹果汽车，也就无法使营业利润率实现盈利 15% 以上。在汽车产业中，意大利法拉利（Ferrari）和德国保时捷（Porsche）的利润率分别高达 25% 和 15%。若苹果能在高档车上取得商业成功，则其也能获得相应的盈利。

——苹果汽车的影响是否会扩大到供应链？

即使出现苹果汽车，对一级零部件制造商也不会有太大影响。一开始苹果汽车会和汽车制造商互相争夺市场份额，此时高档车市场将成为主战场。等某些零部件制造商的销售规模转移到苹果汽车身上时，市场将受限，高档车将开始被淘汰。对于一级零部件制造商而言，汽车联网及软件分离等才是重要的。今后如何使用数据这一结构变化的影响将更为巨大。

——数据处理也将成为焦点。

在汽车领域的数据使用上尚未出现胜利者。谷歌虽然拥有数据，但没有汽车。亚马逊没有移动出行数据。汽车制造商虽然有海量的数据，却无用武之地。今后将进一步加入"生活"数据。如何收集数据、如何将数据和业务相关联将决定胜负。

6.3

野边继男（名古屋大学客座副教授）：无法使用OTA的电动汽车将失去竞争力

在汽车产业中，软件的重要性日益提高。这正是美国苹果（Apple）所擅长的领域。在此情况下，为了继续留在产业结构的中心，现有汽车制造商需要什么呢？——在名古屋大学未来社会创造机构担任客座副教授的野边继男（见图6-3）的观点如下。

图6-3　野边继男

（图片来源：日本经济新闻社）

——如何看待美国苹果等IT企业重新为汽车提供的价值？

正是现在，我们进入在云上创造汽车附加价值的时代。例如，以下情形逐渐成为现实——为了从行驶状态中收集数据并提高能源效率，下载能告诉我们"若是这样的行驶方式则能源效率是这样的"软件。如果能让汽车变得更好的要素都移到了云上，那么将为高科技公司带来优势。

——苹果的优势估计会是什么呢？

苹果的优势在于软件开发能力高。象征性的技术是通过无线通信技术更新软件以提高功能的空中激活（OTA）技术。苹果已通过"iOS"经历过 OTA。软件开发是到 OS 为止有多层软件重叠的构造。苹果拥有在对构造复杂的软件进行版本管理的同时持续更新软件的知识与经验。

电动汽车（EV）和 OTA 的匹配性很高，更新的对象范围可扩大至行驶功能，如延长续航里程和防止事故等。现状是汽车制造商中只有美国特斯拉实现了真正的 OTA。若无法实现 OTA，EV 将失去竞争力。

苹果汽车时代所必需的人才

——苹果也会开发 EV 吗？

在能力上能够应对以上新构造的苹果推出自动驾驶 EV 是合理的。看苹果的官网便可知，苹果正在雇用传感器等各方面的工程师，包括能够设计整套汽车的工程师。苹果手机（iPhone）也是如此。在某种意义上，这是为了购买零部件而提高工程师能力的过程。苹果的战略是在软件领域掌握附加价值。

——这样的行动是否会让垂直统合的汽车产业商业模式发生变革？

也许智能手机式的行动将就此变得必要。若在模拟世界，则他人的仿制品将会退化。从这一观点看，每次大量生产重新制造的东西并将其功能掌握在自己手里，将会被视为有竞争力的表现。而今后软件将成为竞争力。

例如，即使是单个半导体，若每次都要求个性化，则其产量将减少且价格将升高。若附加价值移至软件，自然就容易诞生直接使用现成的半导体、选用市场上已有的最佳商品的生态系统。对于汽车的每个组成部分，这一点大概将变得更加明显。若考虑到集成化，则可以说将向高科技型靠拢。

——汽车生产方面的集约程度是否会有所发展？

虽然迄今为止的面向个人的汽车在市场中大概占据一半以上的比重，但预测由打车等出行运营商变为顾客而形成的车队比例将大幅增加。在这些顾客带来大量订单的同时，设计和车型将逐渐统一。若推进这样的产业结构变化，则汽车制造商的集约化也有可能得到发展。

——为了站在产业结构的中心，汽车制造商需要什么？

　　大概还是软件开发能力。不过，深度学习的高阶领域等无法简单实现。如何汇集有才能的工程师将会成为一个课题。能否以无关年龄等限制条件为前提，提供高薪以吸引这样的人才？在国外，人才具有流动性，某位人才即使辞职了也能在社会有效发挥作用。但日本的人才流动是僵硬的，所以人事方面的战略也不得不发生改变。

深尾三四郎（伊藤忠研究所高级主任研究员）：因苹果所重视的循环经济而改变的事情

美国苹果（Apple）以重视SDG（可持续发展目标）的经营姿态而广为人知。研究下一代出行业务的伊藤忠研究所高级主任研究员深尾三四郎（见图6-4）认为，假若苹果进入汽车产业，将采取行动构建重视SDG的供应链。

图6-4　深尾三四郎
（图片来源：由本人提供）

——若出现苹果汽车，将对汽车产业有什么影响？

美国苹果（Apple）大概会把以智能手机席卷世界的水平分工模式的成功经验带到汽车领域，即像智能手机和计算机那样分离开发、设计和生产。鸿海已表明将开发电动汽车（EV）平台，截至2021年3月下旬已有超过1200家供应商报名加入。

索尼已开始了自动驾驶 EV 的公路行驶测试，其生产委托给车身承包制造商——奥地利麦格纳斯太尔（Magna Steyr）。在电动化上起步晚的汽车制造商可能被收购，或将工厂转向用于承包苹果汽车的生产委托。

——如果水平分工得到发展，那么汽车供应链将受到什么影响？

在智能手机和计算机领域发生的事情可能会在汽车领域再现。在智能手机领域，村田制作所、TDK 和太阳诱电等有一技之长的供应商取得胜利并存活了下来。在汽车领域，电池和半导体制造商也一直在对汽车制造商施加压力。

受到关注的是有关脱碳和 SDG 的行动。苹果表明了对循环经济的重视。从今往后，供应商的可追溯性将变得重要。故要有确保数字信息可靠性的区块链技术，而最近苹果正在聘用区块链技术专家。

——在供应链方面，区块链是否将成为必需品？

为实现循环经济，供应链领域需要可追溯性。这是发起于欧洲的全球性行动，也被称为逻辑采购，在脱碳方面也会被提及。例如，整顿能够重复使用零部件的体制并构建循环经济。

在车载电池方面，为了确保正极材料钴（Co）实现逻辑采购这一数据的可靠性，也出现了灵活使用区块链技术的趋势。虽然尚不明确苹果是否会实际使用区块链，但区块链将成为实现循环经济的核心技术。

在自动驾驶时代展开城市建设的理由

——为何区块链在自动驾驶领域也是核心技术？

在数字空间再现现实的"数字孪生"已开始应用于工厂和城市建设等各个领域。在汽车领域也出现了这一进程。区块链可确保数字孪生的可靠性。例如，如何管理并运用测量二氧化碳排放量的"碳追踪"数据。此外还有收集行驶数据并将之用于城市计划的构想，而为了安全且高度可靠地运用数据交互必须用到区块链。

——今后，在用通信技术连接车辆和基础设施及行人等的"V2X（Vehicle to X，从车辆到其他对象）"领域，保证数据安全性也将成为一个课题。

若进入销售行驶数据的时代，则汽车本身便能产生价值。苹果正着眼于如何在社会基础设施中提高汽车价值这一点。例如，将来当汽车使用 V2X 自主销售行驶数据时，其基础大概就是区块链。

即使作为自动驾驶技术，V2X 也广受关注。除通过红外激光雷达（LiDAR）和图像传感器等感知周围环境的自主型自动驾驶之外，车辆和周围物体还可以通过 V2X 交换信息，从而实现自动驾驶。开发使用 V2X 且不会发生碰撞的汽车或许正符合苹果的风格。

——据说从汽车到出行服务的商业模式转换正在推进，那么进军智能城市等领域的行动是否会扩大？

汽车产业已和过去不一样，不是只增产便能盈利了。换言之，汽车产业已陷入扩大规模并不盈利的陷阱。虽说今后是用数据盈利的时代，但目前尚不知要如何盈利。为何朝向城市建设？因为在出行服务方面，铁路公司处于领先地位。

电车换一种说法便是 EV，也有具备自动驾驶功能的例子。若汽车也推进电动化，将会发展为铁路交通。那么哪里可以盈利呢？铁路公司正结合城市建设打造一套商业模式。

——在汽车产业中，什么样的企业会着眼于区块链？

在欧洲的超级供应商中，区块链的使用范围逐渐扩大，目标是在网络空间中形成数字孪生。我正在研究博世、ZF 和大陆等德国超级供应商是如何把收集到的车辆及行驶数据与数据业务相结合的。

例如，索尼在非接触式 IC 技术 "FeliCa" 的密码技术开发方面具备知识与经验。因此，将生产委托给其他公司、利用以内容盈利的区块链的商业模式是可能的。

6.5
Klaus Meder（博世日本法人董事长）：减轻新入局者在开发上的痛苦

以索尼为首，与 IT 相关的企业相继进入汽车产业。零部件制造商应如何把握这一变化呢？——就此我们咨询了德国超级供应商博世（Bosch）的日本法人董事长克劳斯·梅德（Klaus Meder，见图 6-5）。

图6-5 博世日本法人董事长Klaus Meder
（图片来源：博世）

——以美国苹果（Apple）为首，各企业进入汽车业界的速度正在加快。该如何把握这一现状？

一般而言，汽车业界的魅力由于有新入局的企业而得到增加是一件值得高兴的事情。10年前，大家说我们是旧产业。如今，自动驾驶和电动化等新技术的开发速度得以提高，这正在提高汽车产业的魅力。

新入局企业的动机各种各样，或拥有划时代的传动技术，或使用自己的传感器实现新的用户界面（UI）。也有企业希望将娱乐和广告等从 IT 业界带到汽车上。

——德国博世（Bosch）和新入局企业的交往方式是什么？

各家新入局的企业都以谋求和现有汽车制造商形成差异为最重要的事情，并对此全力以赴。不过，为了制造一辆汽车，还需要驱动系统和刹车等控制系统，以及以座位为首的内部设备零部件。为了能集中于自己所引以为豪的领域，像博世一样能提供零部件、系统和服务的供应商的存在是很重要的。根据不同情形，有可能推进共同开发。

作为极端的例子，博世有可能提供整个驱动底盘。名为"滚动式底盘（Rolling Chassis）"的电动汽车（EV）平台便是如此。根据企业的不同，相比于行驶性能，可能有企业更希望将重心放在汽车设计上，这样的企业更喜欢一站式方案。由于汽车开发几乎都是超级供应商所从事的事情，故博世已经有了很多经验。对我们公司而言，新入局企业的增加是提高我们存在感的良机。

——若使用滚动式底盘，博世似乎也可以自己成为汽车制造商。

我们不会成为汽车制造商。虽然人们认为在滚动式底盘上装上车体便能生产出汽车，但我们没有自己造车的计划。

滚动式底盘上搭载了驱动系统、转向系统和控制系统等许多零部件与系统。开发使这些系统协作的零部件需要花费很长时间。通过使用我们公司的底盘，应该可以大幅缩短汽车的开发时间。

尤其是新入局的企业大概会帮我们找到价值。汽车的众多零部件以复杂的方式相互关联。以高度可靠性做到这一点并不容易。能够减轻开发的这种"痛苦"，便是我们公司所提供的价值之一。

博世将成为软件企业

——关于下一代汽车，重视软件的企业正在增多。

软件在确保企业竞争力方面不可或缺。虽然硬件不会消失，但通过软件，硬件的标准化和商品化将得到拓展。在汽车的价值核心转为软件的过程中，博世也正向软件企业转换。已有超过1万名软件技术人员以汽车为中心，推动面向各行各业的软件开发。

汽车以软件为起点向前发展所必需的是新的电气/电子（E/E）架构。在智能手机领域，用空中激活（OTA）技术添加新功能是理所当然的事情。汽车虽然也应该像智能手机那样，但这里存在一个问题。汽车搭载了超过100个电子控制单元（ECU），在ECU复杂交错的当前E/E架构下，用OTA更新软件很困难。以便于实现OTA为前提的中央集中式E/E架构是必然的趋势，如图6-6所示。

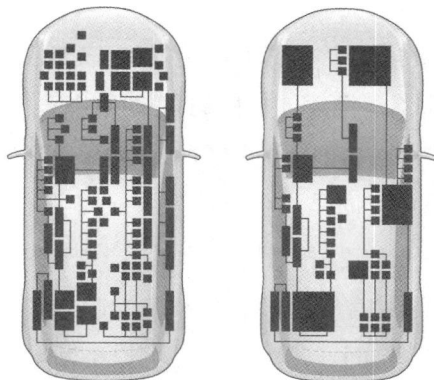

图6-6　E/E架构从"分布式"变为"中央集中式"
（图片来源：博世）

——为了加快E/E架构及担当其核心的集成ECU的开发，博世于2021年1月重组了组织架构。

这便是"智能驾驶与控制事业部"。迄今为止，企业都是针对每个控制对象零部件分别开发面向ECU的软件。但我们判断这样的体制无法应对今后的需求，因此成立了新的事业部。

并非分别开发与行驶相关的刹车和方向盘等方面的软件，智能驾驶与控制事业部是一个能够一并处理所有开发需求的部门。从现在开始，我们将会开发自动驾驶和信息娱乐等下一代汽车所必需的软件。提供符合时代的产品将成为我们公司的竞争力。

——除E/E架构之外，是否还有其他正倾力而为的开发课题？

面向新汽车的车载操作系统也必不可少。如果有了车载操作系统，那么便能通过应用程序商店轻松往汽车上添加应用程序。如果完善了这样的环境，那么入局汽车业界的行动将更为活跃。不过，汽车和智能手机不一样，必须保证车载级别的品质、安全性和隐私性。

博世于2021年2月宣布的与美国微软（Microsoft）合作便是其中一环。我们将共同构筑无缝结合汽车和云的开发环境，并将结合微软的云技术和博世在汽车业界的经验。

——超级供应商通过大量提供标准化零部件而一路成长。如果汽车市场步入软件时代，那么收益来源是否会发生变化？

在IT业界发生的事情也会在汽车业界发生。曾经，计算机软件需要购买磁盘并安装，给人的印象是像硬件一样销售软件。而如今，订阅（定额收费）成了普遍的软件销售方式，像硬件一样的销售模式已经消失。在汽车领域，订阅大概也将增多。发展方向是将功能作为服务提供，提高重复收益。

我们公司也在加快开发速度。例如，我们正在提供以云为基础的电池管理服务"云端电池"。通过时常监控EV车队的电池，提供电池的充电状态、在哪里充电更便宜等信息。通过长期监控，还可以推断电池的寿命。这些数据也可用于评估汽车的剩余价值，成为二手车出售时的重要信息。

6.6 前川泰则（理研董事长）：燃油发动机将于2030年左右达到顶峰

在加快汽车电动化的过程中，燃油发动机的市场环境日益严峻。以燃油发动机零部件活塞环为主力产品的理研在提高燃油发动机相关产品效率的同时，正加紧构建新的收益支柱。如何和其他公司形成差异？如何取胜并生存下来？——理研董事长前川泰则（见图6-7）道出了心里话。

图6-7　前川泰则
（图片来源：日本经济新闻社）

——以美国苹果（Apple）为首，企业新入局汽车业界的速度正在加快。该如何把握这一趋势？

首先，回顾汽车发展，关键技术是全球定位系统（GPS）、自动在地图上反映堵车情况的通信技术和探测周围车辆的传感器等。最近这些领域的附加价值在汽车上得以提高，而这正是和智能手机相关的企业一直从事的领域。或许有人会问为什么苹果要进入汽车产业，这是因为汽车的发展方向和苹果等企业所致力的方向其实是一致的。

若自动驾驶能得以发展，则汽车并非自己行驶，而是像机器人一样一边与外界协作，一边移动。虽说也有自己驾驶的一面，但整体来看，汽车将发展为由他人决定如何行驶的"他人驾驶汽车"。不过，其中安全性非常重要。即使有苹果等 IT 企业的加入，也很难立刻实现自动操作一切。这将会是经济合理性和安全性的拉锯。

——在企业加速入局电动汽车领域的过程中，燃油发动机等内燃机将于何时到达顶峰？

我认为是 21 世纪 30 年代中期左右，但实际会比 2030 年更早。虽然不同地区有所差异，但整体感觉可能在以 2030 年为基准前后 2 年的时间内到达顶峰。在和汽车制造商的交流中，也有暂停新内燃机开发项目的例子。不过，虽说是到达顶峰，但不意味着归零。我们将会获胜并生存下去。

到顶峰之前的投资战略

——主力产品活塞环等和燃油发动机相关的零部件今后将如何发展？

在距离顶峰为止还有一半距离时，即前 5 年中将积极投资，通过包含燃油发动机零部件在内的现有零部件保证一定程度的营收，希望在全球范围内提高到达顶峰之前所处的位置。后 5 年中将用于增产的投资最小化，将方向变为进行合理化且高效化的投资。在为现有的日本客户提供零部件的同时，将继续谋求和占全球 2/3 的非日系汽车制造商的合作。目标是在非日系汽车制造商中，将我们公司的活塞环占比从 8% 提高到 13%，并于 2023 年 3 月达到 18%。

——接受贵公司供货的汽车制造商正在推动集约化，如燃油发动机的通用化等。这是否会产生影响？

普遍认为就活塞环而言，一种燃油发动机对应一家供应商的情况较多。我感觉由于汽车制造商之间的合作和合并，每一份订单的量正在增大。不过相应的，零部件制造商之间的竞争也将更为激烈。竞争对手大概也会考虑更有吸引力的提案和服务等。

——将如何与其他零部件制造商形成差异？

例如自己开发燃油发动机测试模拟技术。若实际运行燃油发动机进行测试，则即使只是测试也会排放二氧化碳，但若在模拟环境中进行测试则可减少二氧化碳排放量，也能从顾客处获得好评。因此，若能提议将模拟环境作为服务包，便能形成差异。

——在无关燃油发动机的领域的新业务构建是否已取得成果？

若说已产品化的成果，则是树脂零部件。使用原本用于传输零部件的技术，向用于轴承的辅机领域进军。轴承和内燃机无关，故可用于不同领域，而树脂零部件已顺利取得进展。此外，我们正准备开发电磁噪声抑制片等。

——在扩展非汽车部门方面，有哪些问题？

进入新的业务领域是困难的。一般而言，像我们这样的零部件制造商是基于与日系汽车制造商长期稳定的信赖关系开展业务的。设备投资也一样，在明确客户计划后花费一定时间进行投资。从这一意义而言，设备投资和经营投资都是在和汽车制造商的信赖中以相当低的风险完成的。

因此，以承担一定程度风险的形式进行投资可以说是史无前例的。这是我们缺乏经验的地方，需要冷静地分析风险、对新投资或新业务冷静评估并承担风险，然后在此基础上向前踏出一步。

泉田良辅（《智能化未来:无人驾驶技术将如何改变我们的生活》作者）：雷克萨斯为什么没有电动汽车?

美国苹果（Apple）为何进入汽车业界? 对业界会有什么影响? ——对此，熟悉技术企业、于2014年出版了一本名为《智能化未来：无人驾驶技术将如何改变我们的生活》的书、Navigator Platform 董事、证券分析师泉田良辅（见图6-8）提出了他的观点。

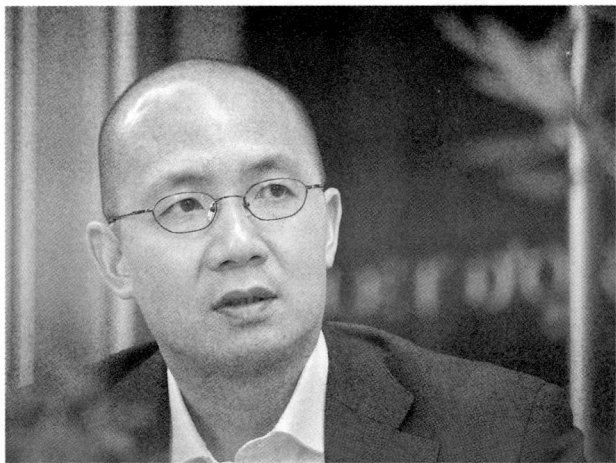

图6-8　泉田良辅
（图片来源：由本人提供）

——美国苹果（Apple）为何入局电动汽车（EV）产业?

除此之外没有广阔的市场了。成为销售额达到 30 万亿日元(约 1.5 万亿元人民币)的苹果这样的巨型企业之后，手机市场便不够用了。那么发展所需的广阔市场在哪里呢？用排除法便能想到汽车。

从用户时间的支配方式来看，无法漏掉汽车和智能手机是互补关系这一点。由于在驾驶汽车时无法操作苹果手机（iPhone），故汽车不会和苹果手机争夺用户时间。当然，也有让苹果自己的技术发挥作用的余地。那么，苹果自然会考虑进入汽车市场。

入局电动汽车领域也是发挥苹果手头资金新用途的一环。苹果的现状是融资过多，手头资金十分充裕。从投资者角度看，若不往什么地方投资，便不得不面对或增加分红或买进自己公司股票的压力。不过，作为苹果，相比将资金全部返还给投资者，不如让自己做些什么新的事情。

——有观点认为美国特斯拉（Tesla）对其产生了影响。

特斯拉的影响很大。受到关注的还有中国的上海蔚来汽车（NIO）。对于特斯拉和 NIO，我的想法是在汽车领域似乎要正式开始软件即服务（SaaS）的业务了。例如只对使用 EV 的服务支付相应价钱的场景。

苹果在 SaaS 的业务上起步较晚，在音乐服务和电影服务等方面，瑞典的 Spotify Technology 和美国的网飞（Netflix）走在了前面。苹果肯定会想：自己明明也能做到，如果 SaaS 的潮流来到汽车领域，那么自己必须跟上这波潮流。

苹果本意并不想入局？

——听说苹果并不是因为想要入局电动汽车产业才入局的。

苹果正在冷静地观望。但在看到市场规模、投资者的压力和竞争企业的发展状况后别无选择。苹果本意并不想开发 EV。若靠计算机和智能手机便能持续发展应该是最好的。从苹果身上没怎么感觉到改变汽车产业并造车的热情。

——苹果汽车会是什么样的产品？

若不采用自动驾驶则没有价值。事到如今，即使苹果说要开发 EV 也不会令人吃惊。因为特斯拉已经有 EV 了。

不过，看苹果的自动驾驶相关专利，并没有增加。我怀疑在苹果宣称的 2025 年左右，该企业是否真能开发出自动驾驶技术并将之搭载于汽车。不过苹果也许会收购某家企业。

——和苹果手机的流畅配合也许会成为苹果汽车的卖点。这是竞争企业无法效仿的地方。

也许有人对此感兴趣，但若问消费者是否愿意为了连接苹果手机而支付数百万日元作为汽车费用，答案是很难做到。将此作为多个功能之一倒是有可能。

——据说 Level 4 以上的自动驾驶以约车和运输等 B2B 业务为主。感觉苹果难以发挥品牌优势。

我也这么认为。虽然我能够理解特斯拉为什么开发卡车，但若苹果开发无人驾驶出租车或自动送货车并开展 B2B 业务，苹果的粉丝是否会感到高兴？这难以用到苹果的顾客基础。

我认为，相比个人使用，在商用需求上将驾驶员驾驶的部分替换为自动驾驶更有社会性的影响。个人拥有自动驾驶汽车的想法怎么样呢？我认为我们并不太需要面向个人的自动驾驶汽车。

出行行业今后将发生什么呢？我认为人们将逐渐不再出行。那么便不需要现在这样的汽车销量。并非在出行上追求价值，而需要考虑汽车的娱乐价值。那么相比现有汽车制造商，苹果略胜一筹。

——如何看待苹果汽车对汽车业界的影响？

冲击将非常大。如果苹果发售 EV，那么即使所有汽车——尤其是高级汽车——全部变为 EV 也不奇怪。因为苹果汽车的销售一开始就将处于高级汽车的价格区间。在高级汽车领域，若其他企业在苹果汽车开始销售其产品之后还在出售燃油车，那么氛围将会很奇怪。

雷克萨斯没有 EV 吗？奔驰没有 EV 吗？ BMW 还在卖燃油车吗？届时大家将发出这些疑问。

不过由于还会有喜欢燃油发动机声音的人，所以燃油车并不会完全消失。

6.8 长岛聪（Kiduki Architect董事长）：究竟是承包人还是合作伙伴，"姿态"很重要

在今后的汽车市场，可以预想到零部件制造商之间的激烈竞争。如何在熙熙攘攘的竞争对手中获得好机会呢？——原德国罗兰贝格咨询公司（Roland Berger）全球共同代表、精通汽车产业的Kiduki Architect董事长长岛聪（见图6-9）提出："重要的是'姿态'。"

图6-9 长岛聪
（图片来源：由本人提供）

——美国苹果（Apple）终于要进入汽车市场了。

根据社会上的报道，苹果将会带来自动驾驶汽车。然而，若苹果只是生产出一款自动驾驶汽车则稍显无趣。而且，可以销售自动驾驶汽车的地区是有限的。考虑到有些地方在法律上不允许自动驾驶汽车行驶的现状，苹果是否会向大众打出广告并推出一款很难说是"谁都可以买"的产品呢？

在独特性这一点上，美国特斯拉（Tesla）通过空中激活（OTA）技术改变了汽车的价值。在添加行驶模式或增加防止将儿童遗忘在车内的功能时，都要用到OTA。还有车门在驾驶员生日时有节奏地震动并祝贺生日快乐的"惊喜"功能。虽然也有让人忍俊不禁的功能，但从不断增加新体验的姿态上能感觉到特斯拉的决心。苹果大概也会满怀着这样渴望突破的决心进入汽车市场。

——那么，苹果会表现出什么样的独特性？

就我个人而言，苹果所从事的新领域估计是诉诸人类五感的领域。线索便存在于无线耳机AirPods Pro之中。这款耳机值得关注的是其可以切换声音模式。它不仅有隔绝周围声音的抗噪功能，还提供了反过来吸收外界声音的模式。

汽车上也可以实现与这款耳机相似的功能。由此，有关汽车的交流，甚至车内空间的定义都将发生改变。汽车可以自如操控乘客与车外的人的交流。在出行过程中，若希望沉浸在自己的世界中，则把自己与外界隔绝，而希望感受车外氛围的人，只需引入声音和光线即可。给人的印象类似借助声音和光线的增强现实（AR），通过自如地控制环境，可以让自己感觉仿佛没有移动一般。

——之前也有提高车内空间舒适性的方法，而苹果也会涉足一二吧。

重要的是可根据驾乘人员的心情进行选择这一点。并非将驾乘人员分为希望隔绝或引入声音和光线的人，而是能让所有驾乘人员都心情愉悦。那么，能实现这些的汽车将会很有趣。

除驾乘人员进行选择之外，汽车也有可能自动感知并进行调节。对于恐惧自动驾驶的人，可在启动后将车外的场景以使之安心的方式传递给他。诸如此类，可以考虑的点子不胜枚举。之前介绍了听觉和视觉的例子，而在有关汽车的交流领域，我很期待苹果将把什么诉诸于所有五感。

日本的零部件制造商"已满足条件"

——对零部件制造商而言，有关人机界面（HMI）的零部件等似乎将成为获取订单的新机会。

　　重要的是零部件制造商的姿态。拿到设计图并按照设计图生产零部件的制造商是无法生存下去的。当然具备技术实力比什么都重要，而采用降低成本的措施也是必需的。承担生产功能的制造业的工作并不会消失。

　　即使如此，最重要的还是使用自己公司所有的技术、传递出"我们公司可以实现这样的苹果汽车"这一信息的积极姿态。以发散思维询问"不是这样的构想吗"，然后对方回答"虽然你的构想和我的完全不同，但你提出了很有意思的想法"。在类似于这样的交流中双方将产生关联。

　　——实际上，"因为不了解实际情况，所以从现在开始着手应对"的零部件制造商很多。

　　与其嘀咕"现在什么都不好说"，倒不如无论如何都以发散思维不断提出新想法。这样的话，零部件制造商的姿态会很有趣，应该能朝好的方向发展。即使想法有误，只要对方认为有趣，便能打通合作伙伴而非承包人的道路。

　　然后便是能提前多久完成行动的问题。研发当然要在发售产品之前。若从提炼概念阶段开始，则至少5年前就要启动项目。定好设计图之后再行动的只是承包人。

　　——究竟是合作伙伴还是承包人，零部件制造商的姿态决定了其将来的地位。

　　日本企业拥有很好的技术，至少已经满足了作为合作伙伴的条件。因此，要大胆发散思维。一家中小型企业可能想法有限，因此多家有实力的企业集合在一起，在同伴间进行讨论便可。

　　可进行如下对话："苹果的目标一定是这个""既然如此，我的技术就能用上了"。大家一起思考与探讨，总会有好的想法。现在很多人认为如果出现像苹果汽车一样的新产品，日本便会输掉，但状况并不应当如此悲观。精巧的技术在所有领域都很重要。只要有能够一起发散思维的同伴，就什么都能做到。

大口敬（东京大学教授）：用联网技术减少交通拥堵

汽车业界正处于百年一遇的变革期。IT 企业相继入局电动汽车（EV）产业会对汽车产业和交通系统产生什么影响呢？——就此，我们咨询了交通控制工程学专业、担任东京大学生产技术研究所下一代移动出行研究中心主任的大口敬教授（见图 6-10）。

图6-10　大口敬
（图片来源：日本经济新闻社）

——IT 企业的入局会给汽车产业带来什么影响？

因为是绝对虚拟的世界，所以被称为 GAFA[谷歌（Google）、亚马逊（Amazon）、脸书（Facebook）、苹果（Apple）] 的美国 IT 巨头的商业模式的优势能得到发挥。正因为是虚拟世界，所以强者获得所有的商业结构成为可能。

在汽车产业中，即使只看日本也有 8 家小型汽车制造商。要说为什么有 8 家之多，是因为物理世界中的生产有着近乎专业的知识技能，并不是能够完全形成指导手册或标准化知识、从而让谁都可以完成的事情。

——擅长联网技术和 IT 的新兴制造商的入局会给交通系统带来什么影响？

例如，若自动驾驶能得到发展，则发生交通事故的概率可能会降低。通过联网技术的发展，可随时了解交通状况，若发生堵车可切换到能避开堵车的路线。由此可以尽早结束堵车。即使实现了自动驾驶，我也不认为堵车会完全消失，但可以实现减少交通拥堵的控制管理。

不过，即使最大限度地使用联网技术及人工智能（AI）技术，我也不希望把一切都交给它们管理而人类什么也不做。用汽车出行是作为个人自由行动延伸的象征。更好的模式并非完全在自动化系统管理下移动的汽车和人，而应该是灵活运用数据、完善比现在更自由地悠闲出行的机制。

——生产的专业知识等现有汽车产业的优势今后是否会成为竞争力？

在行驶中的震动等严酷的环境下，有人会小心对待汽车，也有人仅将汽车当作代步工具。在此情况下，汽车作为实现一定功能的产品销售至今。维持生产品质和专业知识很重要。对这些的信赖不同于虚拟世界，例如轻易更换智能手机运营商的世界。人类对物品的执着不可轻视。

即使从这一意义上看，苹果也可能成为威胁。因为苹果是生产产品的公司，并非只生产系统。不过，汽车的使用环境比移动设备或计算机更为严苛，苹果难以做到连生产也由自己完成。为了克服这一困难，将汽车领域迄今为止所拥有的专业知识和带来 IT 力量的新商业模式合为一体的行动今后将会得到推进。

汽车制造商是承包人吗？

——有观点认为由于新兴企业的入局，汽车制造商将变为承包车身的供应商。

虽然日本制造占据了苹果手机（iPhone）所用零部件的大部分，但很多消费者都是在对此不知情的情况下将其作为"苹果品牌"使用。从企业伙伴的关系上来说，苹果是强势的一方，而供应零部件的一方处于弱势。在零部件定价等方面也是苹果一方处于强势地位。相同的情况也可能发生在移动出行领域。若卷入这一洪流，则汽车制造商有可能转为承包人，并在价格竞争中被其他企业所取代。

现有汽车产业不能如在手机领域所发生的一样，变为仅负责硬件供应的供应商状态。例如，丰田和日产最好形成能够与苹果等共存的架构。

——为了和不具备生产功能的新入局企业平等往来而不仅仅作为供应商，汽车制造商还需要具备哪些要素？

汽车业界正处于探索阶段。能够在诉诸使用者五感的领域拥有技术和吸引力的汽车制造商或零部件制造商会很强大。自动驾驶技术正处于黎明期，例如根据用户喜欢的车辆行驶方式开发自动驾驶特色或风格大概也很有意思。如果汽车制造商能够在发展基础制造技术的同时，发现新的技术前景，那么就可以在商业框架上与苹果平等合作。

历本纯一（东京大学研究生院教授）：期待出现在行驶中让人感觉不到移动的"不摇晃的汽车"

美国苹果正在探索电动汽车（EV）开发，而支撑其飞跃的便是优秀的用户界面（UI）。通过多点触控等革命性的 UI，苹果手机（iPhone）的便利性得以提高。UI 研究泰斗、了解苹果优势的东京大学研究生院教授、索尼计算机科学研究所副所长历本纯一（见图 6-11）讲述了其对苹果汽车的期待。

图6-11 历本纯一

（图片来源：由本人提供）

——美国苹果（Apple）的强大之处在哪里？

强大之处在于其可以从零开始自己创造出产品。苹果可以完全自己控制软硬件和硅（半导体）的设计。其最强大的地方在于拥有资金实力，且对于产品可以在毫不妥协于技术、价格和设计的条件下进行生产。

日本企业也曾想出厉害的智能手机创意，不过无法自己设计操作系统和半导体。于是必须考虑联合开发等方式，故需要在某些地方做出让步。

苹果的优势在于其还是一家可以从根本上改良产品适用性的企业。在拥有手机和移动计算机等产品的时代，苹果创造出了智能手机这一概念。

——说到苹果手机，印象是其 UI 具有革命性且十分优秀。

苹果手机充分采用多点触控等技术，这是划时代的。而 UI 是整体的平衡点，并不是尖端就一定好。

如今，对于 UI 而言，生产折叠手机的韩国三星电子（Samsung Electronics）等企业处于前沿。我认为几年后苹果也会发售折叠手机。苹果是一家科技巨头公司，即使是"后来者"也能完全追上。

抗噪是UI的关键

——对苹果汽车有什么期待？

我认为技术和其他公司不会有太大区别。值得期待的一点是，希望能用不同于其他公司的核心技术，彻底提高用户体验（UX）。

例如，绝对不会摇晃、不会让人晕车的汽车。虽然这是个简单的想法，但也是对汽车来说相当实质的问题。若实现自动驾驶，则应该可以不看车外而在车内进行工作，但是若汽车摇晃就不太好了。如果能实现完全不摇晃的汽车，那么也能充分考虑到让人连自己在移动都感觉不到的体验。比如虽然实际上在移动，但乘坐的人完全处于另一个假想空间等。

用红外激光雷达（LiDAR）"看"路便可知道路的凹凸情况。若在通过不平整之处的瞬间控制悬架伸缩，难道不能生产出在行驶中避免摇晃的汽车吗？

若换一种看法，不会摇晃的汽车可谓耳机所有抗噪功能的震动版。以 UI 的观点看，实际上抗噪今后将会是非常重要的技术。

虽然只是用影像和声音吸引人的产品，但可消除周围的噪声——即消除不喜欢的东西便可谓抗噪功能，这是减法思想。与不断吸引人的注意并占用时间的过程不同的核心技术便在于此。不摇晃的汽车便位于这一减法思想的延长线上。

——如果在发布苹果汽车时，存在创始人史蒂夫·乔布斯（Steve Jobs）喜欢说的"还有一件事"，那么会是什么？

虽然总觉得苹果汽车是以自动驾驶汽车为前提，但也许并非如此，可能会是绝对不会歪倒的电动摩托车。这和让人感觉不到自己在移动的想法完全相反，是将驾乘体验享受到极致的想法。

——苹果手机上汇集了摄像、音乐和广播等多种功能。汽车也会和手机一样，用软件实现多样性，而硬件则收敛为一种类型吗？

汽车可能会反过来。并非每个家庭都购买一辆可乘坐 5 人的家用车，而是有用于共享服务的汽车、有自动驾驶出租车，还有电动自动滑板车等。如此一来，硬件便会根据出行目的而存在。感觉苹果不会用单一硬件处理所有需求。

——苹果汽车的前方会有什么？

苹果汽车可能会被定位为类似于智能城市或智能建筑中的一种出行方式。苹果在硅谷设立了庞大的总部。我不得不认为那是对智能建筑的布局。

丹尼·夏皮罗（英伟达高级总监）：
在汽车上安装软件以获得新收益

在汽车价值正从硬件转移到软件的汽车业界中，含新兴势力在内，多家企业都将高性能车载计算机置于下一代汽车的核心位置。在此领域具有实力的供应商——美国英伟达（NVIDIA）领导汽车部门的高级总监丹尼·夏皮罗（Danny Shapiro，见图6-12）思考的是如下商业模式。

图6-12　丹尼·夏皮罗
（图片来源：英伟达）

——从供应商的立场看，苹果汽车的出现有什么机遇？

关于美国苹果（Apple），各种传言历经多年依然存在，但人们不知道苹果的具体计划，也不知道它在想什么。不过一般而言，大概是一直被美国英伟达（NVIDIA）和汽车制造商描述为"将来所必需的"技术正要进入实用化阶段的表现。

我们一直说需要搭载了人工智能（AI）的超级计算机。汽车将成为"带车轮的数据中心"。为了让自动驾驶成为可能，需要以前所未有的速度处理数据。这是以往的半导体制造商和汽车零部件制造商不具备专业知识的领域，而我们公司拥有高性能计算集群（HPC）、图形处理器（GPU）和超级计算机等相关知识与经验。

——虽说如此，汽车硬件的发展方向依然是商品化。

我们公司希望针对世界上最难的问题提供解决方案。即使作为供应商，也不会以供应商品化产品的形式出现。面向游戏和专业图形等的 GPU 也是如此。我们从信息娱乐器械领域进入车载市场。因为这一领域容易有效利用在民用产品上培养起来的技术。对我们的技术的使用始于欧洲企业，美国特斯拉也一直在和我们进行共同开发。

不过，我们没有止步于此，还踏入了车载人工智能领域。关于自动驾驶，我们积累了不仅能开发用于驾驶辅助系统的 Level 2，甚至能开发用于自动驾驶的 Level 4/Level 5 的实力。即使如此，自动驾驶汽车本身的商品化还为时尚早。让信息娱乐器械升级的也是人工智能。若使用语音助手和驾乘人员状态检测等人工智能技术，则用于提高汽车安全性和便利性的差异化将成为可能。

——在最近的行动中，引人注目的是和中国上海蔚来汽车（NIO）等新兴电动汽车（EV）制造商的合作。这些新兴制造商和现有汽车制造商的区别是什么？

就我的看法而言，与其说是现有企业和新兴势力的区别，不如说要点在于其目标是什么样的电气 / 电子（E/E）架构，即是否想要搭载中央集中式车载计算机的架构。

无论是现有汽车制造商还是新兴 EV 制造商，重视软件、面向未来的企业正转向中央集中式 E/E 架构。为了将能够通过软件更新来添加或优化功能的汽车投入使用，各家公司正加快开发中央集中式车载计算机的架构。

与汽车制造商分配OTA收益

——用无线通信技术远程更新软件的空中激活（OTA）技术似乎也将改变汽车业界的商业模式。

现状是汽车的价值在购买时最高，然后越用越贬值。若新汽车时代来临，则汽车的价值和功能将在购买时处于最低点，然后汽车将通过更新软件扩展能力，不断变得更好。

每当在车上安装软件时，都会产生新的收益。若能在汽车达到使用寿命之前通过订阅（定额收费）等模式提高收益，则有相当大的可能性将其作为一项业务。

——为了实现订阅模式，是否有正在具体开展的项目？

与德国戴姆勒（Daimler）的合作便是一个很好的例子。两家公司正紧密合作，共同开发用于自动驾驶开发和扩展的端对端系统。其中还缔结了收入分成（收益分配）合约。此合约将给汽车业界带来变革。今后一定也会有和其他汽车制造商达成相同合约的机会。收入分成是汽车制造商和英伟达双方均可获利的模式。

——就是说两家公司分享在汽车使用者购买或更新自动驾驶软件时所获得的收益？

由于价值中心将变为软件，故从高级车到廉价车，使用相同的硬件即可。收益形式是在汽车上搭载了标准化 HPC 和各种传感器的前提下，若用户想再搭载多种功能使之成为高端车，就需要支付费用以购买升级软件。

戴姆勒计划从 2024 年开始量产以这样的商业模式为前提的汽车。

不过这并不意味着立刻就有可观的收益。即使如此，将来每辆汽车的销售价格也可能在几千美元。从长远的角度看，我们计划基于盈利率高的软件构建收益基础。

多田直纯（ZF日本董事长）：汽车将变得像手机一样

欧洲的超级供应商反复重组，很早便开始推进对电动化及自动驾驶等有关CASE（网络连接、自动驾驶、共享与服务、电动化）的应对措施。欧洲企业正加速向电动汽车（EV）转型。德国超级供应商 ZF 日本法人、ZF 日本董事长多田直纯（见图 6-13）说道："汽车将变得像手机一样。"

图6-13　多田直纯
（图片来源：ZF Japan）

——有关苹果汽车的报道相继出现，你对此的感受是什么？

无法就个别企业发表评论。不过，若出现新企业，作为 ZF，我们拥有针对每一种汽车电动化的解决方案，且可以一步到位地提供解决方案。就个人看法而言，这将形成大变革。汽车本身的价值将发生变化，而供应商的应对措施大概也会发生变化。

——欧洲的超级供应商在应对 CASE 方面先发制人。ZF 将如何构建竞争优势？

若电动化持续发展，则将朝着在平台（底盘）上搭载什么功能以及每家汽车制造商会如何添枝加叶这一方向发展。在不远的将来，平台将成为商品。以后，重要的是用无线通信技术远程更新软件的空中激活（OTA）技术。汽车的价值将通过软件更新而得到提高。

汽车将变得像手机一样。除软件之外，我们还需准备高性能中央控制计算机和中间件。我们公司内部正在讨论，希望能在日本提供这样的解决方案。

——软件领域如何应对与汽车相关的数据业务？

除传动装置外，ZF 还从事减震器和摄像头等产品的研发，可处理各种实时数据。我们正在思考需要如何获取数据并上传云端。

不过，除供应商之外，数据领域还涌入众多企业。有以安全性为优势的企业，也有擅长数据收集的企业，各家企业的能力范围各不相同。此外，也有让汽车实际动起来的汽车制造商的思维方式。我们必须根据这些状况思考业务。

和中国新兴EV制造商的交往方式

——从一级零部件制造商的角度来看，供应网络的结构是否会由于 IT 企业等新兴制造商的出现而改变？

我认为供应网络的结构不会发生大变化。若出现新兴制造商，便积极争取与之合作。虽然每一位顾客对零部件的附加要求不同，但与其说供应网络的结构和阶层将发生变化，不如说顾客的类型将发生变化。

——在中国，新兴电动汽车（EV）制造商相继出现，已开始推进 EV 化。

按照我自己的推算，日本的汽车制造商正在中国以每年 500 万辆的规模销售汽车，而预计到 2030 年，EV 将占大约一半。换言之，汽车年销量中的 250 万～ 300 万辆将是 EV。10 年内在中国实现年产 300 万辆 EV 并不容易。对于规格固定的产品，可能需要由当地的中国供应商供应。

——对新兴制造商的提案方式是否也会改变？

为不具备汽车生产能力的企业提供最佳的解决方案。根据汽车生产的熟练度，要求不尽相同，所以我们的提案方式也会改变。

而且，我们的客户将不仅仅是汽车制造商，最近物流公司也在让 EV 路试，各类企业层出不穷。ZF 也和从事自动驾驶公交车的企业完成了合作。此时若有机会便想去挑战。不过，在这样的领域，仅提供公交车能否盈利？商业计划尚未得到充分推敲。这便是我们的苦恼之处。

——供应商和汽车制造商所要求的价值或许也会发生变化。

若看 2030 年这一时间节点，汽车制造商的营业情况将有所不同。这期间投资什么？投资多少？投资平台还是供应网络？若是后者，则供应商将有机会。

6.13
松本昌一（远景动力董事长）：电池是能够带来差异化的零部件

在汽车电动化急速发展的过程中，车载电池越来越重要。一方面，电池增产计划被相继提出；另一方面，电池召回也在增加。远景动力集团以日产汽车的车载电池业务和 NEC 的电极生产业务为起源，对车载电池有很深的认知。那么，其董事长兼首席执行官（CEO）松本昌一（见图 6-14）会如何看待电池产业的将来呢？

图6-14　松本昌一
（图片来源：日本经济新闻社）

——美国苹果（Apple）入局汽车和出行业务这一预测越传越广。

汽车产业出现了美国特斯拉（Tesla），产生了很大变化。我之前在日产汽车领域待了很长时间，当时认为虽说是电动汽车（EV），但汽车并非堆上电池、装上电机后便能行驶，不能这么简单地造车。然而，现在这一情况发生了很大变化。苹果和索尼等正变得能简单地生产汽车。

如果你问能否实现像汽车制造商一直从事的跑车一样的行驶状态，我的回答是大概不会。但若是 EV，则此类需求大概会很少。至少苹果汽车没有这样的需求。汽车买主、汽车本身的用法及个人使用汽车的方式大概都会发生变化。

——供应链会因其他行业的企业相继进入汽车产业而发生什么变化？

准备并提供零部件的流程不会有太大变化。不过，不再是以金字塔结构为特点的汽车业界的特殊供应链了。

在以汽车制造商为顶点、零部件制造商相互关联的金字塔结构下，入局的门槛很高。今后这一门槛将降低，朝着随机应变地选择物美价廉的商品的流程发展。

EV 虽然在设计等方面可能每辆车有不同的特点，但电池和电机等多数零部件将商品（通用品）化。与其说生产特别的产品，不如说在苹果汽车等汽车上，能以低价就近采购优质商品的重要性得到了加强。

之前业内人士认为以近乎完美的形式造出汽车是理所当然的，但如今正变为在确保安全性的基础上先造出汽车，然后通过更新软件提高汽车完成度的生产方式。此时大概需要应对变化的能力——做好速度快慢将发生变化的心理准备，迅速降低成本或增加电池容量。

电池开发的重要立场将发生变化

——如何看待电池所处的竞争环境？

电池是能突出特点并形成差异的零部件。或许这么说有点夸张，但我认为电池是近似于燃油发动机或变速器的东西。电池不仅关系到性能，还能提供安全性和耐用性等综合价值。因此，电池将会是一个核心部件。最近半年到一年内，贸易谈判的气氛发生了变化。不仅是进行估价，还正作为相当现实的生产谈判而展开——讨论如希望迅速在当地生产电池及何时能开始生产等问题。

——在各家车载电池公司加快提升产能的情况下，远景动力将如何保证差异化的竞争力？

在电池召回等事件发生的情况下，电池品质越来越被重视。迄今为止，我们虽然为日产的 EV "Leaf" 提供了超过一亿节电池，但从未发生过冒烟、起火等事故。这可以被作为优势进行宣传——明确说明我们的电池为何安全并让人理解。

也有基于安全性考量而从其他公司更换到远景动力的例子。各家汽车制造商都认识到仅从一家电池制造商采购电池存在风险。必须保住二级供应商和三级供应商。有固定的一级供应商的生产商不妨和其他供应商——二级供应商也好、三级供应商也好——展开对话以请求使用他们的电池。目标是在此过程中获得二级供应商和三级供应商的信赖，并用其取代一级供应商。

——2019 年，贵公司加入中国的大型可再生能源公司——远景集团旗下，今后将如何展开合作？

今后，电池再利用和回收的需求无疑将增多。如何流畅地使用电气、将电池物尽其用，这一想法将变得重要。包括母公司远景集团在内，我们正在思考如何在供电网络中灵活使用我们的电池。

今后，我们将推进把车用电源作为固定电源使用的实验。及时将已无法在汽车上使用的电池用于别处，然后回收，取出其中有益的材料再次使用。

不过，即使想拓宽电动汽车电池的用途，也必须先提高其各方面的竞争力，如能够长时间行驶、重量得到减轻和能够快速充电等。由于无法避免和竞争对手的互博，故若无法在竞争中取胜则无法展开朝固定电源等其他用途的扩展。

关于回收，若能使用从电池中取出的材料将电池物尽其用，则可带来成本竞争力。建立这样的机制虽然花时间，但希望和母公司远景集团一边分担责任一边前进。

——欧洲和中国都在加快电池产业的构建。为了生存下来，日本的电池产业面临的问题是什么？

重要的是在日本能生产出物美价廉的产品。而供应链的构建是必需的。由于无法在日本国内获取原材料，故必须从国外采购，而且需要考虑如何降低在那之前的生产过程中所花费的成本。日本能否一边保持技术能力等优势，一边以不输于其他国家的水平生产产品？——靠个别公司是无论如何也无法做到的。构建全日本的供应链大概将成为最重要的问题。

6.14
栗山年弘（阿尔卑斯阿尔派董事长）：车载HMI的开发速度将提高到之前的5倍

在呼吁零部件商品化的浪潮中，各家公司希望在下一代汽车上发挥个性的便是车内空间。不仅是美国苹果（Apple）和日本索尼等新入局企业，现有汽车制造商也在探索新的车内体验。在大型车载人机界面（HMI）公司阿尔卑斯阿尔派担任董事长的栗山年弘（见图6-15）表明了该公司今后的战略。

图6-15　栗山年弘
（图片来源：阿尔卑斯阿尔派）

——有人指出汽车将商品化。

电机和电池及搭载它们的电动汽车（EV）平台正趋向寡头化。车载操作系统和用于自动驾驶的半导体等也将被限于几个候选项。那么，哪里能形成差异呢？——我认为是外观设计和车内空间。我们公司的业务领域——车内人机界面（HMI）便不受商品化的影响。

现状也是如此——奥迪（Audi）、BMW 和梅赛德斯奔驰（Mercedes Benz）等德国企业和日本的雷克萨斯等每个品牌的 HMI 都大相径庭。由于各家企业都认为显示出和其他品牌的不同能带来价值，故都致力于形成差异。因此，我们公司开发的零部件的种类不会减少。

——若零部件种类繁多，开发所需的精力和成本似乎也会增多。

由于"减少"等于商品化，故现在左右为难。当然，由于我们公司的资源也有限，故无法和所有汽车制造商打交道。我们公司以一级零部件制造商的立场为日本、欧洲和美国的汽车制造商提供服务。

——很多人预测成为业内热门话题的"苹果汽车"也将被作为高级车投入市场。

苹果汽车将是什么样子尚未可知，也无法谈论个别公司的具体情况，但他们原本便是执着于 HMI 的公司。迅速将鼠标用于计算机的是美国苹果，将手指触屏操作手机变为理所当然的也是美国苹果。用手指转动操作 iPad 上搭载的触控式按键转盘便会发出"咔""咔"的单击音效也是新颖的。

由于是执着于诉诸五感的苹果，所以我想苹果汽车也会采用相同的构想。我认为我们公司也可以提供各种可诉诸五感的技术。

拥有车载和民生两项业务的优势将得以发挥

——HMI 将成为汽车的重要竞争核心吧？

重复之前说的，德国和日本的高级汽车品牌也对 HMI 非常执着。易于理解的便是开关。车内虽然搭载了很多开关，但每个品牌按下开关时的触控感完全不同。在此基础上，按照每一款汽车或每一个品牌将其统一。如今，统一从空调按钮到后座的自动调节按钮的按压感的倾向很强。

如此，从 A 公司采购驾驶座的开关而从 B 公司采购后座开关的采购模式将难以成立。一口气接受所有车内开关订单的项目正在增多。

——在强化 HMI 开发这一点上，以和日本精机的业务合作为首，贵公司正在加快和其他公司的合作。

我们关注的是提供"综合驾驶舱"。通过整合我们公司的 HMI 技术及信息娱乐功能和日本精机的车载仪表及平视显示器（HUD），可将车内体验作为一个系统提供给顾客，如图 6-16 所示。关于和其他公司的合作，今后也将展开讨论。

图6-16　和日本精机共同开发的综合驾驶舱的形象图
（图片来源：阿尔卑斯阿尔派）

——显示器和传感器等 HMI 的整合技术和智能手机相近，民生领域的零部件制造商似乎也将相继进入汽车市场。

汽车要实现量产的难点在于硬件，硬件一定会产生偏差。和智能手机及家电等民生设备不同，汽车若产生关乎人身安全的偏差便会面临产品召回。我们公司开展车载和民生两种业务，更能深刻理解对品质的不同要求。

IT 企业将汽车生产委托给鸿海等企业便能造出汽车吗？虽然生产 10 万辆的规模或许有可能，但是要量产多达 100 万辆或 200 万辆汽车的话，还需花费不少时间。

——关于车载和民生的区别，除品质之外还有其他方面吗？

开发时间轴有 5 倍之差。智能手机以 1 年为单位进行开发，且产品的寿命很短。而汽车需要花费 5 年，包括品质在内都需尽善尽美地生产。不过，今后汽车的开发速度大概会有所变化。

一方面，底盘系统和 EV 平台等将继续以 5 年为一周期；另一方面，HMI 等有关车内环境的开发的时间轴将变得和智能手机一样。因为车载驾驶舱的组成零部件将变得近似于智能手机，而车载信息娱乐将和智能手机联动。虽然对于汽车零部件的专业制造商而言，这一变化是严峻的，但我们公司由于拥有车载和民生两方面业务，故做起来很容易。通过开发用于智能手机和游戏的零部件而积累起来的经验将成为我们的优势。

铃木裕人（理特咨询公司日本合伙人）：不冒技术风险的苹果和冒险的特斯拉

美国苹果（Apple）正在探索电动汽车（EV）开发。经常与之进行比较的是在EV上释放压倒性存在感的美国特斯拉（Tesla）。熟悉汽车产业的理特咨询公司日本合伙人铃木裕人（见图6-17）会如何分析这两家看着相似但实际大相径庭的企业呢？

图6-17　铃木裕人
（图片来源：由本人提供）

——美国苹果（Apple）和美国特斯拉（Tesla）的区别到底是什么？

我认为苹果是一家基本不冒技术风险的企业。等到基础技术已完备的阶段才将产品商品化是苹果的"战斗"方式。苹果手机（iPhone）便是如此。齐备第三代移动通信技术（3G）和降低液晶显示器价格等基础条件，在能以合适价格销售的时机推出产品。苹果开发电动汽车（EV）大概是认为EV也到了相同的阶段。

这一点和特斯拉形成了鲜明的对比。特斯拉是一家敢冒技术风险的企业。从现有汽车制造商看来，特斯拉有着在技术上值得对手尊敬的一面。姑且不论是否进行模仿，在没有资金的条件下实现如此成就是一件很厉害的事情。

——苹果汽车会是什么样的汽车？例如，有人认为其将采用可以实现无人驾驶的 Level 4 自动驾驶技术。

我认为不会采用 Level 4。难以想象不冒技术风险的苹果会将尚未成熟的 Level 4 技术商品化。而且，Level 4 自动驾驶汽车有可能以像自动驾驶出租车一样的 B2B 业务为主，而苹果基本是以 B2C 业务为目标。

苹果汽车的生产将落到哪家企业？

——苹果开发 EV 的优势是什么？

在汽车领域，半导体和软件的开发能力将会越来越重要，而苹果在这两方面具有竞争优势。最近，半导体短缺对汽车生产产生了影响，但本质上可以说目前的局面是汽车业界在半导体采购上输给了 IT 业界。此状况今后大概还会持续下去。苹果对接受半导体订单的大型企业台积电（TSMC）有相当的谈判能力。对于汽车也大概需要的尖端半导体，苹果比汽车制造商更具有压倒性的采购能力。

关于软件的开发资源，苹果也处于优势地位。在日本汽车制造商中，对软件开发切实采取措施的只有丰田汽车。其他汽车制造商都处于相当严峻的形势下。不仅是日本企业，德国企业也面临相当严峻的局势。

——关于 EV 的生产，有观点认为苹果汽车会和苹果手机一样，以水平分工为目标而不拥有工厂。

不拥有工厂是苹果的基本立场，但是否适用于汽车产业尚有争议。生产数十万辆规模的汽车的门槛非常高。

个人感觉特斯拉的做法是现实的——直接购买工厂，自己试着操作一次。苹果和（入局 EV 时的）特斯拉的最大不同在于资金实力。在 EV 开发中，资金用在哪里？是拥有整个工厂还是只拥有设备？当承包苹果手机生产的鸿海在美国建立 EV 工厂时，苹果或许也有办法通过对其投资或约定生产数量等与之分担风险。

——生产承包商的候选者，如奥地利麦格纳斯太尔（Magna Steyr）是承包生产丰田汽车和 BMW 的 Supra 和 Z4 等的老牌制造商，主要以小批量生产的汽车为对象。

关于麦格纳斯太尔的汽车生产，将根据苹果设想的销量而定。因为麦格纳斯太尔的生产有需要熟练工支撑的部分。考虑到苹果手机的品牌定位，苹果汽车大概不会像英国迈凯伦汽车（McLaren Automotive）一样小批量生产。大量熟练工不是一朝一夕能召集到的。要问麦格纳斯太尔能否拿到苹果汽车的订单，或许相当困难。

加藤真平（Tier IV创始人）：一种车型多少钱？一辆车多少钱？搭载一个人多少钱？

自动驾驶新兴公司 Tier IV 正在加快合作伙伴战略的推进。与该公司相关的自动驾驶操作系统"Autoware"的推广团队决定和鸿海 EV 平台"MIH"的推广团队合作。Tier IV 创始人、东京大学副教授加藤真平（见图 6-18）描绘了一个什么样的商业模式呢？

图6-18　加藤真平
（图片来源：Tier IV）

——美国苹果（Apple）等其他行业企业的入局会给汽车产业带来什么影响？

目前，进入汽车产业的 IT 企业正在推进软件和硬件的开放化。汽车产业也正在进行相同的事情，而在那之前大概会存在目标多样化。迄今为止，造出优秀的汽车是汽车产业的目标，汽车制造商位于产业金字塔的顶点。今后，目标将呈现多样化——如脱碳、城市建设和出行服务等，且将朝着金字塔顶点随以上目标变化的产业架构转变。

——垂直统合的商业模式是否会发生变化？

我认为汽车产业的垂直统合商业模式会保留一部分。开发并生产内燃机是专业技术，并非能简单模仿的技术。另外，通过 IT 等其他行业的入局，也能引进他们的水平分工等文化。未来的汽车产业将面临一个金字塔型的垂直统合结构和企业水平关联的"扁平"的产业结构并存的局面。

如何靠开源盈利？

——在产业结构多样化的过程中，为了立于生态系统中心需要做些什么？

在自动驾驶电动汽车（EV）领域，虽然已有零部件和软件的供应链，但谁提供什么还存在变化。在此情况下，如果需要供应的东西是固定的，那么重要的是我们提供生产自动驾驶 EV 的"菜单"，并能迅速供应所必需的零部件。

例如，Tier IV 推动普及的自动驾驶操作系统"Autoware"的推广团队决定和鸿海 EV 平台"MIH"的推广团队合作。双方的特点都是采用开放的方式，且关于自动驾驶 EV，在软硬件两方面都推进开放化。由此，Tier IV 也能为各种客户迅速且低价地提供必要的零部件。

——Tier IV 具体会采用一个什么样的商业模式？

分为"开发""引入"和"附加价值"3 个阶段考虑。即使采用 Autoware 等，有时也需要针对每个客户的需求进行个性化开发。首先，我们将负责这一"开发"。其次，包括维护在内，需要对开发出来的汽车进行软件更新，这便是"引入"。最后，按顺序便到了对采用 Autoware 的自动驾驶汽车提供娱乐内容等服务的"附加价值"这一阶段。今后的商业模式将变为针对每个阶段决定每款车型多少钱、平均一辆车多少钱及平均每次搭载一个人多少钱。我们正朝着这个方向推进技术开发等事宜。

参考文献

［1］ 根津祯. Apple 将生产电动汽车？是否会通过联动 iPhone 和半导体形成差异？［J］. 日经Automotive，2021（3）：11-13.

［2］ 星正道（采访者）. 百家争鸣苹果汽车《苹果汽车，提示不同维度的价值》志贺（前日产COO）我这么看（1）［J］. 日经 Cross Tech，［2021-3-6］.

［3］ 清水直茂，久米秀尚，押切智义，等. 苹果汽车的冲击 改变汽车产业格局［J］. 日经Automotive，2021（5）：26-47.

［4］ 小久保重信. 解读US NEWS 的背面《中美电动汽车开发中怒涛般的行动 通过特斯拉首次全年扭亏为盈，成功已变得清晰》［J］. 日经 Cross Tech，［2021-2-8］.

［5］ 根津祯第2部：美国动向 靠自动驾驶5次往返横穿北美 以DMV 报告看出的实力［J］. 日经 Electronics，2021（5）：26-35.

［6］ 久米秀尚. 拆解特斯拉 强大的根源 集成ECU 的冲击［J］. 日经 Automotive，2020（2）：46-65.

［7］ 野泽哲生. 特斯拉将电池单价减少60%的冲击 以现在20倍的规模走向独立生产［J］. 日经Electronics，2020（11）：46-55.

［8］ 久米秀尚. 特斯拉独立生产电池 目标是电动汽车平台供应者［J］. 日经Automotive2020（12）58-61.

［9］ 清水直茂. 索尼和鸿海入局的冲击 汽车开发，新分工时代［J］. 日经 Automotive，2020（12）：34-49.

［10］清水孝辅（采访者）. 百家争鸣苹果汽车《智能手机技术资产用于汽车开发》川西（索尼执行董事）我这么看（3）［J］. 日经 Cross Tech，［2021-3-29］.

［11］木村雅秀. 以软件取得最后胜利 车载OS时代的汽车战略［J］. 日

经Automotive，2020（7）：30-43.

[12] 木村雅秀. 软件优先的汽车开发［J］. 日经Automotive，2021（3）：25-41.

[13] 清水直茂，久米秀尚，押切智义，等. 百家争鸣苹果汽车 我这么看［J］. 日经CrossTech，［2021-3-6］.